2011년 12월 26일 초 판 1쇄 인쇄
2020년 6월 1일 개정판 9쇄 인쇄

지은이	줄리정
발행인	줄리정
발행처	SUNNY SUNDAY www.sunnysunday.co.kr
주소	경기도 성남시 분당구 성남대로 343번길 12-2 B302
전화	070-8972-0816
성우	Alex Jensen, Katie Aitken
사진	박병덕, 노현경
디자인·인쇄	디자인온 designon1010@naver.com

ISBN 979-11-953898-0-3 13740

※ 책값은 뒤표지에 있습니다.
※ 잘못된 책은 구입처에서 교환하여 드립니다.
※ 이 책은 저작권법에 의하여 보호를 받는 저작물이므로 무단 전재와 무단 복제를 금합니다.

줄리정 지음

MP3 다운 받는 방법

BBC 앵커 출신 알렉스 젠슨이
녹음한 MP3 파일 무료 제공
sunnysunday.co.kr

콜롬북스 모바일 앱
모바일 앱을 다운 받고 '**줄리정**' 검색

콜롬북스 PC
columbooks.com에서 '**줄리정**' 검색

줄리정 인터넷강의/MP3
지금 시원스쿨랩에서 만나보세요
Lab.siwonschool.com

시원스쿨 LAB x

추천서

효과적인 아이엘츠 시험 준비의 시작과 끝!

줄리정 선생님을 한번이라도 만나본 사람이라면 그녀의 샘솟는 에너지와 아이엘츠 시험 준비생 개개인에 대한 진심 어린 애정에 깜짝 놀랄 것입니다. 아이엘츠 시험을 면밀히 연구하고 그 간의 온라인 오프라인을 아우르는 전문성과 경험으로 녹여낸 이 책이야말로 효과적인 시험 준비의 시작과 끝이 될 것입니다.

_ **최현경** 주한영국문화원 IELTS 시험센터 팀장

아이엘츠의 보증수표, 7.0의 기적을 일상처럼 일으키는 줄리정 선생님!

줄리정 선생님의 강의를 듣는다는 것은 곧 아이엘츠 보증수표를 거머쥔 것이다. 첫 시험에서 7.0을 획득하는 기적을 일상처럼 일으키는 줄리정 선생님의 아이엘츠 노하우와 열정의 집합체인 본 도서 '불법 아이엘츠'가 현재 점수가 몇 점이든 단기간에 목표 점수로 이끌어주는 최고의 길잡이가 되리라 확신한다. 시원스쿨랩을 처음 시작할 때 가장 모시고 싶었던 줄리정 선생님께서 본서로 아이엘츠 명가 시원스쿨랩에서 혼신을 다해 강의하신 명품 인강은, 단연코 줄리정 선생님에 대한 과거 수많은 아이엘츠 수험생들의 찬사를 훨씬 뛰어넘는 짙은 감동을 줄 것이다.

_ **양홍걸** 에스제이더블유인터내셔널(시원스쿨) 대표이사

아이엘츠의 여왕, 줄리정이 만든 아이엘츠 고득점을 위한 바이블

Juli has taken the IELTS market by storm with her passion and drive. She has a unique ability to make language learning both fun and practical, and if you do what she says, your English will improve along with your IELTS score! For those reasons, I would certainly recommend her to my Korean friends.

_ **알렉스 젠슨** 前 BBC 앵커, 現 TBS 교통방송 진행자

Contents

Prologue 11

Chapter 01

IELTS란?

1. IELTS 기본 정보
1-1. IELTS 시험 종류 14
1-2. IELTS 시험 일정, 접수, 응시료 15
1-3. IELTS 시험 장소 15
1-4. IELTS 시험 당일 준비물 및 입실 절차 16
1-5. IELTS 시험 시간표 17
1-6. PB IELTS vs CDI 비교 18
1-7. IELTS 재채점 19
1-8. IELTS 성적 확인 20
1-9. IELTS 채점 기준 21
1-10. IELTS vs TOEFL 점수 환산표 21
1-11. IELTS 점수 계산법 22

2. IELTS 시험 구성
2-1. Listening 24
2-2. Reading 25
2-3. Writing 27
2-4. Speaking 29
2-5. Academic Module의 General Training Module 공통점 및 차이점 30

3. IELTS를 채택한 학교와 기관/해외취업과 이민
3-1. IELTS를 채택한 국내 학교와 기관 31
3-2. IELTS를 채택한 해외 학교 33
3-3. 해외취업과 이민 37

4. 반드시 지켜야 할 '불법' 3가지
4-1. Study with a Teacher! 38
4-2. Read a Newspaper! 41
4-3. Never Stop! 42

Chapter 02

Listening

1. Listening Tips!
- 1-1. CD에서 문제가 출제되기 전, 미리 문제들을 해석하고 주의사항을 파악한다 — 47
- 1-2. 듣는 내용이 몇 번부터 몇 번 문제에 해당하는지를 반드시 확인한다 — 47
- 1-3. 다양한 영어 발음에 익숙해진다 — 48
- 1-4. 답과 관련된 내용만 듣는다 — 49
- 1-5. '그러나'의 뜻을 가진 But / However / On the other hand 다음에 나오는 문장이 답이다 — 49
- 1-6. 스펠링을 정확히 외운다 — 49
- 1-7. 날짜 표기법에 주의한다 — 50
- 1-8. 대소문자를 구분한다 — 51
- 1-9. 단수와 복수를 주의한다 — 52
- 1-10. 단위를 확인한다 — 52
- 1-11. 리코딩이 나오는 동안은 답을 답안지에 옮겨 적지 않는다 — 53
- 1-12. 천천히 크게 강조하면서 말하는 단어가 답이다 — 53
- 1-13. 정답으로 자주 등장하는 단어들의 스펠링을 정확하게 외운다 — 53
- 1-14. 알파벳과 숫자 듣기부터 시작한다 — 58

2. 문제 유형별 전략
실전문제
- 2-1. Note Completion — 62
- 2-2. Sentence Completion — 63
- 2-3. Map — 64
- 2-4. Table — 65
- 2-5. Multiple Choice — 66

문제풀이요령
- 2-1. Note Completion (노트의 빈칸을 채우는 주관식 문제) — 68
- 2-2. Sentence Completion (문장의 빈칸을 채우는 주관식 문제) — 76
- 2-3. Map (지도에 나와 있는 장소의 이름을 보기에서 골라 적는 문제) — 82
- 2-4. Table (표의 빈칸을 완성하는 주관식 문제) — 88
- 2-5. Multiple Choice (주어진 보기에서 답을 고르는 가장 친숙한 객관식 문제) — 94

Chapter 03

Reading

1. Reading Tips!
- 1-1. 1번 문제부터 푼다는 생각을 버려라 — 103
- 1-2. TRUE/FALSE/NOT GIVEN과 YES/NO/NOT GIVEN을 혼동하지 않는다 — 106
- 1-3. TRUE/FALSE/NOT GIVEN과 YES/NO/NOT GIVEN 문제는 'T' 또는 'Y'로 찍는다 — 106
- 1-4. 단어 개수에 주의한다 — 107

Contents

    1-5. 대소문자, 단수, 복수를 구분한다 — 108
    1-6. 주관식 문제부터 푼다 — 109
    1-7. 답안지에 답을 옮기면서 문제를 푼다 — 109
    1-8. 문제의 순서는 지문의 단락 순서와 상당히 일치한다 — 110

2. 문제 유형별 전략
실전문제 — 116
    2-1. Table — 118
    2-2. Flow Chart — 119
    2-3. Short Answer — 120
    2-4. Summary — 120
    2-5. Information — 121
    2-6. Multiple Choice — 122
    2-7. T/F/NG or Y/N/NG — 123
    2-8. Heading — 124
문제풀이요령 — 125
    2-1. Table (표의 빈칸을 채우는 주관식 문제) — 126
    2-2. Flow Chart (순서도의 빈칸을 채우는 주관식 문제) — 128
    2-3. Short Answer (문제의 질문에 간단하게 답하는 주관식 문제) — 132
    2-4. Summary (지문의 내용을 요약한 문장의 빈칸을 채우는 주관식 문제) — 136
    2-5. Information (문제의 키워드가 어느 단락에서 나왔는지를 찾는 객관식 문제) — 138
    2-6. Multiple Choice (문제의 답을 보기에서 고르는, 우리에게 가장 익숙한 객관식 문제) — 140
    2-7. T/F/NG 혹은 Y/N/NG (문제의 내용이 지문의 내용과 일치하는지 여부를 묻는 객관식 문제) — 144
    2-8. Heading (보기에서 각 단락의 주제문을 찾는 객관식 문제) — 150

Chapter 04 Writing

1. Writing Tips!
    1-1. 채점기준 — 165
    1-2. Writing 6.0 달성을 위한 필수조건 — 166
    1-3. 시간분배와 작성순서 : Task 2 (35min) → Task 1 (20min) → Correction (5min) — 167
    1-4. Task 1은 170 단어 정도, Task 2는 270~300 단어 정도로 작성한다 — 167
    1-5. Task 1은 4 단락으로, Task 2는 4~5 단락으로 작성한다 — 168
    1-6. 중요하지만 쉽게 고칠 수 있는 문법적 오류를 확인한다 — 168
    1-7. 슬랭을 쓰지 않는다 — 170
    1-8. 단락이 바뀔 때만 한 줄을 띄어 쓴다 — 170
    1-9. IELTS 시험은 IELTS 기출 단어로 준비한다 — 171
    1-10. 한국인들이 가장 빈번히 저지르는 문법적 실수를 줄인다 — 172

2. Writing Task 1
- 2-1. IELTS Academic Writing Task 1 종류 및 출제 빈도 — 194
- 2-2. 변화와 정도를 나타내는 다양한 표현 — 195
- 2-3. 실수하기 쉬운 혼동 표현 — 200
- 2-4. 기타 필수 표현 — 210
- 2-5. 실전 문제 — 216

3. Writing Task 2
- 3-1. 각 유형별 전략 — 225
- 3-2. Task 2 서론, 본론, 결론 작성 공식 — 249
- 3-3. 실전 문제 — 262

Chapter 05

Speaking

1. Speaking Tips!
- 1-1. Speaking 시험 주의사항 — 281
- 1-2. 상황별 필수 표현 — 285
- 1-3. Speaking 필수 문법 — 287
- 1-4. 주제별 Vocabulary + Useful Sentence — 293

2. Speaking Part 1
- 2-1. 어떻게 대답할 것인가? (How to Answer) — 295
- 2-2. 실전문제 — 298
- 2-3. 주제별 빈출 질문 — 306

3. Speaking Part 2
- 3-1. 어떻게 대답해야할 것인가? (How to Answer) — 309
- 3-2. 실전문제 — 312
- 3-3. 주제별 빈출 질문 — 321

4. Speaking Part 3
- 4-1. 어떻게 대답해야할 것인가? (How to Answer) — 330
- 4-2. 실전문제 — 332
- 4-3. 주제별 빈출 질문 — 339

Successful Case Study

일러두기

- 이 책의 Listening과 Reading은 아이엘츠 시험을 막 시작하는 학생들을 위해 실제 시험의 약 80% 정도의 난이도로 구성했고, Writing과 Speaking은 최신 기출 문제를 변형하여 기재하였습니다.

- Listening과 Reading의 우리말 해석은 학습자의 본문 이해를 위해 의역하였고, Writing과 Speaking의 우리말 해석은 학습자의 영작연습을 위해 직역체로 구성하였습니다.

- 이 책 'NEW줄리정불법아이엘츠'는 2011년 12월에 발간된 아이엘츠 분야 1위, 베스트 & 스테디 셀러인 '줄리정불법아이엘츠'의 성공 노하우를 기반으로 최신 유형의 아이엘츠 문제를 더욱 쉽고 자세하게 설명한 학습서입니다.

Prologue

'저는 여러분들과 가능한 한 빨리 헤어지고 싶습니다.'

첫 수업시간, 처음 만난 학생들에게 전하는 필자의 오프닝 멘트다. 만나자마자 빨리 헤어지고 싶다니... 의아해 하는 학생들도 있겠지만, 이 말의 의도는 어디까지나 강의실에서의 만남에 국한된다. 다시 말해 짧은 시간 동안 집중적으로 필자의 '불법'에 따라 공부한 후, 하루 빨리 본인들의 아이엘츠 목표 점수를 달성해야, 강의실에서는 빨리 헤어지지만 점수 달성 후에는 서로 웃는 얼굴로 만남을 계속 이어갈 수 있다고 생각하고 실제로도 이어오고 있기 때문이다.

필자를 따라다니는 수식어는 '깐깐하다, 꼼꼼하다, 빡세다, 무섭다, 차도녀, 카리스마...' 등이다. 통역사로 일할 때는 상냥하다, 잘 웃는다, 친절하다는 말을 고객들에게 종종 듣곤 하지만, 아이엘츠 강사로서 수업할 때에는 이러한 이미지로는 학생들과 그들의 미래를 이어주는 징검다리(stepping-stone)로서의 역할을 할 수가 없다. 필자도 결코 뒤지지 않는 유머감각과 수다 실력을 갖추었다고 자부하지만, 수업시간을 진지함 없이 마냥 웃음으로만 보낸 학생들과는 추후의 만남을 기약하기 어렵다는 것을 잘 알고 있다. 아무리 과정이 중요하다고는 하지만 결과가 좋지 않아서 원하는 대학, 이민, 취업 등을 포기해야 한다면 그 상실감은 이루 말할 수 없을 것이다. 결과가 좋아야 힘든 과정도 아름답게 회상할 수 있다는 것을 알기에, 오늘도 필자는 인기 강사가 되기를 포기하고 깐깐한 'B사감'의 이미지를 고수하고 있다.

'아이엘츠는 문제를 푸는 것이 아니라, 답을 찾는 것입니다.'

영어를 아무리 잘해도 아이엘츠를 토익이나 토플처럼 공부하면 고득점을 기대하기 어렵다. 왜냐하면 아이엘츠는 미국이 아닌 영국에서 만든 상당히 다른 종류의 시험이기 때문이다. Listening은 리코딩이 나오기 전에 답의 특징을 예상한 후, '천천히 크게 강조하면서' 말하는 것을 답으로 적고, Reading은 무턱대고 1번 문제부터 풀거나 지문 먼저 보면 안 된다. Writing과 Speaking 또한 본인의 평소 생각대로 말하기 보다는 아이엘츠가 좋아하는 단어와 아이디어로 내용을 구성해야 높은 점수가 나온다.

'NEW줄리정불법아이엘츠'는 2011년 12월에 발간된 아이엘츠 분야 1위, 베스트 & 스테디 셀러인 '줄리정불법아이엘츠'의 성공 노하우를 기반으로 최신 유형의 아이엘츠 문제를 더욱 쉽고 자세하게 설명한 학습서이다. 문제를 해석하고 이해하는 전통적인 영어 공부 틀에서 벗어나, 기초가 부족한 학습자도 온오프라인 스타강사 줄리정의 '답을 찾는 스킬'을 익힌다면 단기간에 원하는 점수를 달성할 수 있도록 십여 년 간의 강의 노하우를 담았다.

이 책은 아이엘츠를 처음 접하는 학생들에게는 시간을 단축시킬 수 있는 '지름길 가이드라인(Shortcut Guideline)'이 될 것이고, 오랜 기간 동안 공부해도 실력이 항상 제자리인 학생들에게는 본인들이 미처 생각하지 못했던 취약점을 고쳐주는 '클리닉(Clinic)'이 될 것이다.

검정고시 출신 만 17세 학생도, 내신 8등급 고등학생도, 태어나서 외국인이라고는 시험관이 처음인 산골 소녀도, 서른이 넘어 알파벳부터 시작한 전직 국가대표 축구선수도, 30대 가정주부도, 말 더듬는 버릇이 있던 40대 직장인도, 50대의 만학도도 지금은 모두 본인이 목표로 한 아이엘츠 점수를 달성한 후 세계 각지에서 그들의 꿈을 펼치고 있다. 단시간 내에 아이엘츠 목표 점수 달성에 성공한 학생들의 공통점은 꾸준함과 성실함이다. 이 책을 집어 든 순간, 꾸준함과 성실함을 더한다면 머지않아 아이엘츠 성공담의 주인공이 될 것이다.

Special thanks to
Severn Summervill, 김진희, 홍은경, 조혜란, 인진혜, 양홍걸, 최현경, 신승호, 김태성, 장윤정

Chapter
01

IELTS란?

IELTS (International English Language Testing System)

IELTS는 International English Language Testing System의 약자로 국제공인영어능력평가 시험이다. IELTS(www.ielts.org/kr)는 미국, 영국, 호주, 캐나다, 뉴질랜드 등 영어권 국가로 유학, 취업, 이민을 희망하는 사람들을 위한 시험이다. IDP에듀케이션 산하기관 IELTS Australia와 캠브리지 대학(University of Cambridge ESOL Examinations), 영국문화원(British Council)에서 공동 개발, 관리, 운영하고 있다.

1989년부터 전 세계 140여 개 국 1,200여 개 센터에서 시행되고 있으며, 2019년을 기준으로 350만 명 이상이 응시하고 있다. 이는 TOEFL 응시자보다 많은 숫자로 세계 최대 규모다. 미국식 영어를 배우는 우리나라에서는 IELTS 시험이 이제 막 자리를 잡아가고 있지만, 전 세계 인구의 3분의 1을 차지하는 중국과 인도에서는 TOEIC, TOEFL 응시자보다 IELTS 응시자가 압도적으로 많다. 그리고 국내 응시자 역시 2019년 약 3만 3천명으로 매년 그 수가 눈에 띄게 증가하고 있다.

1
IELTS 기본 정보

1-1. IELTS 시험 종류

IELTS는 전 세계 영어 시험 중 가장 실용적인 영어 시험이라고 감히 말할 수 있다. 여기서 '실용적'이라는 의미는 단순히 점수 따기식 구성이 아니라, 희망하는 나라에서 '그대로' 사용할 수 있는 방식으로 시험이 구성되어 있다는 의미이다. 언어의 4가지 영역인 Listening, Reading, Writing, Speaking에 대한 점수 배분이 균등하며, 문제들 또한 영어권 국가로의 유학 혹은 이민을 위한 가장 기본적인 실제 상황들을 바탕으로 하고 있다. 시험 준비를 통해서 학습자는 유학이나 이민 시 필요한 내용들을 선행학습하는 셈이 된다. 그렇기 때문에 시험의 종류도 한 가지가 아니라 목적에 따라 2가지로 나뉜다. 첫 번째는 대학 교육 수준 이상의 유학을 목적으로 하는 학생들이 치르는 Academic Module이고, 두 번째는 이민과 취업을 희망하는 사람들이 치르는 General Training Module이다. 이 두 Module은 Listening과 Speaking 문제는 똑같지만, Reading과 Writing 문제는 서로 다른 부분이 있기 때문에 본인이 응시해야 하는 Module이 무엇인지를 먼저 확인하고 시험에 대비해야 한다.

1) Academic Module

Academic Module은 영어권 국가에서 대학교육 수준 이상 즉 학사, 석사, 박사 등의 과정에 지원하는 사람들이 준비하는 시험으로 고등교육에 필요한 학문적인 영어 의사소통 능력에 중점을 둔다.

2) General Training Module

General Training Module은 영연방 국가 즉 영국, 호주, 뉴질랜드, 캐나다 등의 나라로 이민을 떠나거나 이러한 국가에서 중등교육, 전문주립대 입학, 직업 연수를 받으려는 사람들을 대상으로 하는 시험으로 전반적으로 그 사회에 필요한 기본적인 영어 의사소통 능력에 중점을 둔다.

1-2. IELTS 시험 일정, 접수, 응시료

2018년 하반기부터 Computer-delivered IELTS(CDI) 응시 방법이 추가되었다. 응시자는 문제지가 주어지고 연필이나 샤프로 답을 적어서 제출하는 기존의 Paper-based IELTS(PB IELTS) 방식과, 개별 모니터와 헤드폰으로 문제를 보고 들은 후 마우스와 키보드로 답을 작성하는 Computer-delivered IELTS(CDI) 방식 중 하나를 선택할 수 있다. 단, 두 가지 방식 모두 Speaking 시험은 원어민 시험관과 1:1 대면 방식으로 진행된다.

Paper-based IELTS(PB IELTS)는 한 달에 4회(토요일 → 3회/목요일 → 1회), Computer-delivered IELTS(CDI)는 더 자주 응시할 수 있다. 아이엘츠 시험 주관사인 영국문화원과 호주IDP 에듀케이션에서 방문과 온라인으로 접수 가능하고 어떤 기관에서 신청하든 어느 시험장에서 보든 같은 날 국내에서 치러지는 아이엘츠 시험 문제는 똑같다(국가별로는 다름).

※ 시험 등록 시 안경 쓴 사진은 허용되지 않으므로 반드시 안경을 착용하지 않은 사진을 첨부하자.

영국문화원 https://www.britishcouncil.kr/exam
호주 IDP에듀케이션 http://www.ieltskorea.org

응시료는 2020년 5월 기준 Paper-based IELTS(PB IELTS)는 27만3천원, Computer-delivered IELTS(CDI)는 27만3천원이고 신용카드와 계좌이체로 지불 가능하다.

Paper-based IELTS(PB IELTS)	27만3천원
Computer-delivered IELTS(CDI)	27만3천원

1-3. IELTS 시험 장소

매년 응시자가 많아지고 있어 서울, 경기뿐만 아니라 인천, 세종, 대전, 부산, 제주 등 거의 전국에서 아이엘츠 시험을 응시할 수 있다. 대학 및 대형 어학원 등을 고사장으로 사용하고 있다.

1-4. IELTS 시험 당일 준비물 및 입실 절차

고사장 안에서는 다음의 준비물 이외에는 소지할 수 없다. 예를 들어 가방이나 음료수(물은 반입 가능), 휴대전화, 전자시계(알람 소리가 날 경우, 퇴실조치) 등도 반입이 금지된다.

1) 준비물

① 필기구 : 연필 혹은 샤프, 지우개 (Paper-based IELTS)

시험 답안은 반드시 연필 혹은 샤프로 작성해야 한다. 형광펜이나 볼펜 등은 지참할 수 없다.

② 신분증 : 유효한 여권 원본 + 해당 여권의 사본 1부

반드시 유효한 여권과 해당 여권의 사본 1부를 지참해야 한다. Listening, Reading, Writing 시험뿐만 아니라, Speaking 시험 시간에도 늘 지니고 있어야 한다.

2) 입실 절차

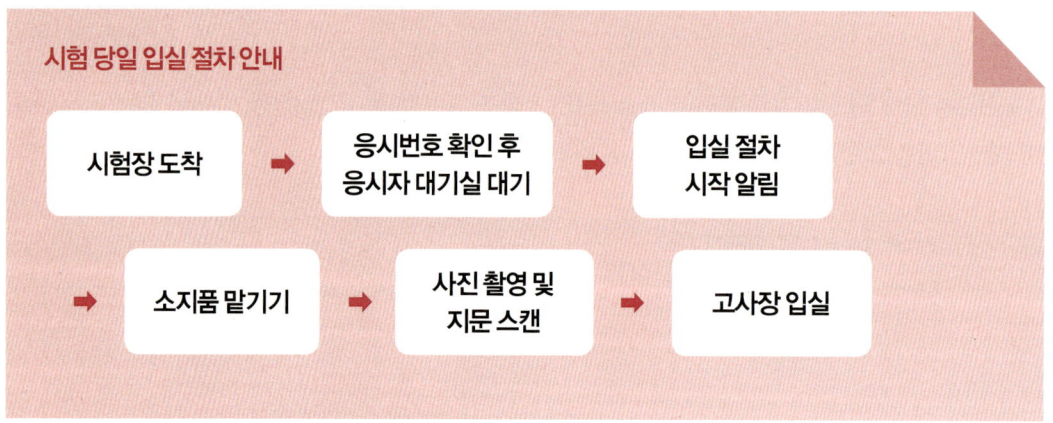

1-5. IELTS 시험 시간표 (Paper-based IELTS)

응시자는 시험 당일 오전 8시까지 고사장에 도착해야 한다. 응시자는 고사장에 입실하기 전에 신분 확인과 가방 보관을 마친 후 고사장으로 입실하고 시험 전 유의사항에 대한 안내를 듣는다. 시험 감독관의 안내가 시작되면 입실이 불가능하므로 늦지 않도록 주의해야 한다.

시험 안내가 시작되는 8시 50분부터 Writing 시험이 끝나는 12시 10분 사이에 휴식 시간은 없으며, 특히 시험 안내가 시작된 후부터 Listening 시험이 끝날 때까지는 출입이 제한된다. 시험과 시험 사이 답안지를 걷고 문제지를 나눠줄 때에도 자리 이동은 불가능하다. 단, Reading과 Writing 시험 시작 전 후 5분을 제외하곤 감독관의 동행 하에 화장실을 다녀올 수 있다.

Speaking 시험은 보통 오후 12시 40분부터 6시까지 진행되며 응시자는 휴식을 취한 후 여권을 지참하고 본인의 시험 시간 20분 전에 지정된 장소에 와서 대기해야 한다. 추가 접수자의 경우에는 다음 날인 일요일에 시험을 보는 경우도 있으며 이러한 사항은 시험일 전에 웹사이트를 통해 미리 확인해 볼 수 있다.

과 목	시 간 (Briefing부터 Listening까지 휴식 시간 없이 진행된다.)	문제 개수	비 고
Briefing (시험안내)	8 : 50 ~		답안 작성 시 주의사항 등 시험 전반에 대한 간략한 안내
Writing (쓰기)	9 : 10 ~ 10 : 10 (총 1시간)	2개의 Task Task 1은 150 단어 이상 Task 2는 250 단어 이상	점수 비중이 높은 Task 2부터 작성해야 고득점을 받는다.
Reading (읽기)	10 : 20 ~ 11 : 20 (총 1시간)	3개의 Passage 각 Passage당 13~14문제 총 40문제	1시간 안에 문제도 풀고 답안지도 작성해야 한다. 시간이 부족하기 때문에 1번부터 순서대로 풀지 말고, 주관식 등 쉬운 문제부터 골라서 먼저 푼다.
Listening (듣기)	11 : 30 ~ 12 : 10 (총 40분 : 리코딩 30분 +답안 작성 10분)	4개의 Part 각 Part당 10문제 총 40문제	리코딩이 끝나면 답안 작성을 위한 추가 10분이 주어진다.
Break (휴식)			
Speaking (말하기)	12 : 40 ~ 18 : 00 (총 11~14분)	3개의 Part 원어민 시험관과 1 : 1 인터뷰	추가 접수자는 일요일에 Speaking 시험을 치를 수도 있다.

※ 시험 종료 후에도 답안을 작성하는 응시자들이 매 시험마다 있는데 이러한 행위는 부정행위로 간주되어 실격 처리된다. 따라서 시험관이 시험 종료를 알리면 필기구를 책상에 올려 놓은 후 손을 책상 아래로 내려야 한다.

1-6. PB IELTS vs CDI 비교

• **Paper-based IELTS와 Computer-delivered IELTS의 비교**

PB IELTS	비교 항목	CDI
시험일로 부터 13일	성적 발표일	시험일로 부터 5~7일
손글씨로 작성	답안 작성 방법	컴퓨터로 타이핑
273,000원	응시료	273,000원
월 4회(토요일 3회, 목요일 1회)	시험 일정	일 2회, 주 6일 시행으로 월 50회 이상 진행
오전 W/R/L + 오후 S	시험 진행 순서	오전 L/R/W + 오후 S 오전 S + 오후 L/R/W 중 시간 선택 가능
무작위 배정	Speaking 시간	시험 시간 선택 가능

1) Paper-based IELTS (PB IELTS)

추가모집 기간에 접수한 응시자는 Speaking Test를 필기시험과 다른 날(주로 일요일)에 보게 될 수 있고, 고사장이 변경될 수 있다. 2019년 4월 13일부터 모듈의 순서가 Writing -> Reading -> Listening 순으로 변경되었다(PB IELTS에 한함).

• **토요일 시험**

접수 마감일	시험 주 월요일 자정
명단 및 장소 확인	시험 주 화요일 오후
스피킹 예정* 시간 확인	시험 주 목요일 오후
성적 확인	시험일로부터 13일째 되는 금요일 오전

• **목요일 시험**

접수 마감일	시험 전 주 일요일 자정
명단 및 장소 확인	시험 주 월요일 오후
스피킹 예정* 시간 확인	시험 주 화요일 오후
성적 확인	시험일로부터 13일째 되는 수요일 오전

※ 스피킹 예정 시간은 예고 없이 변경될 수 있으며, 확정된 Speaking Test 시간은 Listening Test가 끝난 후 개별적으로 공지

2) Computer-delivered IELTS (CDI)

접수 마감일	시험일로 부터 4일 전
장소 및 스피킹 시간	접수 완료 후 응시자 본인의 접수 완료 원서를 통해 확인

1-7. IELTS 재채점 (영국 문화원의 경우)

시험 결과에 이의가 있을 경우, 재채점을 요청할 수 있다. 재채점은 시험일로부터 6주 이내 (재채점 비용 입금완료 및 서류도착완료까지의 상태)만 신청가능하며 결과가 나오는데 일주일에서 4주정도 소요된다. 재채점은 영국에서 이루어지며 재채점 기간 동안 해당 성적표는 사용할 수 없다.

재채점 신청방법
- 재채점 예약 사이트에서 신청 예약을 완료
- 예약 완료후 24시간 이내에 재채점 비용 입금
- 재채점 신청서를 동봉하여 주한영국문화원 재채점 담당자앞으로 등기발송
  (재채점 신청서 발송 및 재채점 비용입금이 완료 되어야 신청이 가능)
- 원본성적표는 제출하지 않음
- 재채점의 경과는 홈페이지를 통해서 확인
- 재채점결과는 응시자 개인 이메일을 통해 전달 (온라인 확인 불가능)
- 재채점결과 성적에 변동이 있을 경우, 원본 성적표를 주한영국문화원으로 반환
- 원본성적표 반환이 이루어져야 새로운 성적표가 발급

재채점 신청기간
- 시험일로부터 6주 이내에 신청 가능(서류 접수 완료 시점)

재채점 비용안내
- 16만원 (재채점 과목수에 관계 없이 비용은 동일)
- 재채점 결과, 성적의 상향변동이 있을 경우에만 재채점 비용이 전액 환불

소요기간
- 접수가 완료된 시점으로부터 1주~ 4주

만약 응시자의 IELTS 시험 점수가 원하는 대학에서 요구하는 각 과목의 점수 중, 한 과목에서만 0.5점이 부족하다면 다시 시험을 보는 것보다는 재채점을 신청해 보는 것도 좋은 방법이다. 왜냐하면 'each band' 의 요건이 있는 경우(모든 대학이나 기관에 each band 요건이 있는 것은 아니다.), Writing만 0.5점 부족해서 다시 시험을 치렀는데 이번 시험에서는 Writing은 each band 요건을 넘겼지만 Speaking에서 0.5점이 부족해서 또 다시 시험을 치러야 하는 경우가 자주 발생하기 때문이다. 여기서 말하는 each band란 특정 과목 또는 모든 과목 점수가 각각 일정한 점수 이상이 되어야 하는 것을 말한다.

예를 들어 호주의 한 대학의 IELTS 점수 요건은 Overall(전체 평균) 6.0인데 반해 Reading과 Writing은 반드시 6.0 이상이 되어야 하고 Listening과 Speaking은 5.0 이상만 되면 된다. 이 학교에 입학하고자 하는 학생의 IELTS 시험 결과가 예를 들어 Listening 7.0 / Reading 6.0 / Writing 5.5 / Speaking 5.5 // Overall 6.0 이라면 Writing 점수에서 0.5점이 부족하기 때문에 시험을 다시 봐야 한다. 이 경우 아무리 Listening 점수가 높아도 Overall이 6.0 조건에 맞아도 입학허가서가 나오지 않는다. 하지만 그 다음에 시험을 봤을 때는 Listening 7.0 / Reading 5.5 / Writing 6.0 / Speaking 5.5 // Overall 6.0 이 나왔다면 Writing에서는 6.0을 맞았지만 이번에는 Reading 점수가 0.5점 부족해서 또 다시 시험을 치러야 한다.

'Each Band' 조건이 있는 호주 울릉공 대학의 IELTS 점수 요건 (일부 학과 제외)

Listening	Reading	Writing	Speaking	Overall
5.0 이상	6.0 이상	6.0 이상	5.0 이상	6.0 이상

홍길동 학생의 시험 결과

응시횟수	Listening	Reading	Writing	Speaking	Overall	결과
1회	7.0	6.0	5.5	5.5	6.0	불합격
2회	7.0	5.5	6.0	5.5	6.0	불합격
3회	7.0	6.5	6.0	4.5	6.0	불합격

실제로 이러한 문제로 인해 17번이나 시험을 봤던 학생도 있다. 필자의 경우 위와 같이 안타까운 상황에 처한 학생들과는 상담을 통해서 재채점 여부를 결정한다. 현재까지 Writing과 Speaking 과목에서 점수가 0.5점에서 1점까지 오른 학생이 여러 명 있었다. Listening과 Reading 과목은 객관적인 답이 있기 때문에 점수 향상을 기대하기 어렵지만 Writing과 Speaking 과목은 사람이 채점하기 때문에 채점자의 주관적 판단이 어느 정도 개입될 수도 있어 점수 향상을 기대해 볼 수 있다. 하지만 어디까지나 적어도 Writing은 글자 수 요건과 논점에 맞게 글을 쓴 경우 Speaking도 적절한 분량과 논점에 맞게 대답을 한 경우에만 재채점을 고려할 수 있다. 따라서 재채점 신청 여부는 스스로 판단하기보다는 본인이 수강하고 있는 학원의 강사나 IELTS 전문가와 상담을 한 후에 결정할 것을 권한다.

1-8. IELTS 성적 확인

PB IELTS	시험일로 부터 13일
CDI	시험일로 부터 5~7일

1-9. IELTS 채점 기준

아래의 표는 캠브리지 대학에서 발표한 IELTS 채점 기준으로 현재의 채점기준에 가장 가깝다. 특히 Academic과 General Reading의 맞은 개수에 따른 점수 산정이 다른 것을 눈여겨봐야 한다. 비교적 General Reading이 Academic Reading보다 난이도가 낮기 때문에 더 많은 문제를 맞아야 높은 점수를 얻을 수 있다.

Listening (총 40문제)		Academic Reading (총 40문제)		General Reading (총 40문제)	
맞은 개수	점수	맞은 개수	점수	맞은 개수	점수
1	1	1	1	1	1
2 ~ 3	2	2 ~ 3	2	2 ~ 4	2
4 ~ 9	3	4 ~ 9	3	5 ~ 11	3
10 ~ 16	4	10 ~ 15	4	12 ~ 17	4
17 ~ 24	5	16 ~ 22	5	18 ~ 25	5
25 ~ 32	6	23 ~ 28	6	26 ~ 34	6
33 ~ 37	7	29 ~ 35	7	35 ~ 37	7
38 ~ 39	8	36 ~ 39	8	38 ~ 39	8
40	9	40	9	40	9

1-10. IELTS vs TOEFL 점수 환산표

IELTS와 TOEFL의 점수 환산표는 다음과 같다.

IELTS	IBT TOEFL	PBT TOEFL	CBT TOEFL
7.5 ~ 9.0	113 ~ 120	625 ~ 680	263 ~ 300
7.0	100	600	250
6.5	90 ~ 91	575	232
6.0	79 ~ 80	550	213
5.5	69 ~ 70	525	196
5.0	59 ~ 60	500	173
4.5	49 ~ 50	475	152
4.0	39 ~ 40	450	133
3.5	29 ~ 30	425	113

1-11. IELTS 점수 계산법

IELTS의 점수 산정은 각 영역의 점수를 0~9점으로 매기고 0.5점 단위로 채점한다. 0점은 시험에 응시하지 않은 경우이고 9점은 만점의 경우이다. 총점은 각 영역의 점수를 더한 후 총 과목 개수인 4로 나누어서 반올림한다.

> Listening : 6.5 / Reading : 7.5 / Writing : 7.0 / Speaking : 6.0
> **Overall Band Score : 7.0**

즉 6.5+7.5+7.0+6.0 = 27이고 이것을 4로 나누면 6.75, 이 점수를 반올림하면 7.0이 된다.

4과목의 점수를 더해서 4로 나눈 평균 값	Overall Band Score
6.0	6.0
6.125	6.0
6.25	6.5
6.375	6.5
6.5	6.5
6.625	6.5
6.75	7.0
6.875	7.0
7.0	7.0

2
IELTS 시험 구성

IELTS는 목적에 따라 Academic Module과 General Training Module로 구분되고 Listening과 Speaking 문제는 동일하고 Reading과 Writing 문제는 서로 다르다.

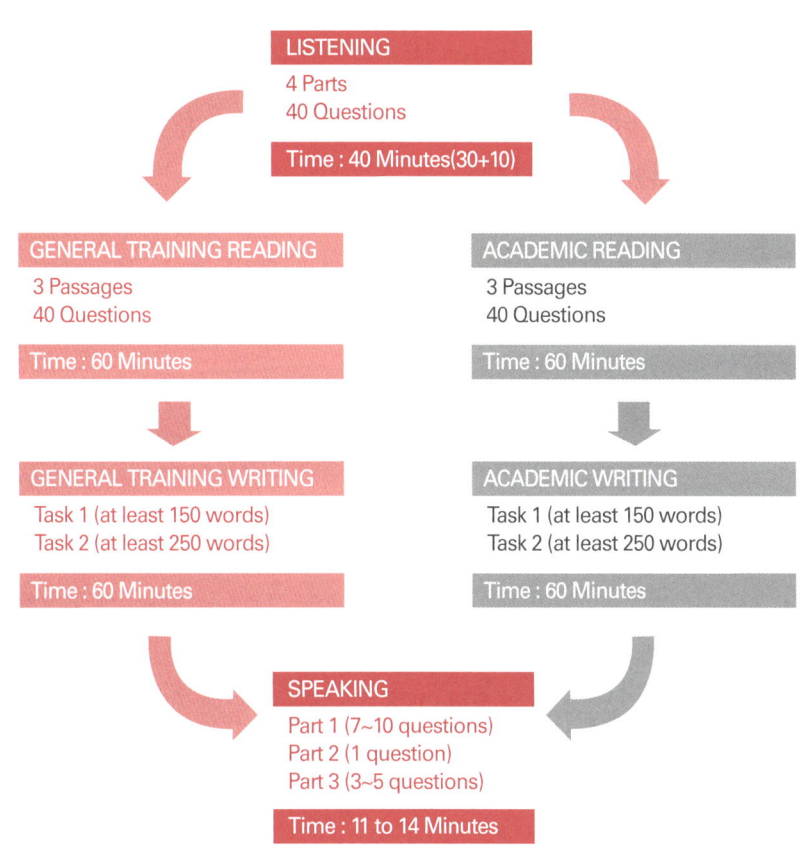

2-1. Listening

Listening시험은 Academic과 General Training Module 구분 없이 똑같다.

	내용과 특징	시험시간	문제 개수
Part 1	일상적인 주제 (2인 대화) 주관식 문제가 자주 출제됨	약 30분 + 10분 총 약 40분	Part 별로 각 10문제 총 40문항
Part 2	일상적인 주제 (2인 대화) 여행, 주택임대, 대학시설 등에 관한 문의		
Part 3	전문적인 주제 (3인 대화) 연구과제에 관한 교수와 학생들 간의 대화		
Part 4	전문적인 주제 (1인 강의) 학술, 환경, 역사 등에 관한 전문적 지식 전달		

1) 구성

총 4개 part로 구성되고, 각 파트 당 10문제 씩 총 40개의 문제가 출제된다. 약 30분 간 CD에서 출제되는 문제를 듣고 추가로 주어진 10분 동안 답을 답안지에 옮겨 적는다. 1회만 청취 가능하다.

파트 1&2는 일상적인 상황, 예를 들면 대학생활, 직장생활, 여행, 병원, 파티 등 비교적 내용이 평이하다. 주관식 답을 요하는 문제들이 많으므로 스펠링, 대소문자, 제한된 단어 수 등에 주의해야 한다.

파트 3&4는 전문적인 주제, 예를 들면 비즈니스 사례연구, 환경문제, 영국이나 호주 역사 등 비교적 내용이 어렵고 파트 1&2보다 지문도 길다. 따라서 내용을 듣기 전, 문제와 보기를 미리 읽어 두는 것이 고득점에 유리하다.

2) 특징

영국과 호주 발음이 70~80%를 차지하고 인도, 싱가포르, 미국 등 다양한 영어 발음으로 출제되므로 미국식 발음에만 익숙한 한국 학생들은 영국식 발음에도 익숙해져야 한다. 주관식 문제와 객관식 문제의 비율이 거의 비슷하므로 스펠링, 대소문자 구분, 단수, 복수 구분, 단어 개수 제한 등을 꼼꼼히 살펴봐야 한다. 문장 완성 및 요약, 표 완성, 지도 등 다양한 문제 유형이 출제된다.

각 파트 시작 전, 문제를 읽을 시간이 약 30초(파트 4는 1분) 주어지는데 이 시간동안 문제들을 되도록 많이 빨리 읽으면서 주의사항(대소문자, 단수, 복수, 글자 수 제한)과 예상되는 유형의 답(날짜, 시간, 장소, 사람 이름)을 시험지에 메모한 후 문제를 풀어야 한다.

2-2. Reading

Reading은 Academic과 General Training Module의 문제 유형이 다르다.

1. Academic Reading (아카데믹 모듈 응시자에 한함)

	내용과 특징	시험시간	문제 개수
Passage 1	Passage 3개 모두 잡지 및 학술지 수준의 전문적인 내용	총 60분 (별도의 답안작성 시간 없음)	각 passage당 13~14문제 총 40문제
Passage 2	논문 형식의 글 (1,000자 내외, 2pages)		
Passage 3	건강, 환경, 문화, 과학, 사회 등의 폭넓은 내용		

1) 구성

총 3개 passage로 구성되고 각 passage 당 13~14개씩 총 40문제가 출제된다. 각 passage의 문제 유형은 비슷하다. 주어진 시간은 1시간이며 Listening과는 달리 답안 작성을 위한 추가 시간이 주어지지 않기 때문에 문제를 풀면서 수시로 답을 답안지에 옮겨야 한다.

2) 특징

IELTS는 다른 시험과 달리 Reading에 단어 자체를 평가하는 시험은 따로 없지만 평소 단어 공부를 열심히 하지 않으면 지문뿐만 아니라 문제 자체를 해석할 수 없다. 특히 Reading은 지문의 수준이 상당히 높고 한 지문 당 1,000자 내외의 긴 지문이 제시된다. 주로 영국식 영어 표현 및 단어를 사용하기 때문에 IELTS에 자주 출제되는 IELTS 기출 단어를 공부하는 것이 효율적이다. 또한 난이도 순서대로 passage가 전개된 것이 아니기 때문에 문제 유형 및 지문을 골라서 쉬운 것부터 선택해서 풀어야 한다. 주관식 답안을 작성할 때는 글자 수 제한 및 스펠링에 유의해야 한다.

2. General Training Reading (제너럴 모듈 응시자에 한함)

	내용과 특징	시험시간	문제 개수
Passage 1	일상생활 관련 지문, 2개의 지문	총 60분 (별도의 답안작성 시간 없음)	각 passage당 13 ~ 14문제 총 40문제
Passage 2	업무 관련 지문, 2개의 지문		
Passage 3	논문 형식의 글 (1,000자 내외) Academic Reading과 비슷한 문제 유형, 1개의 지문		

1) 구성

총 3개 passage로 구성되고 각 passage 당 13~14개씩 총 40문제가 출제된다. Academic Reading의 구성과는 달리 각 passage마다 내용과 문제 유형이 다르다. passage 1은 광고, 레스토랑, 교통수단, 병원, 쇼핑 등 일상 생활과 관련된 내용이고 서로 다른 내용의 비교적 짧은 지문이 2개 제시된다. passage 2는 회사 업무와 관련된 내용이고, passage 1보다는 지문이 조금 더 길지만 마찬가지로 서로 다른 내용의 지문이 2개 제시된다. passage 3은 Academic Reading과 비슷한 문제 유형이고 지문이 1개 제시된다. 주어진 시간은 1시간이며 Listening과는 달리 답안 작성을 위한 추가 시간이 주어지지 않기 때문에 문제를 풀면서 수시로 답을 답안지에 옮겨야 한다.

2) 특징

General Reading은 영어권 국가에서의 생활과 직장 문화에 대한 이해가 부족한 사람들에겐 다소 어려울 수 있다. 하지만 단어와 지문의 수준은 Academic Reading 보다는 비교적 낮고 지문의 길이가 총 2,000~2,750자 안팎으로 상대적으로 짧다. passage는 뒤로 갈수록 어려워지기 때문에 문제 순서대로 풀어야 한다. 주관식 답안을 작성할 때에는 글자 수 제한과 스펠링에 유의해야 한다.

2-3. Writing

Writing시험은 Task 1과 Task 2로 구성되고 두 가지 문제에 대한 답을 모두 1시간 안에 연필 혹은 샤프로 작성해야 한다. Academic과 General Training Module의 Task 1은 문제 유형이 전혀 다르고 Task 2의 경우에는 큰 차이점이 없다.

1. Academic Writing (아카데믹 모듈 응시자에 한함)

	내용과 특징	시험시간	문제 개수
Task 1	그래프나 다이아그램 묘사하기 (150 단어 이상) 제시된 데이터를 비교, 분석하고 중요한 특징을 찾아서 기술	총 60분	Task 1 Task 2 총 2 문제
Task 2	에세이 쓰기 (250 단어 이상) 주어진 에세이 주제와 유형에 맞춰서 본인의 주장이나 해결책을 제시		

1) 구성

총 2개 Task로 구성되고 두 개의 Task를 1시간 안에 연필(혹은 샤프)로 작성해야 한다.

Task 1은 주어진 1~3개의 그래프를 비교 분석하고 특징을 객관적으로 묘사하는 글쓰기이다. 그래프의 종류에는 바그래프, 라인그래프, 파이차트, 테이블, 지도, 다이어그램 등이 있다. 적어도 150 단어 이상 작성해야 한다.

Task 2는 에세이 작성이다. 어떤 사회적 이슈에 대한 응시자의 의견을 물어보거나 장단점, 원인과 해결책 등을 제시하라는 문제 유형이 나온다. 적어도 250 단어 이상 작성해야 한다.

2) 특징

Task 1은 대학 혹은 대학원 수업에서 필요한 수치를 도표화한 자료들을 객관적으로 분석할 수 있는지를 평가하는 시험이다. 주어진 수치들의 증감, 변동, 그리고 연관성 등을 객관적으로 묘사해야 한다. 앞으로의 변화 추이에 대한 주관적인 전망이나 개인적인 의견을 제시해서는 안 된다.

Task 2는 어떠한 사회적 이슈에 대해 자신의 생각을 표현하는 에세이다. Task 1보다 요구하는 단어 수가 많고 배점이 높기 때문에 반드시 Task 2부터 작성해야 한다. Task 1을 완성하지 못했을 때보다 Task 2를 완성하지 못했을 때 감점이 더 크다. Writing에서 고득점을 받기 위해서는 주어진 1시간 안에 Task 1과 2 모두를 반드시 완성해야 한다. 또한 논점에 맞는지, 수준 높은 다양한 어휘를 구사했는지, 문법과 스펠링에 맞게 썼는지도 점수에 영향을 준다.

2. General Training Writing (제너럴 모듈 응시자에 한함)

	내용과 특징	시험시간	문제 개수
Task 1	편지 쓰기 (150 단어 이상) 감사, 요청, 불만, 조언 등의 상황이 제시되며 공식적인 내용인지 비공식적인 내용인지를 확인해서 이에 맞는 어투로 작성	총 60분	Task 1 Task 2 총 2문제
Task 2	에세이 쓰기 (250 단어 이상) Academic Writing Task 2와 유사 주어진 에세이 주제와 유형에 맞춰서 본인의 주장이나 해결책을 제시		

1) 구성

총 2개 Task로 구성되고 두 개의 Task 모두 1시간 안에 연필(혹은 샤프)로 작성해야 한다.

Task 1은 편지 쓰기다. 주어진 상황에 맞는 공식적 혹은 비공식적 편지를 작성하는 것으로 감사, 요청, 불만, 조언 등의 상황이 제시된다. 편지 형식에 맞춰서 적어도 150 단어 이상 작성해야 한다.

Task 2는 에세이 작성이다. Academic Writing Task 2와 유사하다. 어떤 사회적 이슈에 관한 장단점 혹은 찬반 의견을 물어보거나, 원인과 해결책을 제시하라는 등의 문제 유형이 나온다. 적어도 250 단어 이상 작성해야 한다.

2) 특징

Task 1은 문제에 제시된 상황을 읽고 응시자가 이 상황에 맞게 편지를 작성하는 것이다. 본인이 영어로 잘 표현할 수 있는 쪽으로 내용을 이끌어 가는 것이 중요하며 친구에게 쓰는 비공식적인 편지인지, 회사나 학교로 보내는 공식적인 편지인지를 구별해서 상황에 맞는 표현들을 적절하게 사용해야 한다.

Task 2는 Academic Writing Task 2와 유사하고 어떠한 사회적 이슈에 대해 자신의 생각을 드러내는 에세이 형식이다. Task 1보다 요구하는 단어 수가 많고 배점이 높기 때문에 반드시 Task 2부터 작성해야 한다. Task 1을 완성하지 못했을 때보다 Task 2를 완성하지 못했을 때 감점이 더 크다. Writing에서 고득점을 받기 위해선, 주어진 1시간 안에 Task 1과 2 모두를 반드시 완성해야 한다. 또한 논점에 맞는지, 높은 수준의 다양한 어휘를 구사했는지, 문법과 스펠링에 맞게 썼는지도 점수에 영향을 준다.

2-4. Speaking

Speaking 시험은 Academic과 General Training Module 구분 없이 똑같다.

	내용과 특징	시험 시간 총 11~14분
Part 1	Introduction and Short Interview (7 ~ 10문제) 시험관의 간단한 자기소개, 응시자 신분증 확인 일상생활 관련 주제로 한 두 문장으로 짧게 답한다.	4 ~ 5분
Part 2	Cue Card (1문제) 시험관으로부터 문제가 적힌 종이(Cue Card)를 받으면 응시자는 1분 간 준비하여 1 ~ 2분 간 대답한다.	3 ~ 4분 (준비 시간 1분 포함)
Part 3	Discussion (3 ~ 5문제) Part 2와 관련된 주제에 관한 심층 토론	4 ~ 5분

1) 구성

Speaking은 영어권 국가 출신의 숙련된 시험관(examiner)과 응시자의 1대 1 인터뷰이다. 모든 인터뷰 내용은 재채점의 경우를 대비해서 녹음된다. 총 3개의 part로 구성되어 있고 총 11~14분 정도가 소요된다.

part 1과 3은 시험관이 직접 문제를 물어보지만, part 2의 경우에는 시험관이 문제가 적힌 카드를 응시자에게 제시한다. 이때 응시자에겐 카드에 적힌 문제에 대해 생각할 수 있는 시간이 1분 주어지고 시험관은 응시자가 답변을 메모할 수 있도록 연필과 종이를 함께 제공한다. 응시자는 1~2분 간 자신의 생각을 논리적으로 명확하게 전달해야 한다. Speaking 평가 항목으로는 유창성과 일관성, 어휘력, 문법과 정확성 그리고 발음 등이 있다.

2) 특징

part 1은 응시자의 직업이나 취미, 가족 등 일상생활을 물어보는 비교적 쉽고 친숙한 문제가 출제되고 1~2문장으로 간단하게 대답한다. part 1은 워밍업 단계로 긴장을 풀고 자연스럽게 대답하는 것이 중요하다. 평가에서 큰 비중을 차지하지는 않는다.

part 2는 시험관이 응시자에게 문제가 적힌 카드와 메모할 수 있는 연필과 종이를 함께 준다. 응시자는 1분 동안 문제를 읽고 본인이 대답할 내용을 간략하게 종이에 메모한다. 준비 시간 1분이 지난 후 시험관이 'Are you ready to speak?' 라고 물어보면 응시자는 'Yes, I am.' 이라고 간략히 대답하고 1~2분 간 문제에 대해 논점에 맞춰 아카데믹한 단어들을 사용해서 논리적으로 대답한다. 만약 대답 도중에 시험관이 말을 끊는다면 이것은 시간 관리를 위한 것으로 당황할 필요는 없다.

part 3는 part 2에서 주어진 주제와 관련된 심층 문제가 출제된다. 보통 과거, 현재, 미래의 상황을 비교하거나 두 가지 대상을 서로 비교하는 등의 문제가 주어진다. part 1과 마찬가지로 원어민 시험관이 직접 물어보며 part 1보다는 길게 대답해야 한다. 보통 4~6 문장 정도로 답하는 것이 좋다.

2-5. Academic Module의 General Training Module 공통점 및 차이점

	Academic Module	General training Module
Listening	공통	
Reading	Passage 1 전문독해 Passage 2 전문독해 Passage 3 전문독해	Passage 1 일상생활 Passage 2 직장생활 Passage 3 전문독해
Writing	Task 1 차트 분석 Task 2 에세이 작성	Task 1 편지 작성 Task 2 에세이 작성
Speaking	공통	

Reading Passage 3와 Writing Task 2는 출제되는 문제는 서로 다르나 문제 유형은 유사하다.

3
IELTS를 채택한 학교와 기관/해외취업과 이민

3-1. IELTS를 채택한 국내 학교와 기관

1) 국내 대학교

서울대, 연세대, 고려대, 성균관대, 이화여대, 카이스트 등 국내 주요 대학들을 포함한 국내 상위 25개 대학 중, 72%인 18개 대학에서 입학, 졸업, 교환학생 선발 등을 위한 공인 영어 시험으로 IELTS를 채택했고 이러한 추세는 앞으로도 계속 이어질 전망이다. (최소 6.5점)

2) 국내 기업

LS산전, STX, 삼성테스코, MBC, 대한항공, 현대해상화재, 한국증권거래소 등 국내 유수 기업과 기관에서 채용을 위한 영어공인시험으로 IELTS를 채택하고 있다. (최소 6.5점)

3) IELTS를 채택한 국내 학교와 기업 목록

출처 : IDP 에듀케이션 http://bandscore.ielts.org/search.aspx 에서 Republic of Korea를 검색

대학교
광동 대학교, 경기 대학교, 경희 대학교
경북 대학교, 계명 대학교, 세종 대학교
포항 공과 대학교, 국제 법률 경영 대학원
메릴랜드 대학 - 용산 교육센터, 수원 대학교
울산 대학교, 원광 대학교, 우송 대학교
영남 대학교, 연세 대학교, 장로회 신학 대학교
부산 대학교, 건국 대학교, 단국 대학교
동국 대학교, 서울 대학교, 서울 신학 대학교
서울 여자 대학교, 서강 대학교, 숙명 여자 대학교
순천향 대학교, 성균관 대학교 - 경영 대학원
성신 여자 대학교, 금강 대학교, 고려 대학교
한국 예술 종합 학교

회사 및 기관
호주 외교 통상부, 뉴질랜드 외교 통상부, 영국 문화원 - 서울
영국 대사관, 캐나다 대사관, 캐나다 이민국 - 한국
펠로우십 어워드 프로그램, 광주 과학 기술원
한라 그룹, 한국 과학 기술원, 한국 공항 공단
한국 산업 안전 관리 공단, 한국 토지 개발 공사, 한국 해운 항만청
한국 증권 거래소, 특허청, 금호 그룹
정보 통신부, 국회, 삼성 그룹, 금융 감독원
서울특별시청, 서울특별시 교육청, 대법원, 대구광역시 교육청

3-2. IELTS를 채택한 해외 학교

1) IELTS를 채택한 해외 대학 및 대학원

영연방 국가의 대학뿐만 아니라, 아이비리그를 포함한 미국 상위 100개 대학 중 97개 대학이 입학요건으로 IELTS를 채택하고 있다. 다음은 IELTS 점수대 별로 지원 가능한 해외 유명 대학 목록이다.

Academic Band Score (Minimum)	대학명
IELTS 7.0 (TOEFL IBT 100)	Oxford University Columbia University University of California at Los Angeles Duke University University of Chicago London School of Economics New York University University of North Carolina at Chapel Hill University of Maryland Michigan State University Boston University Carnegie Mellon University University of Virginia
IELTS 6.5 (TOEFL IBT 90 ~ 91)	University of California at Berkeley University of Cambridge University of Michigan at Ann Arbor University of Toronto University of California at San Diego University College London University of Texas at Austin University of British Columbia University of Pittsburgh Australian National University Pennsylvania State University McGill University University of Edinburgh University of Bristol University of Sydney Utrecht University

Academic Band Score (Minimum)	대학명
IELTS 6.5 (TOEFL IBT 90 ~ 91)	University of Melbourne University of Alberta Brown University University of Manchester University of Munich University of New South Wales University of Hong Kong University of Sheffield Monash University University of Nottingham University of Western Australia Technical University of Munich Leiden University University of Waterloo King's College London Purdue University University of Birmingham Uppsala University University of Amsterdam University of Queensland Emory University Case Western Reserve University University of Newcastle Sussex University
IELTS 6.0 (TOEFL IBT 79 ~ 80)	University of Washington at Seattle National University of Singapore University of Rochester Texas A & M University University of Heidelberg

2) IELTS를 채택한 미국의 아이비리그 8개 대학

미국의 8개 아이비리그에서도 IETLS를 입학 요건으로 채택했다.

(1) 하버드 대학교 (Harvard University) ▶ IELTS 점수 : 7.0

미국에서 가장 역사가 깊은(1636년 설립) 일류 고등교육기관 가운데 하나. 매사추세츠 주 케임브리지에 있다. 하버드 대학교는 미국의 지적·정치적 발전에서 여러 분야와 밀접한 관련을 맺어왔다. 1960년대경에는 존 애덤스, 존 퀸시 애덤스, 러 더퍼드 B. 헤이스, 시어도어 루스벨트, 프랭클린 D. 루스벨트, 존 F. 케네디 등 6명의 미국 대통령과 수많은 법률가·장관·의원을 배출했다. 지난 세기 동안 교육과정 개혁에서 선두적인 역할을 한 대학이다.

(2) 예일 대학교 (Yale University) ▶ IELTS 점수 : 7.0

미국에서 세 번째로 역사가 깊은 대학으로 1701년에 설립되었다. 예일 대학교 도서관은 600만 권 가량의 장서를 갖추고 있으며, 미국에서 가장 규모가 큰 도서관으로 꼽힌다. 또한 미국 대학 최초로 꼽히는 방대한 미술관도 갖추고 있다. 예일 대학교는 학자금 보조에서도 가장 우수한 학교 중 하나이다.

(3) 브라운 대학교 (Brown University) ▶ IELTS 점수 : 6.5

1764년 미국 로드아일랜드 주에 설립된 사립 대학교이다. 미 동부지역에서 세 번째로 오래된 고등교육기관이며, 오랜 역사와 함께 진보적이고 자유로운 분위기가 이 학교의 학풍이다. 브라운 대학의 특징 중 하나는 학생들의 자율성을 최대한 허용한다는 점이다. 학생들은 교수들 지도를 받으면서 독자적인 연구나 실습 프로그램에 참여할 수 있으며, 학생 대 교수의 비율이 8 : 1이어서 신입생들도 노벨상 수상자나 명망 있는 철학자, 시인, 소설가 등의 교수들과도 쉽게 만나 이야기할 수 있다.

(4) 컬럼비아 대학교 (Columbia University) ▶ IELTS 점수 : 7.0

뉴욕시 맨해튼에 있는 사립 대학이며 미국에서 여섯 번째로 오래된 고등교육기관이다. 컬럼비아 대학은 인종 구성이 다양하며, 세계의 중심 도시인 뉴욕의 맨해튼에 있어 광범위한 국제 정치·경제 정보를 가깝게 접할 수 있다. 국제 정치의 핵심인 유엔본부와 세계 금융의 중심지인 월가가 인근에 있으며, 세계에서 가장 영향력 있는 언론사들과 미술 음악 문화센터 등이 대학 주변을 둘러싸고 있다.

(5) 코넬 대학교 (Cornell University) ▶ IELTS 점수 : 7.0

미국 뉴욕 주 이타카에 있는 사립 대학이다. 학생 수가 많은 종합 대학 중 하나로 미국에서 가장 많은 의사를 배출하는 대학이다. 교수 1인 당 학생 수가 7.6명에 불과하며, 무려 900여 개의 교내 동아리가 활동하고 있다. 공적으로 지원되는 대학은 산업 및 노동관계 대학과 농업 및 생명과학 대학 등이다. 코넬 대학교 의과대학은 의학 교육 및 연구소 단지의 일부로 속해 있으며 뉴욕 시에 있는 뉴욕 병원도 여기에 소속되어 있다. 뉴욕 시에는 간호대학도 부설되어 있다. 코넬은 미국 내에서 유학생에게 가장 많은 장학금을 주는 대학 중 하나로 꼽힌다.

(6) 다트머스 대학교 (Dartmouth College) ▶ IELTS 점수 : 7.0

다트머스 대학교는 미국 뉴햄프셔 주 해노버에 위치한 사립대학으로 동부 최상위권 명문 대학들 중 하나이다. 교양학과로만 구성된 다트머스 대학은 미국에서 가장 혁신적인 소규모 교양대학으로 평가받고 있다. 특히 주력하는 학과로는 영어·화학·지질학·역사·수학·언어학과 등이 있다. 주로 소학급 운영과 많은 세미나, 교사와 학생간의 긴밀한 접촉을 통해 학부 재학생들의 교육에 주력하지만 의학과 공학, 실무훈련 등 직업교육의 질도 우수한 것으로 평판이 나 있다.

(7) 펜실베이니아 대학교 (University of Pennsylvania) ▶ IELTS 점수 : 7.0

흔히 유펜(UPenn)으로도 불리며 미국 펜실베이니아 주 필라델피아에 있는 연구 중심의 종합 사립 대학이다. 1740년 설립된 이 학교는 미국에서 네 번째로 오래된 고등교육기관이며 아이비리그에 속하는 최상위권 명문 대학이다. 와튼 비즈니스 스쿨은 미국에서 제일 오래되고 우수한 비즈니스 스쿨로 인정되고 있다. 펜실베이니아 대학은 여러 종류의 이중 학위 과정을 제공하고 있으며 공학을 전공하는 학생 수도 많다.

(8) 프린스턴 대학교 (Princeton University) ▶ IELTS 점수 : 6.5

1746년에 뉴저지 대학으로 설립된 이 대학은 오늘날 미국 일류 대학의 하나로서 최고의 평판을 얻고 있다. 두 명의 대통령 (제임스 매디슨과 우드로 윌슨)을 배출했고 약 80명의 상원의원이 이곳에서 학위를 받았다. 특히 뛰어난 학과로는 역사학과, 철학과, 영어학과, 수학과, 물리학과를 들 수 있다. 물리학과에서는 세 명의 노벨상 수상자를 배출했다. 최근 들어 일반적인 순수학문 외에도 환경연구, 도시문제, 창작예술, 학생들이 주도하는 세미나 등의 비중이 커지고 있다.

3-3. 해외취업과 이민

해외취업과 이민을 희망하는 사람들이 늘어나면서 IELTS에 대한 수요도 급증하고 있다. 영국을 포함한 전 유럽국가, 호주, 캐나다, 뉴질랜드, 남아공, 인도에서의 취업과 이민을 위해서는 일반적으로 General Training Module 6.0 이 필요하다(점수는 직종 및 연령에 따라 다르기 때문에 이민사무국에 직접 확인해야 한다.). 특히 최근 호주에 대한 선호도가 증가하면서 호주에서 간호사로 취업과 이민을 희망하는 사람들의 수요가 증가하고 있다. 호주에서 간호사로 취업하기 위해서는 호주에 있는 간호대학을 졸업해야 하는데, 간호대학 입학 조건은 Academic Module overall 6.5와 each band 6.5로 두 조건을 모두 만족시켜야 한다. 간호대학 졸업 후 간호사로 일할 수 있는 자격증을 따기 위해선 Academic과 General Training module에 상관없이 each band 7.0을 획득해야 한다.

미국 취업에도 IELTS가 인정되는데 의사, 간호사, 수의사로 일하기 위해선 Academic Module에 응시해야 하며 간호사의 경우는 overall band 6.5에 speaking band 7.0을 달성해야 한다.

4
반드시 지켜야 할 '불법' 3가지

4-1. Study with a Teacher!

절대로 혼자 준비하지 말 것!

IELTS 시험에 대해 잘 알고 있고, 이미 뛰어난 영어 실력을 가진 대학 졸업 이상의 학생들이라면 예외일 수 있다. 하지만 필자의 학생들 중에는 이미 해외에서 10년 간 공부한 학생들도 있고 대학에서 영어를 전공한 학생들도 있으며 심지어는 영어 학원 선생님들까지 있다.

2006년부터 IELTS 강의를 시작하면서 벌써 수만 명이 넘는 학생들과 현장 강의, 인터넷 강의 그리고 강연 등을 통해서 만나고 있다. 일반 어학시험 응시자는 주로 10대, 20대 학생들과 사회 초년생이 대부분인 반면, IELTS 응시자들은 학생들과 직장인은 물론 운동선수, 의사, 대학교수, 자영업자 그리고 가정주부까지 그 직업군이 다양할 뿐만 아니라 응시 연령도 고등학생에서부터 50대 중반까지 폭넓다. 또한 일반 어학시험은 대개 국내에서 외국어를 공부한 소위 '국내파'가 주를 이루고 있지만, IELTS 응시자 중에는 이미 해외 체류 및 유학 경험이 풍부한 사람들 그리고 현재 해외에서 대학 또는 대학원을 다니고 있는 사람들도 적지 않다. 필자의 학생들 중 약 20~30% 정도가 이 경우에 해당되고 이러한 학생들은 주로 방학 때 한국에 와서 한국인 강사에게 IELTS를 배운다.

그렇다면 왜? 이미 외국에서 학교를 다니고 있거나 졸업한, 영어를 상당한 수준으로 구사하는 사람들도 한국에 돌아와서 한국인 강사가 있는 IELTS 학원을 찾는 것일까? IELTS는 단순히 영어 의사소통 능력을 평가하는 시험이 아니라 높은 수준의 '언어' 실력 즉 영어권 국가에서 학습하고 일하는데 필요한 논리력과 배경지식을 통합적으로 평가하기 때문이다.

유엔개발계획(UNDP, United Nations Development Program)에서 매년 발표하는 인간개발지수(HDI, Human Development Indicators)의 2003년도 자료에 따르면 한국의 성인 비문맹률(Adult literacy rate)은 97.9%이다. 이는 문맹률이 2.1%에 불과하다는 뜻으로 한국인들이 대부분 문자를 읽고 쓸 줄 안다는 것이다. 하지만 우리 모두가 'Korean native speaker' 임에도 불구하고 '국어 영역' 시험에서 높은 성적을 기대할 수는 없지 않은가? 같은 맥락으로 조기 영어 교육 덕에 아무리 영어 회화를 유창하게 구사하는 학생이라 하더라도 고난이도의 듣기, 읽기, 쓰기, 말하기 등 모든 분야의 언어 실력을 요구하는 IELTS 시험에서 무작정 높은 점수를 기대하기는 어렵다.

특히 어린 시절 해외에서 공부한 스무 살 안팎의 학생들 중에는 한국어 실력이 부족하거나 기본적인 상식을 갖추지 못한 학생들이 적지 않다. 예를 들면 '유학생활의 단점 중 하나는 "향수병" 이다.' 라는 아이디어를 제시하면 이러한 학생들은 homesickness라는 단어 대신에 perfume bottle이라는 단어를 떠올린다. 또한 'Canada는 어느 대륙에 있는가?' 라는 질문에 'Asia요' 라고 대답하는 학생들도 있다.

못 믿겠지만 필자가 직접 경험한 실화다!!!

그렇기 때문에 영어권 국가에서 학교 교육을 받은 학생이라 해도 상당수는 IELTS 시험을 선생님과 함께 착실히 준비해야 한다. 그것도 다른 영어 시험 전문가가 아닌 IELTS 전문 강사와 함께.

선생님과 함께 IELTS 시험을 준비하는 방법으로는 인터넷 강좌, 개인과외 및 그룹과외, 학원 등록 등이 있다. 이 가운데 무엇을 선택하느냐는 학생들의 영어 수준과 시간, 비용 등에 따라 달라질 것이다. 모든 준비 방법에는 저마다 장단점이 있지만 여기서 반드시 따져보고 선택해야 하는 사항이 있는데, 그것은 바로 '누구에게 배우냐' 는 것이다.

IELTS 전문강사	
1.	영연방 국가(영국, 호주 등)에서 대학 이상의 교육 이수
2.	IELTS 강의 경력 3년 이상
3.	IELTS 전 과목 강의 경험
4.	Speaking과 Writing 교정 및 첨삭이 가능하고, 가능한 한 많은 feedback 제공
5.	성실하고 열정이 넘치는 강사

이 모든 요건을 갖춘 강사를 찾기란 쉽지 않을 수도 있지만, 반드시 4번과 5번의 자격 요건은 갖추어야 한다. IELTS를 혼자 준비해서는 안 되는 이유는 학생 스스로 본인의 Speaking, Writing에 대해 피드백을 줄 수 없기 때문이고, 잘못된 방식으로 공부한다면 시간과 돈만 낭비하고 성적은 오르지 않을 수 있기 때문이다.

Case 1

국내 'in Seoul' 대학에서 영어 영문학을 전공한 후, 호주 'in Sydney' 대학원에 재학중인 A씨가 학원을 찾은 건 졸업 후 영주권 취득이 목적이었다. 그가 취득해야 하는 점수는 each band 7. 이미 상당한 수준의 영어를 구사하고 있지만, Speaking과 Writing 점수가 6점 대를 벗어나지 못하고 있었다. 학원 수강 2개월 후 원하는 점수를 얻어 현재 영주권 취득 절차를 준비하고 있다.

Case 2

국내 SKY 대학 졸업, 캐나다에서 TESOL 공부와 거주 총 3년, 중고등학교 영어 강사 5년 차, 수준 높은 영어 실력을 가지고 있었던 B씨. 호주에서 간호사로 일하기 위해 간호대학에 입학하고자 IELTS를 혼자 준비하려고 했으나 Listening은 영국 발음이 대부분을 차지해서 익숙하지 않고 Reading은 지문이 너무 길고 Writing과 Speaking은 어떻게 쓰고 말해야 하는지를 스스로 알 수 없어서 학원에 등록. 3개월 수강 후 overall band 7.5와 each band 7을 획득하고 현재 호주에 있는 간호 대학 졸업 후 현직 간호사로 근무하고 있고 영주권도 취득했다.

Case 3

A양과 B양은 스무 살 동갑내기. A양은 캐나다에서 3년간 고등학교를 다녔기에 발음이 원어민에 가까웠고 회화 실력도 상당했다. B양은 강원도에서 고등학교까지 마친 사투리가 묻어나는 외국인과 한 번도 대화를 나눈 적이 없었던 너무나 순수한 순도 100% 국내파. 필자와 함께 IELTS 공부 후 Speaking에서 해외파 A양은 5.5, 국내파 노력쟁이 B양은 6.5를 받았다.

4-2. Read a Newspaper!

매일 신문 읽기와 뉴스 시청에 최소한 30분 이상 시간을 할애할 것!

나이가 어린 학생일수록 상식과 사회 문제에 대한 관심이 상당히 부족하기 때문에 나이가 어리면 IELTS 시험에는 불리하다. IELTS는 영어가 아닌 한국어로 해도 문제 자체에 대한 의견이 없으면 제대로 답변할 수 없는 문제들이 많기 때문이다. 이러한 배경지식 없이는 IELTS에서 높은 점수를 받기 어렵다. 따라서 IELTS 공부를 시작했다면 하루 최소한 30분씩은 미디어를 통해 상식을 넓히고 사회 문제에 관심을 가져야 한다. 또한 특정한 사회 문제에 대한 전문가들의 생각을 알 수 있는 토론이나 논평 등을 챙겨보고 내 의견과 비교해 봐야 한다.

IELTS는 전 세계 사람들이 치르는 시험이기 때문에 다소 민감하게 받아 들일 수 있는 종교와 정치에 대한 내용은 포함시키지 않는다. 따라서 사회, 환경, 문화, 경제 등과 관련된 내용에 중점을 두자.

영어 수준에 따라 다음과 같은 언론 매체를 추천한다.

초급	IELTS 3.5 ~ 4.0 수준 중학교 교과서 해석하기에도 사전이 필요하다.	한국어 신문 및 국내 뉴스
중급	IELTS 시험 5.0 수준 해외에서 유학한 경험이 전혀 없다.	국내에서 발행한 영자 신문 및 국내 영어 방송
고급	IELTS 시험 6.0 수준 영어권 국가에서 최소 2 ~ 3년 유학한 경험이 있다.	외국에서 발행한 영자 신문 및 외국 영어 방송

물론 완전 초보이거나 중급 수준의 학생들도 CNN이나 BBC를 통해서 영어 실력을 늘릴 수 있다. 하지만 이 경우, 1분 30초짜리 뉴스를 이해하는데 2~3시간이 걸릴 수도 있고 아무리 반복해서 들어도 끝내 내용을 파악할 수 없는 경우가 발생한다. 이처럼 비효율적인 도전을 계속한다면 결국 영어에 흥미를 잃어버릴 가능성이 높아진다.

자, 미디어를 통한 IELTS 학습의 주된 목적은 Speaking과 Writing 문제에 대한 풍부한 아이디어를 얻는 것임을 잊지 말자!

4-3. Never Stop!

목표 점수달성 시까지, 절대 긴장을 늦추지 말고 꾸준히, 독하게 공부할 것!

오랜 시간 IELTS 강의를 해오면서, 수백 번, 수천 번도 넘게 받은 질문이 있다면, "왜 제 영어 실력은 빠르게 오르지 않을까요? 어떻게 하면 단기간에 IELTS 점수를 올릴 수 있을까요?" 이다. 단기간에 원하는 점수를 따고자 하는 것은 모든 IELTS 응시자들의 소망이다.

요즘은 보통 초등학교 때부터 영어교육을 받는다. 한국에서 고등학교를 졸업한 학생들은 최소 6년에서 많게는 10년 정도 영어 수업을 듣는다. 그리고 이 기간 동안 사설 영어학원 한 번 안 다녀본 학생은 드물 것이다. 하지만 이 중에서 IELTS 6.0 수준의 Speaking과 Writing 실력을 갖춘 사람은 얼마나 될까?

물론 필자의 학생 중에는 2~3달 만에 또는 단 한 번의 시험으로 IELTS 6.0~7.5를 달성한 스무 살 안팎의 순수 국내파 학생들도 적지 않다. 이 학생들의 공통점은 이 100일도 안 되는 짧은 시간 동안 다른 사람의 6개월 치에 해당하는 열정을 압축하여 IELTS에 오롯이 쏟아부었기 때문이다. 그리고 또 한 가지 공통점이 있다면, IELTS에 최적화된 필자의 강의에 빠짐없이 출석하고 불변의 법칙 IELTS 자료를 충실히 탐독했다는 것이다. 강사로서 매년 느끼는 것은 학생들의 출석률 및 과제 제출 빈도와 IELTS 시험 점수가 정비례한다는 것이다.

영어 공부는 다이어트다.

다이어트 초기에는 식이요법과 운동을 통해 금세 살이 빠지기도 한다. 하지만 얼마 되지 않아 정체기가 오고 더 많은 노력을 해도 더 이상 체중의 변화가 없는 시기가 오면 많은 사람들은 다이어트를 포기하게 된다. 이럴 경우 머지않아 체중이 원상복귀되거나 오히려 체중이 더 늘어날 수도 있다. 하지만 힘들더라도 식이요법과 운동에 적절한 변화를 가미하고 지속적인 노력을 기울이면, 본인은 못 느껴도 오랜만에 만난 친구들은 금세 변화를 눈치챌 것이고 어느 순간 원하는 몸매를 갖게 될 것이다.

IELTS 시험 또한 다이어트와 일치한다. 처음에는 의욕이 앞서 열심히 한다. 출석률도 상당히 높다. 과제도 곧잘 해오곤 한다. 또한 뭔가 새로운 방식으로 영어를 공부한다는 사실에 흥미도 느낀다. 이런 시기엔 왠지 실력도 느는 것 같다. 하지만 공부라는 것은 하면 할수록 어려운 것이기 때문에 빠르면 2주, 보통 1~2달이 지나면 슬럼프가 찾아오고 실력이 더 이상 늘지 않는 정체기가 찾아온다. 이런 시기에 다급한 나머지 약간의 요행을 바라면서 시험이라도 치르게 되면, 결과가 나오기까지 2주라는 시간 동안 초조함에 공부를 손에서 놓아버리는 경우가 많다. 또한 시험 결과는 당연히 본인의 기대에 못 미칠 수밖에 없기 때문에 좌절감은 깊어지고, 한두 달 아예 공부를 쉬어버리는 경우도 있다. 이러한 방황의 시기를 보내고 다시 공부를 시작하면 처음 공부를 시작할 때 외웠던 단어들도 가물가물해져서 오히려 실력이 예전만 못하다고 느낄 수도 있다.

얼마 전 작년에 6개월 간 필자에게 수업을 듣던 학생을 우연히 만난 적이 있다. 처음 그 학생을 만났을때, 학생의 실력은 대략 Overall 3.5~4.0 정도의 낮은 수준이었다. 당시 이 학생은 이름과 출신을 물어보는 가장 기본적인 Speaking 질문도 잘 알아듣지 못했고, Writing의 경우에는 문제 해석이 안 돼서 1시간 동안 한두 줄도 작성하지 못하는 상태였다. 하지만 운동선수 출신인 이 친구는 남보다 뛰어난 체력과 의지력을 바탕으로 누구보다 열심히 공부해서 3개월 만에 5.0, 그 후 한 달이 지나 5.5, 그리고 6개월 차엔 6.0을 달성했다. 기초가 전혀 없는 상태였음을 감안하면 실로 대단한 성과다. 하지만 원하는 대학에서 요구한 IELTS 점수는 6.5였다. 높은 점수일수록 0.5점을 올리는 데 상당한 노력과 시간이 소요되기 때문에 필자는 이 학생에게 긴장을 늦추지 말고 지금보다 더 열심히 마지막 힘을 쏟을 것을 당부했다. 하지만 이후 이 학생은 보이지 않았다. 필자는 학생이 아마도 원하는 점수를 따서 유학을 갔을 것이라 생각하고 있었다.

그러나 최근 우연한 만남의 자리에서 들은 바로는 그 후 개인적인 사정으로 한두 달 공부를 못했고, 이후에 올바른 길잡이 없이 독학으로 공부를 하다가 흐지부지 시간을 보냈다고 한다. 그리고 다시 1년간 적당히 휴식을 취하면서 적당히 시험을 봤지만 오히려 점수는 더 낮아졌고, 지금은 필자와 함께 공부했던 당시에 받았던 6.0 성적표로 외국 대학의 준비과정(pre-school)부터 다시 시작할 예정이라고 했다.

물론 짧지 않은 인생에서 잠시 돌아가는 것이 반드시 나쁘다고는 할 수 없다. 하지만 젊음, 시간, 돈에 대한 기회비용을 생각한다면 또 부모님께 학비와 생활비를 지원받고 있는 상황이라면 좀 더 독하게 공부해야 하지 않을까?

Chapter 02

MP3 다운 받는 방법

BBC 앵커 출신 알렉스 젠슨이
녹음한 MP3 파일 무료 제공
sunnysunday.co.kr

콜롬북스 모바일 앱
모바일 앱을 다운 받고 '줄리정' 검색

콜롬북스 PC
columbooks.com에서 '줄리정' 검색

Listening

- 총 40문제, 4개 Parts, 한 Part 당 10개의 문제
- 약 30분간 CD로 녹음된 문제가 출제됨. 답을 답안지에 옮겨 적는 추가 시간 10분 주어짐.
- 단 1회만 청취할 수 있음.
- 주관식 답과 객관식 답을 요구하는 문제들이 있음.
- 일상생활 대화부터 학교 및 직장생활, 대학강의까지 각 Part마다 내용 및 난이도가 다름.
- 각 Part에 따라 1인 강의 및 2~3인의 대화가 나오고, 다양한 영어 엑센트와 사투리가 반영됨.

▶▶ NEW줄리정불법아이엘츠 Listening 학습법

Listening은 리코딩이 나오기 전, 문제를 미리 읽고 어떤 종류의 답이 나올지를 예상하는 준비가 가장 중요하다. 리코딩이 나오는 동안 문제를 읽으면서 답까지 찾는 것은 아무리 듣기 능력이 뛰어난 사람이라도 상당히 어렵다. 왜냐하면 어떠한 내용을 들은 후, 그 내용을 그대로 기억하기는 쉽지 않기 때문이다. 따라서 각 파트 시작 전, 문제를 읽으면서 미리 예상되는 답의 종류와 품사 등을 문제지에 적어놓는 연습을 하자.

Listening 공부를 위해서는 다음에 나오는 Listening Tips와 문제 풀이 요령을 익힌 후, 그 방식대로 문제를 풀고, 그 후에는 스크립트를 Dictation(받아쓰기) 하는 것이 좋다. 다소 시간이 많이 걸린다는 이유로 Dictation을 귀찮아 하는 학생들이 있는데, Dictation은 Listening뿐만 아니라, Writing의 스펠링과 문법 교정, Speaking 발음과 억양 교정에도 상당한 도움이 된다. 특히 Listening 공부를 해도 늘 성적이 제자리라면, Dictation을 바로 시작할 것! Dictation이야말로 가장 좋은 Listening 점수 향상 비법이다. 또한 Dictation에서 끝나는 것이 아니라, 스크립트를 우리말로 해석하면서 내용 이해와 단어 학습을 병행해야 한다. 모르는 단어는 여러 번 반복해서 들어도 무슨 뜻인지 알 수 없다. Listening에서 7.0 이상의 점수를 받는 학생이 아니라면, 실전 문제들을 많이 풀어보기 보다는 한 문제라도 제대로 정확하게 꼼꼼하게 푸는 것이 훨씬 효과적이다.

이 책의 Listening 파트에는 Listening 풀기 전, 반드시 숙지해야 할 Listening Tips와 문제 유형별 전략이 수록되어 있다. 문제 유형별 전략은 문제 원본과 필자의 강의 노하우를 바탕으로 한 문제 풀이 요령, 그리고 스크립트에 나오는 단어 학습 및 본문 해석의 순서로 구성되어 있다. 따라서 학생들은 다음의 순서대로 IELTS Listening을 효과적으로 학습할 수 있다.

▶▶ NEW줄리정불법아이엘츠 Listening 공부 순서

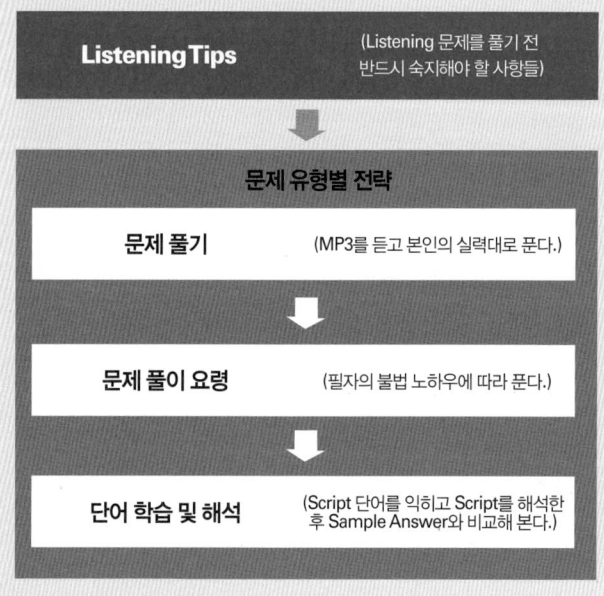

1
Listening Tips!

1-1. CD에서 문제가 출제되기 전, 미리 문제들을 해석하고 주의사항을 파악한다

미리 문제를 읽지 않고, 내용을 들으면서 동시에 문제를 읽는 것은 영어 실력이 뛰어난 사람에게도 어려운 일이다. 각 파트 시작 전, 문제를 읽을 시간이 약 30초(파트 4는 1분) 주어지는데 이 시간 동안 문제들을 되도록 많이 빨리 읽으면서 주의사항(대소문자, 복수, 글자 수 제한)과 예상되는 유형의 답 (날짜, 시간, 장소, 사람 이름)을 시험지에 메모한 후 문제를 풀어야 한다.

1-2. 듣는 내용이 몇 번부터 몇 번 문제에 해당하는지를 반드시 확인한다

각 Part는 10개의 문제로 구성되어 있다. Part 1부터 3까지는 각 Part가 2개로 나뉘어 있다. Part 4는 나눠지지 않고 31번부터 40번까지 한꺼번에 나온다. Part 4는 말하는 사람이 1명이고, 주로 전문적인 강의가 중간에 쉬지 않고 계속 이어진다. 따라서 집중력이 떨어질 뿐만 아니라 단어 수준도 높기 때문에 더욱 어려울 수 있다. 하지만, Part 4를 듣다 보면 내용 중간쯤 5초 정도 아무 말도 하지 않는 부분이 있다. 갑자기 성우가 5초 간 말을 하지 않는다면 이것은 다음 문제 유형으로 넘어가는 것을 의미하므로, 풀던 문제 유형에서 새로운 문제 유형으로 넘어갈 것!

Part 1부터 3까지는 1번부터 4번까지 문제가 나온 후 약 30초 간 쉬고 5번부터 10번까지 문제가 나오기도 하고, 1번부터 6번까지 문제가 나온 후 약 30초 간 쉬고 나서 7번부터 10번까지 문제가 나오기도 한다. 따라서 응시자들은 'First you have some time to look at questions 1 to 5.' 나, 'Now listen carefully and answer questions 1 to 5.' 등의 안내 멘트가 나올 때, 반드시 몇 번부터 몇 번 문제가 나올 것인지를 확인하고 문제지에 표시를 해두어야 한다.

1-3. 다양한 영어 발음에 익숙해진다

　　IELTS는 영국 및 호주 발음이 70~80%를 차지하고 인도, 싱가포르, 미국 등 다양한 영어 발음으로 출제되므로 미국식 발음에만 익숙해 있는 한국 학생들은 영국식 발음에 익숙해져야 한다. 영국식 발음에 익숙해지기 위해서는, 우선 Cambridge IELTS의 Listening MP3를 열심히 듣는 것이 좋다. Cambridge IELTS 시리즈는 IELTS 주관사인 Cambridge University Press에서 IELTS 모의고사 문제를 실어 놓은 책이고 또한 이 CD 속의 성우들이 실제 Listening시험에 종종 등장하기도 한다.

　　잠깐 머리를 식히고 싶은 응시자들은 다음 매체를 통해 영국식 발음과 친숙해질 수 있다.

1) BBC (www.bbc.com)
영국 국영 방송, 수준 높은 현대 영국 영어를 들을 수 있다.

2) CNN (www.cnn.com)
전 세계 토픽을 다룬 뉴스 프로그램. 세계 각 국 언론인들의 영어 발음을 들을 수 있다.

3) Love Actually (영국 영화)
2004년 크리스마스, 우리나라를 강타한 따뜻한 가족영화. 런던의 일상을 체험할 수 있다.

4) The IT Crowd (영국 시트콤)
　　대기업 IT부서 사람들의 이야기를 다룬 색다른 코미디의 영국 시트콤. 총 4시즌, 각 시즌은 약 6개의 에피소드로 구성되어 있다. 정말 웃지 않을 수 없다. 보고 또 봐도, 볼 때마다 웃긴 시트콤.

5) The Tudors (영국 드라마)
　　헨리 8세와 여섯 부인의 사랑과 정치적 음모를 다룬 드라마. 고급 영국 발음과 영국 역사를 흥미진진하게 배울 수 있다. 총 4시즌, 각 시즌은 약 10개의 에피소드로 구성되어 있다. 필자가 가장 사랑하는 드라마! 앗! 19금이다!

1-4. 답과 관련된 내용만 듣는다

일부 수험생 중에는 리코딩 전체를 모두 이해하고 받아 적을 수 있는 실력임에도 불구하고 정답을 잘 맞추지 못하는 경우가 종종 있다. Listening은 문제와 관련된 내용이 어디에서 나오는지를 잘 듣고, 필요한 답만 골라내는 훈련이 필요하다. 문제와 똑같은 내용을 그대로 리코딩에서 말하는 경우가 많으므로 들리는 대로만 잘 받아 적어도 높은 점수를 받을 수 있다. IELTS는 다른 영어시험과 달리 문제를 꼬거나, 오답을 유도하는 경우가 드물기 때문에 실력만 탄탄하다면 Listening에서 9.0 만점이나 8.0 이상의 고득점을 얻기가 상대적으로 쉬울 수도 있다.

1-5. '그러나' 의 뜻을 가진 But / However / On the other hand 다음에 나오는 문장이 답이다

일반적으로 IELTS Reading이나 Listening 지문에서는 'but' 다음에 가장 핵심적인 단어나 문장이 나오는 경우가 많다. 따라서 리코딩 내용 중에 갑자기 but이 나오면 귀를 쫑긋 세우고 주의 깊게 들어야 한다. '그러나' 다음에 나오는 문장이 문제의 답과 직결되는 경우가 상당히 많다.

1-6. 스펠링을 정확히 외운다

Listening 40문제 중에서 영어 단어로 답을 적어야 하는 경우, 즉 주관식 답은 대략 20개 안팎, 절반에 해당된다. 이 경우, 스펠링이 틀리면, 오답처리 된다. 따라서 스펠링에 약한 학생들은 절대로 Listening에서 고득점을 얻을 수 없다. 답으로 나오는 단어의 수준은 중학교 영어 교과서 수준으로 비교적 쉽지만, 워드 프로세서에 익숙한 오늘날의 수험생들에겐 막상 정확한 스펠링을 손으로 적기가 여간 까다로운 것이 아니다. 따라서 아무리 쉬운 단어라 하더라도 반드시 스펠링을 손으로 써 가면서 완벽하게 외워야 한다. IELTS는 영연방 국가에서 출제한 시험이지만, 미국식 스펠링으로 답을 표기해도 정답으로 인정된다.

스펠링이 헷갈리거나 정확하게 기억나지 않을때 Reading 지문을 활용한다.

스펠링이 헷갈리거나 정확하게 기억나지 않을 때는 일단 Listening 답안지에 답을 대략 적어두고, Reading을 풀면서 혹시 그 단어가 Reading 지문이나 문제에 나오는지를 확인한다. Reading passage 한 개에는 보통 1,000 단어가 수록되어 있고, 총 3개의 passage에 3,000단어 정도가 수록되어 있다. 이런 Reading 문제를 풀다 보면, Listening 정답으로 나온 단어들을 발견할 수 있는 확률이 상당히 높다. Listening 답안지 뒷면이 Reading 답안지이기 때문에, Listening 답안지는 그 다음 시험인 Reading이 끝나야 제출하게 된다. 따라서 Listening 주관식 답의 스펠링은 Reading 지문을 통해서 다시 한 번 확인해야 한다.

1-7. 날짜 표기법에 주의한다

날짜 표기는 Listening 답의 단골손님이다.
예를 들어, 정답이 2020년 11월 22일 이라면, 아래와 같이 다양한 방법으로 답을 표기할 수 있다.

1) 달을 먼저 적는 경우

November 22, 2020

November 22nd, 2020

2) 날짜를 먼저 적는 경우

22 November, 2020

22nd of November, 2020

22nd November, 2020

특히 날짜를 표기할 때, 기수 22로 적거나, 서수 22nd 로 적는 두 가지 방법에 주의하자. 이 경우, 가급적 기수인 22로 적는 것이 좋다. 왜냐하면 보통 서수는 기수 뒤에 'th'가 붙는 경우가 많은데, 1st, 2nd, 3rd, 21st, 22nd, 23rd, 31st 등은 다른 기수들과 서수를 표기하는 방법이 다르므로, 서수에 자신이 없다면 기수로 표기하는 것이 좋다. 기수로 적든 서수로 적든 둘 다 정답으로 처리된다. 하지만 만약 22th라고 서수를 잘못 적는다면 오답이다.

1-8. 대소문자를 구분한다

주관식 답을 적을 때 대소문자를 구분하지 않으면 오답처리 된다. 이 때, 반드시 첫 글자를 대문자로 적어야 하는 단어를 소문자로 적었다면 비록 스펠링이 맞는다 해도 오답 처리 된다.

반드시 첫 글자를 대문자로 적어야 하는 경우

1) 사람 이름
Anne Rea
Thomson
Keiko

2) 회사, 식당, 상점 등의 이름
Red Flag
London Arms
Tower Restaurant

3) 주소(거리, 도시, 국가 등)
27 Band Street
London
England

4) 버스 번호, 비행기 편명 등
AC 936
21A

5) 월(month) 과 요일(day)
February
Monday

1-9. 단수와 복수를 주의한다

단수와 복수는 구분해서 듣고 답을 적어야 한다. 특히 정답 뒤에 복수를 나타내는 '~s' 의 여부를 확인하는 것이 중요하다. 만약 실수로 놓쳤을 때는 문제지에서 힌트를 얻을 수 있다. 예를 들어 chocolate인지 chocolates인지 헷갈릴 경우, 문제지에 단수를 나타내는 관사 'a' 가 있으면 단수로, 'many, a number of, several, a few, few, a couple of' 등이 있으면 복수로 답을 적는다.

1-10. 단위를 확인한다

문제지에 이미 단위가 표기되어 있다면 단위를 적지 않고, 단위가 표기되어 있지 않다면 반드시 답안지에 단위까지 적어야 한다.

예를 들어 5 달러가 답이라면,

1) 문제지에 단위가 표기된 경우 :

   Q1. $ _____ / 답은 5 혹은 five

2) 문제지에 단위가 표기되어 있지 않은 경우 :

   Q1. _____ / 답은 $5 혹은 5 dollars, five dollars 라고 적는다.

만약 단위와 숫자의 위치를 바꿔 5$라고 쓰거나 five 혹은 dollars의 스펠링이 틀렸다면 오답 처리된다. 따라서 five dollars 보다는 $5로 적어야 실수를 줄일 수 있다.

1-11. 리코딩이 나오는 동안은 답을 답안지에 옮겨 적지 않는다

Listening은 Reading과는 달리 답을 답안지에 옮겨 적는 추가 10분이 주어진다. 따라서 리코딩이 나오는 동안에는 절대로 답을 답안지에 옮겨 적지 않는다. 다음 문제로 넘어가는 속도가 빠르기 때문에 문제지에 빠르고 간략하게 답을 적는 것이 중요하다. 만약 스펠링이 갑자기 생각나지 않는다면, 일단 한글로 발음 나는 대로 적어 두고 다음 문제에 집중한다.

1-12. 천천히 크게 강조하면서 말하는 단어가 답이다

듣는 것보다는 읽는 것이 더 익숙한 한국 학생들이 본인의 읽기 속도보다 더 빠른 리코딩을 바로 듣고 바로 해석하면서 바로 답을 쓰기란 불가능에 가깝다. 따라서 키워드와 답만 중점적으로 들어야 한다. 특히 주관식 문제의 답은 '천천히 크게 강조하면서' 말하는 경향이 있기 때문에 만약 빈 칸에 들어갈 답이 형용사라는 것을 미리 파악했다면, 리코딩에서 키워드 다음에 나오는 '천천히 크게 강조하면서' 말하는 형용사만 듣고 답을 적으면 된다.

1-13. 정답으로 자주 등장하는 단어들의 스펠링을 정확하게 외운다

스펠링에 자신 없다면, IELTS에서는 고득점을 기대할 수 없다. 다음은 캠브리지 교재와 최근 아이엘츠 시험에서 Listening 정답으로 자주 나오는 단어들을 알파벳 순으로 정리한 것이다. 먼저 눈으로 보지 말고, 영국인 성우의 목소리로 녹음한 mp3를 듣고 받아쓰기(dictation)를 해보자. 스펠링의 정확성뿐만 아니라, 복수를 의미하는 ~s/~es도 정확하게 적어야 한다. 특히 ~ed로 끝나는 단어를 잘 받아 적었는지도 확인하자. 반드시 90% 이상은 정확하게 쓸 수 있는 실력을 갖춘 후, 본격적인 Listening 공부를 시작해야 한다.

* 대부분 중학교 1학년 수준의 기초 영어 단어로 따로 우리말 해석은 달지 않았다.
** 단어와 단어 사이는 2초 간격으로 구성했다. 실제 시험에서도 2초안에 답을 적지 못하면 흐름을 놓칠 수 있기 때문이다. 너무 빠르다고 생각되면 중간 중간에 '정지' 버튼을 누르면서 받아쓰기를 해보자.

IELTS Listening 필수 단어 ▶

IELTS Listening 필수 단어

A
ability
accommodation
account
accurate
activated
activities
adults
advance
advised
affects
alarm
alternatives
animals
annual
answer
applications
appointments
approach
area
army
arrows
artists
assessed
assessment
athletes
attack
attendance
attitudes
automatic
awful

B
babies
back
bags
balance
balcony
bananas
bank
bar
bathroom
beds
bedsit
beef
best
better
biology
bitterness
board
boats
body
books
bookshop
boots
bottle
bottom
boys
branch
breaks
broken
brother
brown
building
built
bunch
business
busy
buying

C
cab
café
cameras
cards
care
cars
castles
casual
catalogs
caves
cells
cellular
central
centre
certificate
certification
change
changed
cheap
check
checklist
cheese
child
children
chocolates
choose
cigar
cities
classes
classical
classroom
clay
clear
climb
clips
closed
clothes
clothing
club
clubhouse
coal
coffee
colleagues
collect
collecting
combination
common
competition
computer
concerts
concrete
conference
confidence
confident
connected
controls
conversations
cooking
cool
corrections
cottages
count
countries
course
creation
creativeness
creativity
creature
credit
crisis
crystals
culture
currents
curtains
customers
cycling

D
daily
dangerous
dark
data
daughter
deadlines
decide
decrease
dentist
department
deposit
descriptions
desert
desk
dictionary
diet
difficult
dimensions
diploma
directly
discussion
disease

displays	family	guided	item
distance	fans	**H**	**J**
distortions	farm	handouts	jacket
domestic	faster	healthy	jazz
doors	favourite	hearing	job
draw	feed	heart	**K**
drinks	feeding	hire	keep
drop	fees	history	kept
E	female	holidays	kitchen
early	field	homesick	knowledge
ears	filter	homesickness	**L**
earth	fingers	homestay	label
eat	fire	horses	laboratory
eating	firewood	hospital	land
economic	fishing	hostel	language
education	fit	hotel	laptops
educational	fitness	house	laundry
effectively	flashing	housewives	law
effects	flexible	human	leader
elderly	floors	humid	leadership
electricity	following	hunting	learn
electrics	food	**I**	leather
e-mail	footbridge	ideas	leaves
embassy	forces	ignore	lecture
emergency	forests	illegal	leisure
employer	frame	images	lesson
employment	friendly	impacts	levels
engineer	frogs	individuals	library
entertainment	full	industry	life
environment	**G**	inexpensive	light
environmental	garage	information	list
errors	garden	insects	living
escape	gathering	instruments	local
evening	gender	insulation	long
evidence	general	intact	low
exercise	glass	intake	**M**
expensive	good	intensive	magazine
experience	green	interest	magic
experts	grey	intermediate	male
eye	ground	internet	management
F	group	interviews	maps
factories	guest	investments	marketing

IELTS Listening 필수 단어

markets	old	platforms	refreshments
mass	older	pleasure	refrigerator
mature	open	poisonous	regular
meal	opening	politics	relative
measurements	opera	pollution	reliable
meat	operative	poor	repeated
media	outdoors	position	report
meetings	outings	practices	research
members	outline	predators	researchers
menu	outside	preparing	reservations
messages	overdue	price	reserve
metal	overlap	primary	resources
military	**P**	printers	responsibility
minerals	pack	priorities	restrictions
minibus	pages	prizes	review
missed	painters	problems	revise
moderation	papers	procedure	rides
modules	paragraph	products	right
money	park	profits	risks
month	parking	programme	roads
monthly	pass	proof	rock
mountain	passport	property	rooms
move	past	put	route
music	patterns	**Q**	running
N	pencils	qualifications	runways
national	people	quality	rural
near	permission	quarters	**S**
nearest	pets	questionnaire	safe
networks	phone	quickly	safety
newsletters	photographs	**R**	salad
newspapers	photos	rabbit	sales
noise	pianist	radios	salt
noisy	piano	rainbow	same
note	picnic	rainfall	sand
notice	pieces	rates	sandwich
number	pilot	reading	satisfactory
nursery	place	reasonable	schedule
nursing	places	reception	schools
O	planned	record	science
ocean	plants	recorder	scored
offers	plastic	reduce	screen
office	plates	reference	sea

seafood	stats	timetable	waste
seat	stereo	together	water
second	stolen	topic	waterfall
secondary	stores	tops	weak
section	strain	touching	wealthy
security	stress	tough	weather
see	students	tours	weekdays
seeds	studio	tower	west
selection	study	town	wet
send	subjects	toy	wheels
senior	supervise	traffic	white
sense	support	training	wide
serious	surface	trains	windows
sex	swimming	trees	windy
shady	system	trips	wings
shared	**T**	trouble	winners
shelf	talk	trousers	withdraw
shelter	tasks	tutor	wool
ships	taste	**U**	work
shopping	taxi	underside	workbooks
short	teachers	underwater	world
signed	teaching	university	write
similar	teams	urban	written
site	technical	use	**Y**
skills	technology	**V**	yoga
sky	telephone	variety	young
smell	television	vegetables	
smoking	temperature	vegetarian	
snakes	temple	viewpoint	
social	tennis	views	
society	term	village	
soils	terminal	vision	
sound	testbooks	vocational	
souvenirs	testing	voice	
special	theatre	**W**	
specialist	themselves	wait	
spot	thicker	waiters	
staff	think	waiting	
stairs	third	walk	
statement	tides	walking	
station	timber	warm	
statistics	times	washing	

1-14. 알파벳과 숫자 듣기부터 시작한다 🎧 MP3

아이엘츠 4과목 중에서 가장 쉬운 과목이 Listening이다. 영어의 가장 기본인 알파벳과 숫자만 잘 들어도 충분히 좋은 점수를 받을 수 있다. 먼저 다음에 나오는 1번부터 4번까지를 최소 5번 이상 듣고 큰 목소리로 따라 하자!

1) 알파벳

A B C D E F G H I J K L M N O P Q R S T U V W X Y Z

2) 숫자

0 1 2 3 4 5 6 7 8 9

3) 헷갈리는 숫자들

13 & 30 / 14 & 40 / 15 & 50 / 16 & 60 / 17 & 70 / 18 & 80 / 19 & 90

4) 서수

first, second, third, fourth, fifth, sixth, seventh, eighth, ninth, tenth, eleventh, twelfth, thirteenth, fourteenth, fifteenth, sixteenth, seventeenth, eighteenth, nineteenth, twentieth, twenty - first, twenty - second, twenty - third, twenty - fourth, twenty - fifth, twenty - sixth, twenty - seventh, twenty - eighth, twenty - ninth, thirtieth, thirty - first

* Quiz  MP3

mp3 파일을 잘 듣고, dictation을 해 보자.

1) Names	2) Telephone Numbers
1.	1.
2.	2.
3.	3.
4.	4.
5.	5.
6.	6.
7.	7.
8.	8.
9.	9.
10.	10.

3) Prices	4) Numbers
1.	1.
2.	2.
3.	3.
4.	4.
5.	5.
6.	6.
7.	7.
8.	8.
9.	9.
10.	10.

5) Calendars	6) Time
1.	1.
2.	2.
3.	3.
4.	4.
5.	5.
6.	6.
7.	7.
8.	8.
9.	9.
10.	10.

Answers

1) Names

1. Williams
2. Edwards
3. Davies
4. Johnson
5. Wright
6. Clarke
7. Phillips
8. Campbell
9. Anderson
10. Mitchell

2) Telephone Numbers

1. 49 55 514 900
2. 41 89822 1441
3. 44 20 8812 0100
4. 44 20 7610 0050
5. 49 99 793 0377
6. 44 20 5540 9701
7. 61 2 9270 4122
8. 44 20 7383 0027
9. 61 7 4055 0011
10. 61 2 3311 0355

3) Prices

1. $3.15
2. $7.40
3. $67.18
4. $15.50
5. $40.14
6. £80.90
7. £60.09
8. £337.07
9. £207.30
10. £780.13

4) Numbers

1. 18
2. 90
3. 505
4. 730
5. 2,300
6. 8,006
7. 9,007
8. 32,000,000
9. 500,000
10. 15,000,000

5) Calendars

1. The festival begins on the 17th of September.
2. My mother is going to travel to Australia on the 9th of May.
3. I have a test on the 2nd of February.
4. On the 10th of March this store will have a big sale.
5. Can I send you an email by the 14th of July?
6. I need to turn in my assignment by the 14th of January.
7. My birthday is on the 24th of August.
8. He is coming back home on the 30th of June.
9. My boyfriend's birthday is on the 27th of November.
10. The holiday starts on the 15th of April.

6) Time

1. Art class ends at 3.15.
2. Juli left this evening at 10.30.
3. I'm going to catch my coach at 4.40.
4. Let's go out for lunch at 12.15.
5. The store opens at 9.50.
6. You need to wake up every day at 5.14.
7. They start to work at 10.20.
8. I have a meeting at 4.40.
9. The shop closes at 5.50.
10. I'll call her at 4.05.

2 문제 유형별 전략

이 책의 Listening에는 5가지 문제 유형, 총 25문제가 수록되어 있다.

- 먼저 mp3를 듣고 문제를 풀어 보자. 실제 아이엘츠 시험을 기준으로 80% 정도의 난이도이다.

맞은 개수	예상 점수	현재 수준 및 학습 방법
0 ~ 5	3.5	영어 공부를 안 한 지 너무 오래됐다. Listening은 4가지 영역 중 가장 쉽다. 오늘부터 mp3를 잘 듣고 노래처럼 따라서 말하자! 영국 발음에 익숙해지는 것은 물론, Speaking 실력도 향상될 것이다.
6 ~ 10	4.0 ~ 4.5	들리긴 하는데, 집중력이 떨어진다. 중간에 문제를 놓치기도 한다. 실제 시험의 리코딩 소요시간은 약 30분이므로 지금부터 30분씩 집중해서 듣는 연습을 시작하자!
11 ~ 15	5.0 ~ 5.5	영어 실력은 있으나, 아직 영국식 발음에 낯설다. 실제 시험에서는 80% 이상 영국식 발음이 나오기 때문에 최대한 많이 들어서 익숙해져야 한다.
16 ~ 20	6.0 ~ 6.5	실력이 좋다. 하지만, 스펠링이나 단복수 구분 등 작은 실수들이 있다. Listening은 꼼꼼해야 한다. 돌다리도 두들겨보는 심정으로 답을 여러 번 검토하자!
21 ~ 24	7.0 ~ 7.5	상당히 뛰어난 실력을 갖춘 학생이다. 하지만, 모든 리코딩의 내용을 해석하면서 들으려고 했기 때문에 한두 문제를 놓쳤다. Listening은 절대로 전부 다 듣고 전부 다 이해하면서 푸는 시험이 아니다. 정답과 관련한 키워드를 중점적으로 듣는 훈련을 시작하자!
25	7.5 +	Perfect! 완벽하다. 그리고 상당히 꼼꼼하다. 이 책을 빨리 마치고 캠브리지 아이엘츠 최신호부터 풀자. 풀면서 틀리는 문제의 유형을 확인하고, 이 책에서 제시한 유형별 문제 풀이 요령을 참고하자. 타과목과는 달리 Listening 만점 받는 학생이 종종 있다. 만점에 도전!

※ 채점 후에는 맞은 문제라 하더라도, 실전 문제 뒤에 나오는 '문제 풀이 요령'을 반드시 참고하자. 더 쉽고 빠르게 그리고 정확하게 풀 수 있는 아이엘츠 강의 10년 노하우가 고스란히 수록되어 있다.

실전문제

2-1. Note Completion  MP3

Questions 1-7

Complete the notes below.

*Write **NO MORE THAN THREE WORDS AND / OR NUMBERS** for each answer.*

GP Appointment

- Doctor's Name : Watts
- Appointment Time : **1** ....
- Patient's Name : Steven **2** ....
- Date of Birth : **3** .... , 1983
- Health Condition : chronic stress, persistent cold
- Nationality : **4** ....
- Address : **5** .... , London
- Postcode : **6** ....
- Telephone Number(home) : **7** ....

2-2. Sentence Completion  MP3

Questions 1-5

Complete the sentences below.

Write **NO MORE THAN THREE WORDS** for each answer.

How to defend your home against burglars

1 Even if you only leave your home for a short time, you should not leave your front door, windows or garage ....

2 Milk bottles left on the doorstep, ... by the front door, curtains drawn in the daytime or undrawn at night are all indications.

3 It is not expensive to buy a .... time-switch which will turn on and off a light at appropriate times.

4 It is a good idea to keep a record of serial numbers on .... such as stereos or TVs.

5 You should speak to the Crime Prevention Officer at your ....

2-3. Map MP3

Questions 1-4

Label the room on the map below.

Choose your answers from the box below and write them next to questions 1-4.

SCR	Student Common Room
MH	Main Hall
L	Library
CR	Computer Room
SC	Squash Court
TC	Tennis Court
C	Canteen
DH	Dancing Hall

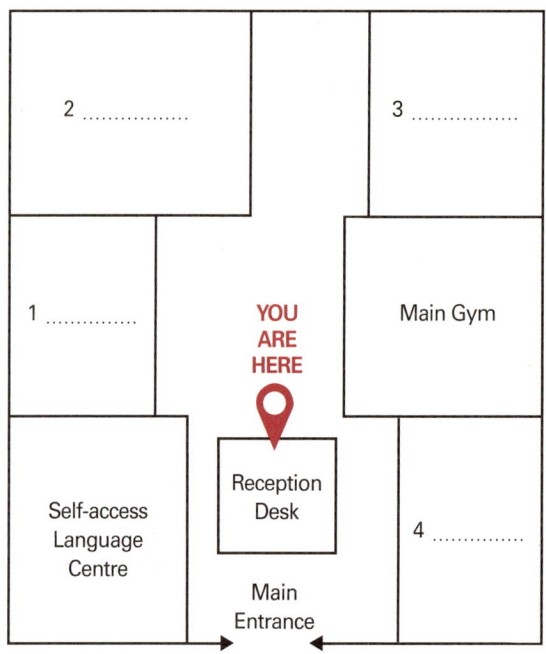

2-4. Table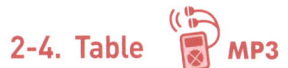

Questions 1-5

Complete the table below.

*Write **NO MORE THAN TWO WORDS OR A NUMBER** for each answer.*

Renting a House

Location	Type of Room	Weekly Rent	Advantage	Problem
Regent's Park	one - bedroom	1 £	near the park	2 ....
University of Westminster	3	£ 130	convenient	no bedroom
Old Street	one - bedroom	4 £	cheap	noisy
Paddington	one - bedroom	£ 145	5	far from station

2-5. Multiple Choice  MP3

Questions 1-4

Choose the correct letter, A, B or C.

1 The animals on the pictures are

    A that were tortured and treated badly.

    B who are kept in a zoo.

    C that were adopted from Oscar's uncle.

2 Sophia cannot keep a pet because

    A because her flat is too small to have a pet.

    B because she is sometimes out of town on a business trip.

    C because she made a contract when she moved in.

3 What is the policy of Pure Skin?

    A They do not test their products on animals.

    B They do not sell any animals.

    C They do not have a safety test for their product.

4 Oscar believes that the first step for supporting animal rights is

    A to look after animals.

    B to buy cosmetics from Pure Skin.

    C to be a Pure Skin sales rep.

Listening
문제풀이요령
Start

2-1. Note Completion (노트의 빈칸을 채우는 주관식 문제)

1) 문제 원본

Questions 1-7

Complete the notes below.

*Write **NO MORE THAN THREE WORDS AND / OR NUMBERS** for each answer.*

GP Appointment

- Doctor's Name : Watts
- Appointment Time : **1** ………………………………………
- Patient's Name : Steven **2** ………………………………………
- Date of Birth : **3** ……………………………………… , 1983
- Health Condition : chronic stress, persistent cold
- Nationality : **4** ………………………………………
- Address : **5** ……………………………………… , London
- Postcode : **6** ………………………………………
- Telephone Number(home) : **7** ………………………………………

동네 병원 예약

- 의사의 이름 : Watts
- 약속 시간 : **1** ....
- 환자의 이름 : Steven **2** ....
- 생년월일 : **3** ...., 1983
- 건강상태 : 만성 스트레스, 지속적인 감기
- 국적 : **4** ....
- 주소 : **5** ...., 런던
- 우편번호 : **6** ....
- 전화번호 (자택) : **7** ....

2) 문제 풀이 요령 (문제의 키워드를 집중해서 듣고 빈칸에 들어갈 단어의 특징과 품사를 미리 확인한다.)

Nurse : Hello! How may I help you this morning?

Patient : Oh, hello there. I was hoping I'd be able to see Dr. *Watts* today for a regular checkup?

Nurse : It doesn't sound like you've made an (Q1 키워드) *appointment* to see her?

Patient : No, this is my first visit to this clinic. I told a friend of mine that I wanted to consult a good GP, and she recommended Dr. *Watts*. But I didn't realise that I needed to make an (Q1 키워드) *appointment*.

Nurse : Oh, I see. I'm afraid that her diary is fully booked until 4 pm, and obviously it's only 11 am now so I doubt you would want to wait around for that long. If you really want to see her today, (Q1 키워드) *you'll have to come back after 4*. Let's say (Q1 정답) **4.15** so that she has time for a little break.

Patient : Right, ok no problem. I've got some errands to run and I only live around the corner.

Nurse : Before we do book you in for an appointment though, can we just check a few details with you?

Patient : Sure. But can I just ask how long a general checkup usually takes? Are they normally quite quick?

Nurse : Yes they don't take too long. Our regular checkup is over within 30 minutes.

Patient : Ah, that would be fine.

Nurse : So then, let me ask you a few questions. First of all, I need (Q2 키워드) *your name* please?

Patient : Steven (Q2 정답) **Thompson**.

Nurse : (Q2 키워드) *Can I just check the spelling of your surname, is that Thompson with or without a P?*

Patient : (Q2 키워드) *With*. (Q2 정답) **T-H-O-M-P-S-O-N**.

Nurse : That's great. And what about (Q3 키워드) *your age, how old are you Mr. Thompson?*

Patient : Just about 32. It's my birthday next week!

Nurse : (Q3 키워드) *When is your birthday?*

Patient : (Q3 정답) **November 21st**

Nurse : Then Happy Birthday in advance! What about your year of birth?

Patient : 1983.

Nurse : And do you have any specific health complaints or conditions we should know about?

Patient : Well, I've been suffering from chronic stress and I've also had a persistent cold lately. I'm generally feeling a bit run down.

Nurse : Ok, I won't keep you much longer. I just need a few more details Mr. Thompson. Where were you born?

Patient : You mean country or city?

Nurse : City.

Patient : Melbourne, Australia. But I moved to London with my family when I was only six years old.

Nurse : So (Q4 키워드) *what's your nationality?*

Patient : I'm now officially (Q4 정답) **British**!

Nurse : All right then. Next, I just need (Q5 키워드) *your current address* and contact details.

Patient : It's (Q5 정답) **221A Baker Street**, London.

Nurse : Oh, I used to live a couple of doors down from you when I was younger! Don't you get fed up with all the tourists looking for Sherlock Holmes?

Patient : Yes, but it can be quite funny! And I love walking in Regent's Park. In fact, I've probably met you before because I've lived in the same address for almost 20 years.

Nurse : Yes, that seems likely then! Anyway can I also have (Q6 키워드) *your post code*?

Patient : (Q6 정답) **NW1 6XE**. Do you need (Q7 키워드) *my phone number* too?

Nurse : Yes, (Q7 키워드) *your home phone number*, please.

Patient : Just a moment, I've got it written down in my address book. We recently changed our number. OK, it's (Q7 정답) **0181-55-0082**.

Nurse : 0181-55-0052.

Patient : No, no, no, that should be 82, not 52.

Nurse : Oh, I got it.

Step 1 : 답의 종류 및 품사 예상

반드시 지시문의 **NO MORE THAN THREE WORDS AND / OR NUMBERS**부터 확인한다.

총 7가지 경우의 수 : 한 단어 / 두 단어 / 세 단어 / 한 단어 + 숫자 / 두 단어 + 숫자 / 세 단어 + 숫자 / 숫자

리코딩이 시작되기 전, 문제를 미리 읽어 두고 예상되는 답의 종류와 특징을 문제지에 적어 둔다.

Q1) 숫자 (약속 시간, 특히 분, minute를 말할 때 13 & 30, 14 & 40, 15 & 50, 16 & 60 등을 잘 구분해서 듣자. 뒤에 강세가 오면 13~16이다.)

Q2) 성, 첫 글자 대문자 (surname의 첫 글자는 대문자로 쓴다.)

Q3) 날짜, 달 + 숫자, 첫 글자 대문자 (1월부터 12월까지의 첫 글자는 대문자로 쓴다. 날짜를 쓸 때는 서수도 좋지만 자신이 없다면 기수로 적어도 OK!)

Q4) 국적, 명사, 첫 글자 대문자 (어느 나라 사람인지를 나타내는 국적의 첫 글자는 대문자로 쓴다. 우리의 국적은 한국, Korea가 아니라 한국인, Korean이다.)

Q5) 주소, 숫자 + 알파벳 + 단어, 첫 글자 대문자, 알파벳 대문자 (주소는 숫자와 단어로 구성되는데, 종종 숫자 다음에 알파벳이 붙는 경우도 있다. 특히 주소를 쓸 때는 알파벳을 포함해서 모든 단어의 첫 글자를 대문자로 쓴다.)

Q6) 우편번호, 숫자 + 알파벳, 알파벳 대문자 (우리나라는 우편번호가 숫자로만 구성되어 있지만, 영국은 숫자와 알파벳이 섞여 있다. 이 때 알파벳은 대문자로 쓴다.)

Q7) 전화번호, 숫자 (전화번호는 보통 6개에서 11개의 숫자로 구성된다. 몇 개의 숫자를 적을지 예상하고 마음의 준비를 하는 것이 좋다. 만약 신용카드 번호를 적는 문제가 나왔는데, 16개가 나올 것을 예상하지 못했다면 중간에 적다가 포기할 수도 있다. 또한 숫자 적는 문제에서는 똑같은 숫자가 반복되는 경우, 예를 들어 77 등이 나올 때 seven seven이라고 읽기도 하지만 아이엘츠에서는 double seven이라고 읽는 경우가 훨씬 많다. 영화 007은 'O O Seven' 이나 'Zero Zero Seven' 이 아니라, 'Double O Seven, 더블오세븐' 이다.)

Step 2 : 정답 확인

리스닝은 1번만 들려주지만, 답이 되는 단어가 2번 이상 나오는 식의 방법으로 답을 유추할 수 있도록 다양한 형태로 계속 힌트를 주기도 한다.

Q1) Watts라는 의사 이름이 나오고 appointment라는 키워드가 들릴 때까지 기다린다. 4시 이후에 오라고 했으니 4시 정각은 아니다. 15와 50이 헷갈릴 수 있는데 [피프**틴**]이라고 뒤에 강세가 오면 15, [**피프**티]라고 앞에 강세가 오면 50이다. 그래도 헷갈린다면 의사 선생님이 4시까지 진료한 후 약간의 쉬는 시간을 갖는다고 했으니 15분이다. 상식적으로 50분은 잠깐 쉬기에는 너무 길다. 정답은 **4.15**. 4.15이라고 표기하는 건 영국식, 4:15이라고 표기하는 건 미국식으로 둘 다 정답이다. 하지만 4.15이 시간이라는 걸 알아보지 못할 수도 있으니 4.15이라고 시간을 표기하는 연습을 하자!

Q2) your name이라는 키워드를 듣고, 답을 적을 준비를 한다. 사람의 이름을 물어보는 문제에서는 이름(given name, first name)은 주어지고 성(surname, family name, last name)이 빈칸으로 나온다. 성의 첫 글자는 대문자로 써야 하는 것을 반드시 기억할 것! 이름을 묻는 문제의 패턴을 보면, 먼저 Steven Thompson이라고 말한 후에 성, Thompson의 스펠링을 하나씩 불러준다. 이 때 주의할 것은 Steven Thompson이라고 불러줄 때, 멍하게 있기 보다는 [톰슨]이라고 한글로 써둔다. 나중에 스펠링 받아 적을 때 n과 m이 헷갈리는 경우가 종종 있는데 한글로 적은 것이 [톰슴]이 아니고 [톰슨]이면, n으로 정확하게 적을 수 있다. 정답은 **Thompson**.

Q3) 몇 살이냐고 물어본 후에 생일을 물어보고 있다. 정답은 **November 21st**. 달의 첫 글자는 대문자로 써야 하는 것을 반드시 기억할 것! 단, 날짜는 21이라고 기수로 써도 되고 21st라고 서수로 써도 된다. 하지만 21th라고 쓰면 틀리기 때문에 서수에 자신이 없으면 기수로 쓰자! 또한 21st November, 21 November처럼 날짜를 먼저 써도 정답이다.

Q4) nationality라는 단어가 나올 때까지 기다린다. 정답은 **British**. 종종 국적을 써야 하는 칸에 국가를 쓰는 학생들이 있다. 만약 British라고 쓰지 않고, UK나 Britain, England라고 쓰면 틀린다.

Q5) address라는 단어가 나올 때까지 기다린다. 주소의 경우 이 문제의 정답처럼 쉬운 단어가 나오면 스펠링을 불러주지 않는다(어려운 단어 혹은 비교적 생소한 단어는 스펠링을 불러주기도 한다.). 주소는 주로 숫자와 알파벳 그리고 단어로 구성되어 있다. 여기서 주의해야 할 사항은 숫자와 알파벳을 연결해서 읽기 때문에 이게 숫자인지, 알파벳인지 구분하기가 쉽지 않다. 이 문제에서도 221 다음에 A라는 알파벳이 나오는데, A대신 8이라고 적은 학생들이 많을 것이다. 주소를 적을 때는 숫자 다음에 알파벳이 나오기도 한다는 것을 안다면 '왜 [에잇]이 [에이]라고 들리지?' 등의 혼란은 막을 수 있을 것이다. 또한 알파벳도 단어의 첫 글자도 모두 대문자로 써야 한다. 특히 Baker street이라고 쓰는 학생들이 너무 많다. street도 Street이라고 첫 글자를 대문자로 작성하자. Avenue, Road라는 단어도 주소 쓰는 문제에 자주 나오는데, 이때도 마찬가지로 첫 글자는 대문자! 정답은 **221A Baker Street**.

Q6) post code라는 단어가 나올 때까지 기다린다. 우편번호를 영국에서는 post code, 미국에서는 zip code라고 한다. 종종 zip code라고 나오는 경우도 있으니 기억할 것! 우편번호를 적는 문제는 상당히 쉽다. 하지만 우리나라처럼 숫자만 나올 것을 기대한다면 갑자기 들리는 알파벳에 당황해서 정답을 놓치게 된다. 또한 의외로 리스닝의 가장 기본인 숫자와 알파벳을 제대로 못 듣는 학생이 많다. '영어를 10년 공부했는데도 알파벳 하나 제대로 못 적다니...'라는 자괴감에 빠지지 말고 1, 2, 3, 4... 숫자 듣기와 A, B, C, D... 알파벳 듣기부터 다시 시작하자. 단 영국식, 미국식 영어 발음 모두 확인할 것! NAVER나 DAUM 영어 사전은 두 가지 발음 모두를 제공하고 있다. 두꺼운 영어 사전을 휴대용 베개 삼아 들고 다니던 시절과 비교하면 얼마나 공부하기 행복한 세상인가! Anyway~ 정답은 **NW1 6XE**, 알파벳 모두 대문자로 적는다.

Q7) phone number가 나올 때까지 기다린다. 전화번호는 한 번만 불러주는 경우도 있고, 이 문제처럼 받아 적는 사람이 잘못 들어서 전화번호의 일부만 다시 반복해서 말하는 경우도 있다. 정답은 **0181-55-0082**. 특히 숫자 0를 듣고 5라고 표기하는 실수를 범해서는 안 된다. 또한 55, 00와 같이 같은 숫자가 2번 반복되는 경우에는 five five, O O로 읽기도 하지만, double five, double O로 읽는 경우가 더 자주 나오는 것을 기억하자! 또한 dash(-)의 유무와 위치에 대한 질문도 종종 받곤 하는데 여기서 중요한 건 숫자를 정확하게 적는 것이다. 0181550082, 018-1550-082 등 모두 다 맞다.

Answer Q1 : 4.15 / Q2 : Thompson / Q3 : November 21st / Q4 : British / Q5 : 221A Baker Street / Q6 : NW1 6XE / Q7 : 0181-55-0082

regular checkup : 정기 검진
see a doctor : 진찰받다
make an appointment : 약속하다
　* '약속' 이라는 단어에는 appointment와 promise, 2가지가 있는데 반드시 그 차이점을 알고 적절하게 사용해야 한다. – '내일 3시에 강남역 4번 출구에서 만나.' → appointment
　　　　– '아이엘츠 시험 잘 보면 밥 사줄게!' / '우리 첫눈 오는 날 다시 만나자!' → promise
GP = general practitioner : 동네 병원 의사
I'm afraid : 말씀드리기 죄송하지만(상대방이 원하는 대로 해 줄 수 없을 때 쓰는 공손한 표현)
some errands to run : run an errand, 심부름하다, 볼일을 보다
around the corner : 아주 가까운, 모퉁이만 돌면 되는
in advance : 미리
health complaints or conditions : 건강 이상 혹은 건강 상태
chronic stress : 만성적인 스트레스
feel a bit run down : 좀 피곤하다
get fed up with : 진저리가 나다, 지겹다

우리말 해석

간호사 : 안녕하세요! (오늘 아침) 어떻게 도와 드릴까요?
환자 : 아, 안녕하십니까? 오늘 왓츠 (의사)선생님께 정기 검진을 받을 수 있을까요?(받기를 희망하고 있었습니다.)
간호사 : 선생님과 만날 약속을 안 하셨나 보군요.
환자 : 안 했습니다. 이번이 이 병원 첫 방문입니다. 한 친구에게 제가 좋은 동네 병원 의사와 상담하기를 원한다고 했더니 그녀가 왓츠 선생님을 추천했습니다. 그런데 저는 예약이 필요하다는 걸 몰랐어요.
간호사 : 아, 알겠습니다. 유감스럽게도 선생님의 일정이 오후 4시까지 모두 예약되어 있네요. 지금 오전 11시밖에 안 되다 보니 너무 오래 기다리실 것 같은데요. 오늘 선생님과 만나고 싶으시면, 4시 이후에 다시 오셔야 할 것 같습니다. 4시 15분에 오시면 선생님께서도 잠시 휴식 시간을 갖게 되고 좋겠네요.
환자 : 좋아요. 문제 없어요. 저도 좀 볼 일이 있고, 또 저 이 근방에 살아요.
간호사 : 약속 시간을 예약하기 전에 몇 가지 세부사항들을 좀 확인해 볼 수 있을까요?
환자 : 그럼요. 그런데 일반 정기 검진이 얼마나 걸리는지 물어봐도 될까요? 보통 빨리 끝나나요?
간호사 : 예. 검사가 그렇게 오래 걸리지 않아요. 우리의 정기 검진은 30분 이내예요.
환자 : 아, 그거 다행이네요.
간호사 : 자 그럼, 몇 가지 질문을 할게요. 먼저 이름을 알려주시겠어요?
환자 : 스티븐 톰슨입니다.
간호사 : 성의 철자를 좀 확인할까요? 톰슨에 P자가 들어가나요 안 들어가나요?
환자 : 들어갑니다. 티-에이치-오-엠-피-에스-오-엔 입니다.
간호사 : 좋네요. 그리고 환자분 나이가 몇인지, 그러니까 톰슨씨 연세가 어떻게 되세요?
환자 : 바로 서른 두 살이 돼요. 다음주가 생일입니다!
간호사 : 생일이 언제죠?
환자 : 11월 21일입니다.
간호사 : 미리 생일 축하드려요! 태어난 해는 언제죠?
환자 : 1983년요.
간호사 : 그러면 우리가 알아야 할 특별한 건강상 불편한 점이나 증상 같은 게 있으세요?
환자 : 글쎄요. 만성 스트레스로 고생하고 있고 최근엔 감기가 떨어지질 않습니다. 제가 전반적으로 좀 쇠약해진 느낌이에요.
간호사 : 예. 너무 오래 붙잡고 있지 않을게요. 몇 가지 세부사항이 좀 필요해요. 톰슨씨, 어디서 태어나셨어요?
환자 : 국가요? 도시요?
간호사 : 도시요.
환자 : 호주 멜버른이요. 하지만 제가 겨우 6살 때 가족과 런던으로 이주했습니다.
간호사 : 그럼 국적이 뭔가요?
환자 : 현재 공식적으로 영국인입니다!
간호사 : 알겠습니다. 그럼 다음으로 현재 주소와 연락처가 필요해요.
환자 : 런던 베이커 스트릿 221A입니다.
간호사 : 오, 제가 어렸을 때 사시는 곳에서 두어 집 건너에 살았어요. 셜록 홈즈를 찾아나선 관광객들 때문에 피곤하지 않으세요?
환자 : 예. 하지만 꽤 재미있기도 해요! 그리고 사실 저는 리젠트 공원을 걷는 걸 좋아합니다. 저는 거의 20년 동안 같은 주소에서 살았기 때문에 전에 손님을 만났을 수도 있었겠네요.
간호사 : 네. 그랬을 수도 있겠네요! 어쨌거나, 우편번호도 알려주시겠어요?
환자 : NW1 6XE. 전화번호도 필요하신가요?
간호사 : 예. 집 전화번호를 알려주세요.
환자 : 잠시만요. 제 주소록에 적어 놨어요. 최근에 번호를 바꿨거든요. 0181-55-0082번이네요.
간호사 : 0181-55-0052.
환자 : 아뇨, 아뇨. 52가 아니라 82입니다.
간호사 : 아, 알겠습니다.

2-2. Sentence Completion (문장의 빈칸을 채우는 주관식 문제)

1) 문제 원본 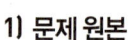 MP3

Questions 1-5

Complete the sentences below.
*Write **NO MORE THAN THREE WORDS** for each answer.*

How to defend your home against burglars

1. Even if you only leave your home for a short time, you should not leave your front door, windows or garage ....

2. Milk bottles left on the doorstep, ... by the front door, curtains drawn in the daytime or undrawn at night are all indications.

3. It is not expensive to buy a .... time-switch which will turn on and off a light at appropriate times.

4. It is a good idea to keep a record of serial numbers on .... such as stereos or TVs.

5. You should speak to the Crime Prevention Officer at your ....

빈집털이범으로부터 당신의 집을 보호할 수 있는 방법

1. 당신이 아주 잠시 집을 비운다 하더라도 앞문과 창문 그리고 차고를 .... 채로 두면 안 된다.
2. 문 앞에 남겨진 우유병들, 현관문 앞의 .... , 낮에 닫힌 커튼과 밤에 열린 커튼은 모두 신호들이다.
3. 적절한 시간에 형광등을 켜거나 끌 .... 타임 스위치를 사는 것은 비싸지 않다.
4. 스테레오나 TV와 같은 .... 의 제품 일련번호를 기록하는 것은 좋은 생각이다.
5. 당신의 .... 에 있는 범죄 예방 경찰관에게 말해야 한다(신고해야 한다.).

2) 문제 풀이 요령 (문장의 키워드를 집중해서 듣고 빈칸에 들어갈 단어의 특징과 품사를 미리 확인한다.)

Despite the helplessness many might feel about the threat of having their house broken into, there are several steps that we can all take to deter thieves, which I will introduce for you now. Most of what I have to say is common sense and inexpensive, and requires us only to put ourselves in the shoes of a burglar. Firstly, don't make it easy for them. So if you're about to take a vacation, don't make it obvious that you're going away. Even if you're only leaving your home for a few minutes, you will still be vulnerable to theft if you leave your (Q1 키워드) *front door, windows or garage* (Q1 정답) **unlocked**. After all, it's possible for a burglary to be over from start to finish in less than ten minutes.

Speaking of time, remember that if a building or house looks difficult to break into, a burglar is more likely to look elsewhere. You can immediately make your home appear more secure than most others by making sure doors and windows are fitted with secure locks and bolts and that burglar alarms are visible. Avoid common mistakes that give the impression that no one's home, like allowing (Q2 키워드) *milk bottles* to be left on your doorstep, (Q2 정답) **papers** to gather by the front door and curtains to be drawn in the daytime or be left undrawn at night. (Q3 키워드) *It costs relatively little to install a* (Q3 정답) **programmed** time-switch that will ensure a light is turned on and off at appropriate times.

But do not presume burglaries only take place when you're out. A classic scenario might be someone coming to the door saying they have to take a gas meter, for example; make sure you verify who they are by checking their credentials, and if in doubt leave them out. It's also worth making an inventory of your valuables, so you could write down and record (Q4 키워드) *serial numbers on* (Q4 정답) **electrical equipment**, stereos, TVs and so on, and consider keeping photos of other precious possessions like jewelry or paintings.

There are of course other things you can do and be aware of, and you can always make sure you're as prepared as possible by speaking to (Q5 키워드) *the Crime Prevention Officer at your* (Q5 정답) **local police station**. The bottom line is that you can safeguard your home without excessive spending, but balance your costs with the value of what you're trying to protect.

Step 1 : 답의 종류 및 품사 예상
반드시 지시문의 **NO MORE THAN THREE WORDS** 부터 확인한다.
　　총 3가지 경우의 수: 한 단어 / 두 단어 / 세 단어 (숫자로 된 답은 안 나온다.)

리코딩이 시작되기 전, 문제를 미리 읽어두고 예상되는 답의 종류와 특징을 문제지에 적어 둔다.
Q1) 형용사 (leave 동사를 눈 여겨 본다. 여기서 leave는 '어떤 상태에 그대로 두다' 라는 뜻으로 빈칸에는 '상태'를 나타내는 형용사가 적합하다.)

Q2) 복수 명사 (빈 집을 나타내는 신호 세 가지 중의 하나이다. milk bottles와 curtains가 복수로 나왔기 때문에 빈칸에도 복수 명사가 나올 확률이 높다.)

Q3) 형용사 ('관사 + 형용사 + 명사' 를 기억한다. 빈칸에 들어갈 단어는 '적절한 시간에 켜지고 꺼지는 기능이 있는 / 'which will turn on and off a light at appropriate times' 와 관련된 단어가 될 것이다.)

Q4) 셀 수 없는 집합 명사 (such as 다음에 나오는 스테레오와 티비를 포함하는 '일련번호/serial numbers' 가 있는 집합 명사, 집합 명사는 셀 수 없는 경우가 많으므로 단수가 올 확률이 높다.)

Q5) 장소를 나타내는 명사 ('범죄 예방 경찰관 / the Crime Prevention Officer' 가 있는 곳, 전치사 at이 있으므로 장소를 나타내는 명사다. '소유격 / your' 다음에도 명사가 나온다.)

Step 2 : 정답 확인
문장의 빈칸을 채우는 Sentence Completion은 가장 집중해야 할 문제 유형이다. 상당히 빠른 속도로 문제가 진행되기 때문에 잠깐 딴 생각을 해서 첫 문제를 놓치거나 답을 적는데 머뭇거린다면 다음에 나오는 문제들을 모두 놓쳐 버릴 수도 있다. 하지만 집중만 잘한다면 의외로 쉬운 문제가 될 수 있다. 리코딩에서 문제와 똑같은 단어나 동의어가 나오기 때문에 빈칸 앞의 주요 단어가 언제 나오는지를 집중해서 잘 듣고 바로 받아 적을 준비를 하면 된다.

Q1) 'Even if you're only leaving your home for a few minutes' 가 나오면, 문제의 키워드인 front door, windows or garage를 듣고 어떠한 '상태' 를 나타내는 형용사만 집중해서 듣는다. 정답은 **unlocked**. 이 문제의 정답을 unlock이라고 적은 학생들도 있을 것이다. 단어 끝의 발음은 잘 안 들리기 때문에 unlock이라고 들었다 하더라도 답을 옮길 때는 품사를 잘 따져서 형용사로 적어야 한다. ~ed로 끝나는 단어들은 Listening 주관식 정답으로 자주 나온다.

Q2) milk bottles가 나올 때까지 기다린 후, 문 앞에 남겨진 우유병들과 같이 빈 집인지를 알 수 있는 신호를 듣는다. 정답은 **papers**. 이 문제의 정답을 ~s 없이 paper라고만 써도 정답일까? 대답은 No! paper가 셀 수 없는 명사일 때는 '종이', 셀 수 있는 명사일 때는 '신문'의 뜻이기 때문에 paper라고 쓰면 오답이다. 또한 앞뒤로 나열된 명사들, milk bottles와 curtains가 모두 복수이기 때문에 정답도 복수명사가 될 확률이 높다는 것을 미리 예상해야 한다.

Q3) 문제의 'it is not expensive to buy'와 리코딩의 'It costs relatively little to install'이 같은 뜻인 것을 확인, 빈칸 앞의 관사 a를 잘 듣고 그 다음에 나오는 형용사를 답으로 적는다. 정답은 **programmed**. 문제 1번과 같이 programmed의 ~ed는 잘 안 들린다. 하지만 '관사 + 형용사 + 명사'라는 공식을 떠올리면 빈칸에는 반드시 형용사가 들어가야 한다는 것을 알 수 있다. 한국말로도 '프로그램 타임 스위치' 보다 '프로그램화 된 타임 스위치'가 더욱 자연스럽지 않은가?

Q4) serial numbers가 나올 때까지 기다린 후, 전치사 on을 듣고 스테레오나 TV를 포함하는 집합명사, 가전제품을 의미하는 단어를 듣는다. 정답은 **electrical equipment**. 보통의 집합 명사는 셀 수 없기 때문에 equipment에 ~s를 붙이면 오답이다.

Q5) the Crime Prevention Officer라는 단어가 나올 때까지 기다린 후, at your 다음에 나오는 장소를 나타내는 단어를 받아 적는다. 정답은 **local police station**. 지시문에 *NO MORE THAN THREE WORDS*라고 나오면 보통 3단어로 된 답이 한 번은 나온다.

Answer Q1 : unlocked / Q2 : papers / Q3 : programmed / Q4 : electrical equipment /
Q5 : local police station

helplessness : 속수무책, 무력함
deter : 단념시키다, 그만두게 하다
common sense : 상식
put ourselves in the shoes of a burglar : 도둑의 입장에서 우리 자신을 생각하다
　　　(put oneself in the shoes of A)
take a vacation : 휴가를 가다
vulnerable : 취약한
break into : 침입하다, 억지로 열다
secure locks and bolts : 안전 잠금 장치
take place : 일어나다, 발생하다
verify : 확인하다
credential : 자격증
if in doubt : 의심의 여지가 있다면, 확신이 안 서면
make an inventory of : 재고 목록을 만들다
possession : 소유물, 재산
the bottom line is that : 결론은 ~이다
safeguard : 보호하다

우리말 해석

많은 사람들이 자신들의 집에 침입해 들어오는 위협에 대해 속수무책이라 생각할지라도, 도둑이 드는 것을 방지하기 위해 우리가 취할 수 있는 몇 가지 조치들이 있습니다. 그것이 오늘 제가 당신에게 소개하려 하는 것입니다. 제가 언급하는 것의 대부분은 상식적이며 비용이 저렴한 것입니다. 그리고 우리는 결과적으로 강도의 입장에서 우리 자신에 대해 생각해 볼 필요가 있습니다. 첫 번째로 그들에게 쉬운 상황을 만들면 안 됩니다. 당신이 만약 막 휴가를 떠나려고 한다면, 멀리 떠난다는 것을 노골적으로 알아채게 해서는 안 됩니다. 단 몇 분 간 집을 비운다 하더라도 현관, 창문, 차고를 열어 둔 채로 나간다면 당신은 여전히 도둑에게 취약할 것입니다. 즉, 강도는 시작부터 끝내기까지 십 분도 채 안 되어 일을 마치는 게 가능하다는 말입니다.

말하는 이 순간에도 건물이나 집안으로 침입하기 어려워 보인다면, 강도는 다른 곳을 찾아 보게 될 가능성이 높다는 것을 기억하세요. 당장 창문과 문에 안전 잠금 장치를 달고 강도 경보 장치가 보이도록 확실하게 함으로써 당신의 집을 대부분의 다른 집들보다 안전해 보이게 할 수 있을 것입니다. 우유병을 문 앞에 내버려 둔다든가 신문이 현관 앞에 쌓이게 한다든가 낮 시간에 커튼을 처두고 밤에는 걷어 올린다든가 하는 식으로 집에 아무도 없다는 인상을 주는 흔한 실수를 범하지 마세요. 적정한 시간에 불이 켜지고 꺼지도록 한 프로그램화된 타임 스위치를 비교적 적은 비용으로 장착할 수 있습니다.

하지만 당신이 외출할 때만 강도들이 들어올 거라 생각하지 마십시오. 예를 들어, 고전적인 시나리오는 가스 미터기를 점검해야 한다고 말하며 문 앞에 찾아오는 것입니다. 당신은 그들의 자격증을 확인함으로써 그들이 누구인지 확인해야 합니다. 그리고 의심의 여지가 있다면 그들을 내보내야 합니다. 또한 당신의 귀중품 목록을 만드는 것은 가치 있는 일입니다. 그래서 스테레오나 텔레비전 등과 같은 전자기기의 제품 일련번호를 적어서 기록해 놓거나, 보석이나 그림 같은 그 밖에 다른 귀중품을 사진으로 찍어서 보관하는 것도 생각해 보세요.

물론 당신이 할 수 있고 인지하고 있어야 할 다른 것들이 있습니다. 그리고 당신은 항상 지역 경찰서의 범죄 예방 경찰관에게 신고할 최대한의 준비가 된 상태인지를 확인해야 합니다. 결론은 당신은 보호하고자 하는 귀중품들에 들어가는 비용에 대해 과한 지출없이도 균형을 맞추면서 집을 지킬 수 있습니다.

2-3. Map (지도에 나와 있는 장소의 이름을 보기에서 골라 적는 문제)

1) 문제 원본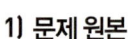

Questions 1-4

Label the room on the map below.

Choose your answers from the box below and write them next to questions 1-4.

SCR	Student Common Room
MH	Main Hall
L	Library
CR	Computer Room
SC	Squash Court
TC	Tennis Court
C	Canteen
DH	Dancing Hall

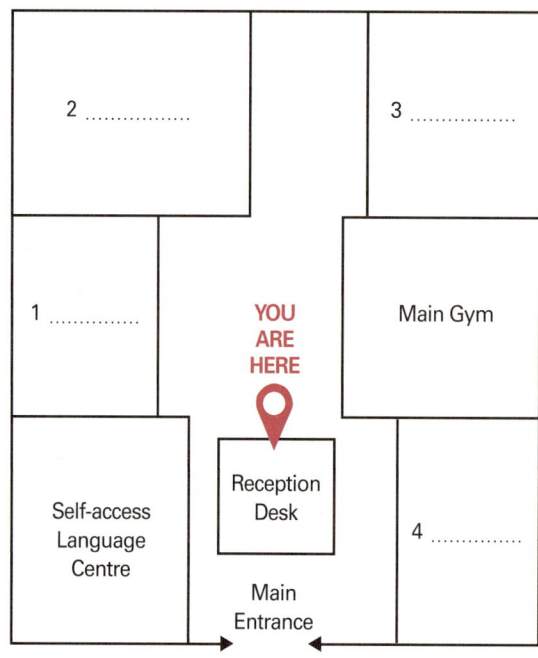

SCR	학생 휴게실
MH	대강당
L	도서관
CR	컴퓨터실
SC	스쿼시 코트
TC	테니스 코트
C	식당
DH	무도회장

2) 문제 풀이 요령 (지도에서 현 위치와 동서남북, 전후좌우를 미리 확인한다.)

Molly : Excuse me! I'm a new student at this university. Would it be OK if I ask you a few questions?

Alex : No problem! What can I help you with?

Molly : Thanks. Now I just need to find the (Q1 키워드) *library*! Do you know where it is from here? This university is way too big for me to get my bearings straight away. I do have a map, but even so it's not easy to find my way around.

Alex : Trust me, I know. I lost count of the number of times during my first term! Let me take a look at your map. Right then, here we go. (Q1 정답) **You came in through the main entrance and we are here at the reception desk now. The library is on the left, just next to the self-access language centre.**

Molly : (Q1 정답) **Then it's adjacent to the self-access language centre?**

Alex : Exactly. (Q1/Q2 키워드 & 정답) **It's between there and the *main hall***.

Molly : I'd like to brush up on my language skills too!

Alex : I can recommend the self-access language centre as a decent place to study, but let me offer you some advice. Unlike the library, don't expect to be able to borrow materials from there although you can take your own things in with you and work on site.

Molly : Right I will remember that, thank you. I also heard from someone that we have a (Q3 키워드) *squash court* here? I've always wanted to master my squash game!

Alex : Yes, absolutely we do. Again it's probably easier to find your way from the main entrance again. But instead of going left as you would if you were heading to the library, (Q3 정답) **for the squash court you will need to follow the corridor all the way to the end and turn right, just beyond the main gym.**

Molly : Great, I can't wait to get on the court. Sorry (Q4 키워드) *just one last thing if I may, where can I get some lunch?*

Alex : Ah, it's almost 12, isn't it? I'm hungry too; you can follow me to the (Q4 키워드) *canteen* if you like. They offer a full lunch menu along with other hot snacks, sandwiches, coffee, soft drinks and beer too if you fancy it. The best thing about it is there's an outside area next to the indoor part of the canteen so you can have a picnic in the summer. (Q4 정답) **It's opposite the self-access language centre and next to the main gym.** Shall we head over there now?

Molly : That sounds wonderful!

Step 1 : 지도 및 보기 파악

지도 문제에서 가장 먼저 해야 할 일은 현 위치 파악이다. 늘 현 위치에서 출발해야 정확한 장소를 찾을 수 있다. 지도에서 현재 위치는 'YOU ARE HERE' 라고 표기된다. 이 문제에서의 현 위치는 Reception Desk이다. 현 위치 파악이 끝나면, 동서남북 및 전후좌우를 지도 위에 표기한다. 그 다음에는 지도에 나와있는 Self-access Language Centre와 Main Gym의 위치를 확인하고, 문제의 순서(1 → 2 → 3 → 4)와 각각의 위치를 파악한다. 지도 파악이 끝났으면, 상자 안에 있는 보기를 살펴본다. 보기에는 1번부터 4번에 해당하는 각 방의 이름이 포함되어 있다. 보기에 있는 단어들은 대부분 그대로 리코딩에서 나오기 때문에 굳이 우리말로 해석하지 않아도 된다.

Q1) 1번은 현 위치(Reception Desk)의 왼쪽에 있고, Self-access Language Centre 옆에 있다.
Q2) 2번은 현 위치(Reception Desk)의 왼쪽에 있고, 1번 옆 복도 끝에 있다.
Q3) 3번은 현 위치(Reception Desk)의 오른쪽에 있고, Main Gym 옆 복도 끝에 있다.
Q4) 4번은 현 위치(Reception Desk)의 오른쪽에 있고, Self-access Language Centre의 맞은 편, Main Gym 옆에 있다.

Step 2 : 정답 확인

지도 문제는 상당히 쉽다. 생소해서 어려워 보일 수는 있지만, 가장 쉬운 문제 유형이니 여기에서 점수를 따야 한다. 단, 첫 번째 문제를 놓치면 그 다음부터는 헤맬 수 있기 때문에 최대한 집중할 것! 캠브리지 시리즈의 객관식 지도 문제를 분석해 보면, 보기에 있는 장소들 중에서 리코딩에 나오는 장소를 순서대로 적어도 정답일 확률이 상당히 높다.

정답을 답안지에 옮길 경우에는 상자 안의 보기에서와 같이 약자로 적는다. 예를 들어 Computer Room이라고 적지 않고, 그 앞에 첫 알파벳만 따놓은 CR이라고 답안지에 옮겨 적는다.

Q1) 처음에 Library가 어디에 있냐고 물어보는 것만 들어도 1번 정답이 L인지를 알 수 있다. 'we are here at reception desk now' 라고 현 위치를 언급하는 말이 나오면 집중한다. Library은 Reception Desk의 왼쪽, Self-access Language Centre를 지나서 인접해 있다고 했으니, 정답은 **L**.
Q2) 2번 답은 Library의 위치를 다시 한 번 설명해 주면서 나온다. 1번 답인 Library가 Self-access Language Centre와 Main Hall 사이에 있다고 했으니 정답은 **MH**.
Q3) 세 번째로 물어보는 건 Squash Court이기 때문에 3번 정답은 SC일거라고 예상하면서 위치를 확인한다. 복도 끝까지 가서 오른쪽에 Main Gym 뒤에 있다고 했으니, 정답은 **SC**.
Q4) 이 지도 유형의 마지막 문제는 'just one last thing' 이라고 힌트를 주고 있다. 만약 3번 문제까지 헤맸다 하더라도 다시 정신을 가다듬고 마지막 문제를 풀 준비를 해야 한다. 네 번째로 물어보는 건 Canteen이기 때문에, 4번 정답은 C일꺼라고 예상하면서 위치를 확인한다. Self-access Language Centre 맞은 편 Main Gym 옆에 있다고 했으니 정답은 **C**.

Answer Q1 : L / Q2 : MH / Q3 : SC / Q4 : C

get one's bearings : ~의 위치 (처지)를 알다
lose count of the number of times : 셀 수 없을 정도로 많다
term : 학기
take a look at : ~을 한 번 보다
adjacent to : ~에 인접한, 가까운
brush up on : (한동안 안 쓰던 기술 등을) 빨리 되살리다, 되찾다
on site : 현장에서
decent : 괜찮은
corridor : 복도
all the way : 내내, 끝까지
beyond : 너머, 지나
I can't wait : 어서 빨리 ~하고 싶어하다
canteen : 매점, 구내식당
along with : ~와 함께
head : ~로 향해 가다

우리말 해석

몰리 : 잠깐만, 난 이 대학 신입생이야. 괜찮다면 몇 가지 질문을 좀 해도 될까?

알렉스 : 물론이지! 뭘 도와줄까?

몰리 : 고마워. 난 지금 도서관을 찾아야 해! 여기서 어디로 가야 하는지 알아? 이 대학은 나에게 너무 커서 어디가 어디인지를 모르겠어. 지도를 가지고 있지만, 그럼에도 주변 길을 찾기가 쉽지 않아.

알렉스 : 날 믿어봐. 나도 알아. 나도 첫 학기에 (길을 잃어버린 적이) 셀 수도 없이 많았어. 지도 한 번 살펴보자. 자 그럼, 시작한다. 그러니까 네가 정문으로 들어왔지? 우리는 지금 안내 데스크에 있어. 도서관은 왼쪽, 자율 어학 센터 바로 옆이야.

몰리 : 그럼 자율 어학 센터 근방이라는 거지?

알렉스 : 맞아. 대강당과 거기 사이에 있어.

몰리 : 나는 언어 능력 공부도 다시 하고 싶어!

알렉스 : 자율 어학 센터는 공부하기 좋은 곳이라고 추천할 수 있어. 하지만 네게 정보를 좀 줄게. 네 물건을 가지고 들어가서 거기에서 공부할 수 있지만 도서관과는 달리 거기선 자료 대출을 허용하지 않아.

몰리 : 좋아. 그거 기억할게. 고마워. 또 나는 어떤 사람한테서 우리 학교에 스쿼시 코트가 있다고 들었어? 나는 늘 스쿼시를 잘 치고 싶었거든!

알렉스 : 응. 스쿼시 코트 있어. 다시 정문에서부터 길을 찾아가면 아마 훨씬 쉬울 거야. 네가 도서관으로 향한다면 왼쪽으로 가야 하지만 대신, 스쿼시 코트로 간다면 복도 끝까지 간 다음에 오른쪽으로 돌아. 중앙 체육관 바로 너머에 있어.

몰리 : 좋네. 나는 코트에 얼른 가보고 싶어. 미안한테 마지막으로 한 가지만 더 물어볼게. 어디서 점심을 먹을 수 있어?

알렉스 : 아, 지금 거의 12시네. 그렇지? 나도 배고프다. 괜찮다면 매점에 나랑 같이 갈래? 거기엔 점심 메뉴가 가득해. 따뜻한 스낵류, 샌드위치, 커피, 음료수에 맥주까지 있어. 네가 좋아한다면, 거기서 가장 좋은 점은 매점 안쪽 옆에 실외 공간이 있다는 건데 여름에는 거기서 피크닉도 즐길 수 있어. 자율 어학 센터 맞은편이고 중앙 체육관에서 옆에 있어. 거기 지금 같이 가볼까?

몰리 : 그거 좋겠다.

2-4. Table (표의 빈칸을 완성하는 주관식 문제)

1) 문제 원본

Questions 1-5

Complete the table below.

Write **NO MORE THAN TWO WORDS OR A NUMBER** for each answer.

Renting a House

Location	Type of Room	Weekly Rent	Advantage	Problem
Regent's Park	one - bedroom	1 £	near the park	2 ....
University of Westminster	3	£ 130	convenient	no bedroom
Old Street	one - bedroom	4 £	cheap	noisy
Paddington	one - bedroom	£ 145	5	far from station

집 구하기

위치	방의 종류	주당 방세	이점	문제점
리전트 공원	방 한 개	1 £	공원 근처	2 ....
웨스트민스터 대학	3	£ 130	편리한	침실이 없음
올드 스트릿	방 한 개	4 £	저렴한	시끄러운
패딩턴	방 한 개	£ 145	5	지하철 역에서 먼

2) 문제 풀이 요령 (키워드를 집중해서 듣고 빈칸에 들어갈 단어의 특징과 품사를 미리 확인한다.)

Estate Agent : Good afternoon, Sunny Sunday House, how may I help you?

Juli : Oh, hello! I'm actually calling about renting a flat. Perhaps you have something on the smaller side?

Estate Agent : OK. First, can I just ask how long you're looking to rent for?

Juli : Well yes this is the thing; I'm looking for a place to stay in for only around six months.

Estate Agent : That should be fine actually, from memory I can say we have a few options but let me just take a look here. Hmm, yes I was right there are several lovely flats that you can rent on a monthly basis without having to commit to a year-long contract. Will you be living alone?

Juli : Yes.

Estate Agent : But do you want more than one bedroom?

Juli : No thanks, just the one would be fine.

Estate Agent : OK, just a second...I've found a number of places that might be of interest to you. (Q1 키워드) *First, how about this, a one-bedroom apartment near Regent's Park?*

Juli : Ooh, that does sound like a great location. But isn't it expensive?

Estate Agent : Honestly it's not the cheapest we have because of the area it's in. It's £260 per week. No, (Q1 정답) **£275** to be exact.

Juli : Hmm, well living (Q1 키워드) *near Regent's Park would be amazing, but* I think it would be way beyond my budget. Despite the location, it does seem (Q2 정답) **too expensive** for a single-bedroom flat.

Estate Agent : That's the property market for you I'm afraid. But here's another one I've got in front of me that might suit your budget better. It's just £130 and situated (Q3 키워드) *near the University of Westminster*. Oh, but hold on, it's actually a (Q3 정답) **studio** rather than a one-bedroom flat. How would that work for you?

Juli : Really? Well, I am a postgraduate student there so again the location sounds ideal, but I will need to have a separate bedroom.

Estate Agent : That's a pity.

Juli : Don't you have any one-bedroom options available at a better price than the one near Regent's Park?

Esate Agent :	There is this flat in (Q4 키워드) *Old Street* that would go for only (Q4 정답) **£110** per week.
Juli :	Fantastic, that's even less than I was ready to pay! But may I ask why it is so cheap?
Estate Agent :	Um…to be honest the price reflects the local noise pollution, because the area is a popular nightlife spot for young people looking to go drinking and clubbing. Even on weekdays it gets pretty lively around there with all that hustle and bustle.
Juli :	Oh, I'm afraid that won't work then because I'm going to need to study a lot wherever I stay. I'd just be distracted if the noise around Old Street is that bad.
Estate Agent :	Well in that case, I think we're left with (Q5 키워드) *a final option in Paddington*. This flat is in a (Q5 정답) **quiet** place. I could also negotiate £145 for you. I know the landlord pretty well.
Juli :	That would be much appreciated. I could afford that, but are there any reasons why the rent is relatively low?
Estate Agent :	Not really, apart from the distance to the nearest tube station. It's a bit far but you could walk it in 20 minutes.
Juli :	That's no problem at all as long as the area is quiet enough for me to study. Can I arrange a viewing of that flat with you now?

Step 1 : 답의 종류 및 품사 예상
반드시 지시문의 **NO MORE THAN TWO WORDS OR A NUMBER** 부터 확인한다.
    총 3가지 경우의 수 : 한 단어 / 두 단어 / 숫자 하나 (OR이기 때문에 단어와 숫자를 같이 쓰는 경우는 없다.)

리코딩이 시작되기 전, 문제를 미리 읽어 두고 예상되는 답의 종류와 특징을 문제지에 적어 둔다.
Q1) 숫자 (주당 방세)
Q2) 형용사 or 명사 (Problem의 보기들이 형용사나 명사다.)
Q3) 명사 (방의 종류, Problem에 no bedroom을 주목하자!)
Q4) 숫자 (주당 방세)
Q5) 형용사 or 전치사 + 명사 (Advantage의 보기들이 형용사나 전치사 + 명사다.)

  ※ 2번, 3번, 5번 문제의 답은 소문자로 적는다. 답을 대문자로 적어야 할지, 소문자로 적어야 할지 헷갈릴 경우에는 위 아래, 같은 항목에서 보기로 주어진 단어들이 표기된 기준을 맞춰 적는 것이 가장 안전한 방법이다. 이 문제에서는 Location을 제외하고는 모두 소문자로 써있기 때문에 답도 소문자로 쓴다.

  ※ 1번과 4번은 단위가 문제에 제시되어 있기 때문에 숫자만 적는다. 대부분의 문제에는 단위가 제시되어 있지만 모두 그러한 것은 아니다. 따라서 단위의 유무를 반드시 확인하고 단위가 제시되지 않았다면 숫자뿐만 아니라 단위까지도 적는다.

Step 2 : 정답 확인
리코딩에서 Table의 세로축에 있는 Location은 순서대로 나오지만, 가로축에 있는 Type of Room / Weekly Rent / Advantage / Problem은 순서가 뒤바뀔 수도 있다. 잘 듣고 Table에 있는 단어들을 매칭하면서 답을 기다린다.

Q1) 1번 답은 Regent's Park에 위치한 주당 방세이다. 맨 처음에 부동산 중개인이 제안한 지역으로 지시어, First를 잘 듣고 곧 키워드가 나올 것을 예상한다. 키워드 one - bedroom apartment near Regent's Park를 듣고 우선은 들리는 대로 260이라고 적은 후, 정확한 방세인 275로 수정한다. 정답은 **275**. 종종 이 문제처럼 정답을 번복하는 경우도 있으니 주의할 것!

Q2) 2번 답은 Problem, 문제점이므로 부정적인 단어가 들어가야 한다. 2번 앞에 있는 Advantage인 near the park와 같은 키워드 near Regent's Park would be amazing을 듣는다. amazing(감탄할 정도로 놀라운)이라고 했기 때문에 공원 근처인 것이 Advantage인 것을 알 수 있다. 하지만 키워드 마지막에 but이라는 단어에 주의, 곧 Advantage와 반대인 Problem이 나올 것을 예상, 정답은 **(too) expensive**. too는 생략해도 된다.

Q3) 3번 답은 방의 종류, University of Westminster를 듣고 바로 답을 적을 준비를 한다. 위아래 보기에는 one - bedroom이라고 나왔지만, Problem에는 no bedroom이라고 했으니 3번의 답은 절대로 one - bedroom이 될 수 없다. 만약 3번 답을 놓쳤다 하더라도 우리가 콩글리시로 '원룸' 이라고 말하는 방이 없는 집의 형태를 studio라고 하는 것을 알았더라면 맞출 수 있는 문제다. 따라서 못 들었다고 포기하지 말고 문제 속에 답의 힌트가 있는지 꼼꼼히 살펴보아야 한다. 정답은 **studio**.

Q4) 4번 답은 Old Street에 위치한 주당 방세이다. 키워드 Old Street을 잘 듣고, 그 다음에 나온 가격(숫자)을 답으로 적는다. 정답은 **110**.

Q5) 5번 답은 Advantage, 장점으로 긍정적인 단어가 들어가야 한다. a final option이라는 말이 나오면, Table의 마지막 항목인 Paddington이 나올 것을 예상한다. Listening 문제를 풀다 보면 지금 나오는 리코딩이 몇 번 문제에 대한 내용인지 헷갈리거나 흐름을 놓치는 경우가 종종 있는데, 보통 한 문제 유형에서 마지막 문제가 나올 경우에는 이 경우처럼 a final option이라든가 lastly, finally 등 마지막 문제를 의미하는 지시어가 나온다. 따라서 포기하지 말고 끝까지 최선을 다하자! 정답은 **quiet**.

Answer　Q1 : 275 / Q2 : (too) expensive / Q3 : studio / Q4 : 110 / Q5 : quiet

(real) estate agent : 부동산 중개인, 부동산 중개소는 (real) estate agency
rent a flat : 집(아파트)을 구하다, flat은 영국식, apartment는 미국식
on a monthly basis : 월 단위로
commit : 약속하다, commit은 '(범죄를) 저지르다' 의 뜻으로도 많이 사용된다.
a year-long contract : 1년 계약
A be of interest to B : B는 A에게 흥미를 느끼다
be way beyond my budget : 내 예산을 초과하다
suit : 맞다, 'suit' 는 '정장' 이라는 뜻보다는 동사 '맞다' 의 뜻으로 더 많이 사용된다.
postgraduate student : 대학원생, 대학생은 undergraduate student
pity : 유감
noise pollution : 소음공해
popular nightlife spot : 밤 문화로 유명한 지역
pretty lively : 꽤 활발한, pretty는 '꽤' 라는 부사
hustle and bustle : 시끌벅적한, 북적거리는
distracted : (주위가) 산만해진
negotiate : 협상하다
landlord : 집주인
appreciate : 감사하다
I could afford : 형편이 된다, 경제적인 여유가 있다
apart from : 멀리 떨어진
tube : = underground, 지하철

우리말 해석

부동산 중개인 : 안녕하세요. 써니 선데이 하우스입니다. 무엇을 도와 드릴까요?
줄리 : 아, 안녕하세요. 실은요 집을 구하려고 전화했어요. 혹시 작은 걸로 매물이 있나요?
부동산 중개인 : 그럼요. 먼저 얼마 동안 임대하는 것을 찾는지 여쭤봐야 하겠네요?
줄리 : 글쎄요, 네 이런 거요. 저는 6개월 정도만 머무를 곳을 찾고 있어요.
부동산 중개인 : 좋습니다. 제가 기억하기로는 우리에게 몇 가지 옵션이 있을 거예요. 제가 좀 살펴볼게요. 음.. 아 맞네요. 손님께서 1년 단위 계약 없이 1개월을 기본으로 빌릴 수 있는 좋은 아파트가 몇 곳 있어요. 혼자 사실 건가요?
줄리 : 네.
부동산 중개인 : 하지만 침실이 하나보다 많은 곳을 원하시죠?
줄리 : 아뇨. 방 하나면 괜찮아요.
부동산 중개인 : 네. 잠시만요 … 손님이 관심 가실 만한 곳을 많이 찾아냈어요. 우선 이건 어떠세요, 리전트 공원 근처 방 하나짜리 아파트인데요?
줄리 : 오우, 정말 좋은 장소군요. 하지만 비싸지 않나요?
부동산 중개인 : 솔직히 그 지역에 위치하기 때문에 우리 매물 중 가장 싼 곳은 아니에요. 260파운드예요. 아니, 정확히 275파운드군요.
줄리 : 음, 분명히 리전트 공원 근처에서 산다는 건 멋진 일일 거예요. 하지만 제 예산을 초과하네요. 그 지역이라도 방 하나짜리 아파트 치곤 너무 비싼 것 같아요.
부동산 중개인 : 손님에게 딱 맞는 매물인데 안타깝네요. 하지만 손님의 예산과 더 잘 맞을 만한 또 다른 것을 찾았어요. 130파운드 밖에 안 하고 웨스트민스터 근처에 위치한 곳이에요. 아, 하지만 잠시 기다려보세요. 이건 방 하나짜리 아파트가 아니라 실질적으로 스튜디오네요. 이건 어떤가요?
줄리 : 정말이요? 사실 저는 거기 대학원생이라서 장소 위치는 역시 아주 이상적이네요. 하지만 전 침실이 분리 된 곳이 필요할 거 같아요.
부동산 중개인 : 이거 유감이네요.
줄리 : 리전트 공원 근처의 것보다 더 적당한 가격으로 가능한 방 하나짜리 옵션은 없을까요?
부동산 중개인 : 올드 스트릿에 주당 110파운드 하는 아파트가 있어요.
줄리 : 환상적이네요. 그곳은 제가 지불하기로 맘먹은 것보다도 싸요! 하지만 왜 그렇게 싼지 물어봐야 할 것 같네요.
부동산 중개인 : 음… 솔직히 그 가격에는 그 지역 소음 공해가 반영된 거예요. 왜냐하면 그 지역이 한 잔 마시러 나가거나 클럽에 가려는 젊은이들이 밤 문화를 즐기기에 인기 있는 장소예요. 주중에도 그 주위가 내내 북적거리며 꽤 활기차거든요.
줄리 : 아, 유감스럽지만 그럼 안 되겠네요. 왜냐하면 전 어디에 살든 공부를 많이 해야 하기 때문에 올드스트릿 주변의 소음이 그렇게 심하다면 제 주위가 너무 산만해지겠네요.
부동산 중개인 : 사실 그런 경우라면 제 생각에는 패딩턴에 마지막 옵션이 하나 남았네요. 아파트가 상당히 조용한 곳에 있어요. 제가 손님을 위해 145파운드에 협의할 수 있을 거 같아요. 제가 집주인을 꽤 잘 알거든요.
줄리 : 그렇게 되면 너무 감사한 일이죠. 제가 그 정도는 감당할 수 있어요. 하지만 집세가 상대적으로 낮은 이유가 있나요?
부동산 중개인 : 별로 없어요. 가장 가까운 전철역과 좀 떨어져 있어요. 좀 멀긴 하지만 20분만 걸으면 될 거예요.
줄리 : 장소가 제가 공부하기에 충분히 조용한 곳이라면 그건 전혀 문제가 안돼요. 지금 그 아파트를 보러 갈 약속을 잡을 수 있을까요?

2-5. Multiple Choice (주어진 보기에서 답을 고르는 가장 친숙한 객관식 문제)

1) 문제 원본  MP3

Questions 1-4

Choose the correct letter, A, B or C.

1 The animals on the pictures are

    A that were tortured and treated badly.

    B who are kept in a zoo.

    C that were adopted from Oscar's uncle.

2 Sophia cannot keep a pet because

    A her flat is too small to have a pet.

    B she is sometimes out of town on a business trip.

    C she made a contract when she moved in.

3 What is the policy of Pure Skin?

    A They do not test their products on animals.

    B They do not sell any animals.

    C They do not have a safety test for their product.

4 Oscar believes that the first step for supporting animal rights is

    A to look after animals.

    B to buy cosmetics from Pure Skin.

    C to be a Pure Skin sales rep.

1 사진에 있는 동물들은
    A   고통스럽고 잔인하게 다뤄졌다.
    B   동물원에서 보호되고 있다.
    C   오스카의 삼촌이 입양했다.

2 소피아는 애완동물을 키울 수 없는데 왜냐하면
    A   아파트가 너무 좁아서 애완동물을 키울 수 없기 때문이다.
    B   해외 출장을 가끔 가기 때문이다.
    C   이사올 때 계약했기 때문이다.

3 퓨어 스킨의 정책은 무엇인가?
    A   그들은 동물에게 제품을 실험하지 않는다.
    B   그들은 어떤 동물이든 팔지 않는다.
    C   그들은 그들 제품에 대한 안전 실험을 하지 않는다.

4 오스카는 동물의 권리를 지지하는 첫 번째 단계는
    A   동물들을 돌보는 것이라고 생각한다.
    B   퓨어 스킨의 화장품을 사는 것이라고 생각한다.
    C   퓨어 스킨의 판매 사원이 되는 것이라고 생각한다.

2) 문제 풀이 요령 (미리 문제와 보기를 확인한 후, 키워드를 찾는다.)

Oscar : Oh Sophia, take a look at these (Q1 *키워드*) *pictures*. But I warn you they show (Q1 정답) **animals in horrible states of torture**.

Sophia : That's awful! They look like they're in so much pain. This dog's legs are completely tied up, and over here, this dog's got pretty much no fur left.

Oscar : Honestly I just have no idea what possesses people to treat animals with such extreme cruelty.

Sophia : You've got a couple of dogs don't you Oscar?

Oscar : Yeah, they were both rescued. In fact all of the dogs I've ever had were ill-treated by their former owners before being brought to my uncle Peter, who's a vet. When I saw my current two for the first time, I just felt awful, I mean how could I have left them there? Adopting them seemed like the only humane thing to do.

Sophia : I admire you for that, but in my case it would be difficult. You see I often go on business trips abroad, so if I did adopt a pet it might not be well looked after or even fed sometimes.

Oscar : Sophia, that's so mean of you! Are you seriously saying that you can't take in a rescued animal because you have to travel sometimes?

Sophia : (Q2 *키워드*) *That's not the main reason actually*. The biggest problem is that my landlady Juli is allergic to animal hair, and (Q2 정답) **I had to sign a clause in my flat rental agreement stating that I would not be allowed to have any pets**.

Oscar : That really is a shame. You know though, you can still do your bit to fight animal abuse. You could buy your cosmetics, like toner, essence and lotions from Pure Skin!

Sophia : Yes I could, but why would I do that?

Oscar : Didn't you know that Pure Skin is famous for their (Q3 *키워드*) *policy* of being (Q3 정답) **against animal testing**? That's the most important reason for you to buy their products, because the company stands out among their rivals, most of whom use animals to test new lines. Right now, far too many animals are being imprisoned in laboratories and even killed just in the name of satisfying consumers.

Sophia : Oh really? To be honest I'd never looked at it like that. How terrible for those animals! But then again, can cosmetics be safe without animal testing?

> Oscar : There are plenty of ways to ensure the safety and quality of ingredients without torturing animals, so don't worry about that! If you want to (Q4 *키워드*) *support animal rights, the most basic step* you could take would be to (Q4 정답) **stick to Pure Skin for your cosmetics**.
>
> Sophia : Oscar, are you sure you're not secretly working as a Pure Skin sales representative? It won't be long before you're their leading salesperson!

Step 1 : 보기 해석 및 키워드 표시

리코딩이 시작되기 전, 미리 문제와 보기를 해석한 후 문제의 키워드를 찾아 표시한다. 문제의 키워드가 나온 다음에 답이 나올 것을 예상한다. 또한 문제에 사람 이름이 나오면, 그 사람이 말할 때 답이 나오는 것도 기억하자! 2명의 대화에서는 남녀, 3명의 대화에서는 남녀 학생과 선생님(남자 혹은 여자)이 등장한다. 객관식 유형은 우리에게 친숙해서 얼핏 보면 쉬워 보이지만, 문제와 보기를 리코딩 전에 확인해야 하기 때문에 독해 실력이 부족한 학생들에겐 상당히 어려울 수 있다. 따라서 리스닝이지만 객관식 유형에서 유난히 많이 틀린다면, 문제와 지문 독해도 반드시 해 볼 것!

Q1) 1번 문제의 키워드는 pictures. animals는 너무 많이 나오기 때문에 키워드로서 의미가 없다.
Q2) 2번 문제는 Sophia(여자)가 말할 때 답이 나오는 것을 예상, 키워드는 cannot keep a pet. cannot에 주의!
Q3) 3번 문제의 키워드는 the policy of Pure Skin
Q4) 4번 문제는 Oscar(남자)가 말할 때 답이 나오는 것을 예상, 키워드는 the first step for supporting animal rights

Step 2 : 정답 확인

리코딩에서 문제의 키워드가 나올 때까지 기다린 후, 보기의 답과 매칭한다.

Q1) 1번 키워드 pictures를 들은 뒤, 사진을 설명하는 animals in horrible states of torture(끔찍하게 학대당하는 동물들)를 보기에서 고른다. 정답은 **A**. 종종 리코딩의 단어와 똑같은 단어가 그대로 보기에 나온다.
Q2) 2번은 Sophia(여자)의 대사에서 나올 것이라고 예상한다. 문제의 cannot에 주의! 처음에 I often go on business trips abroad(해외 출장을 종종 간다.)라는 이야기가 나와서 정답을 B라고 생각할 수도 있지만, That's not the main reason actually(이것이 주된 이유가 아니다.)라고 했기 때문에 B는 정답이 아니다. I had to sign a clause in my flat rental agreement stating that I would not be allowed to have any pets(난 임대 계약서에 상에 어떠한 애완 동물도 기르는 것이 허용되지 않는다는 규정에 서명을 해야만 했어.)가 cannot keep a pet의 주된 이유. 정답은 **C**.

Q3) 3번 키워드 policy를 들은 뒤, 정책을 설명하는 against animal testing(동물 실험에 반대하는)을 보기에서 고른다. 정답은 **A**. 전치사 against(~에 반대하는)의 뜻을 숙지하자!

Q4) 4번은 Oscar(남자)의 대사에서 나올 것이라고 예상한다. 문제의 키워드인 the first step과 리코딩의 the most basic step이 동의어인 것을 확인하고 support animal rights가 나오면 정답이 곧 나올 것을 예상한다. 리코딩의 stick to Pure Skin for your cosmetics(화장품을 퓨어 스킨으로 고수하다)에서 stick to가 보기 B의 buy와 여기서는 같은 의미임을 이해한다. 정답은 **B**.

Answer Q1 : A / Q2 : C / Q3 : A / Q4 : B

torture : 고문
awful : 끔찍한
tie up : 묶다
what possesses : 도대체 왜 이러는지
extreme : 극도의
cruelty : 학대, 잔인함
rescue : 구조하다
ill-treated : 학대 당하는
former : 이전의
vet = veterinarian : 수의사
go on a business trip : 출장 가다
adopt : 입양하다
look after : 돌보다, 동의어 care, take care of도 기억하자!
feed : 먹이를 주다
that's so mean of you : 너 참 야비하구나, 잔인하구나
landlady : 집주인(여자), landlord(남자)
allergic to : ~에 알레르기가 있는
clause : 조항
shame : 부끄러움, 수치
animal abuse : 동물 학대
stand out : 두드러지다, 뛰어나다
imprisoned : 수감된, 감금된
in the name of : ~의 이름으로
ensure : 보장하다
safety : 안전
ingredient : 성분
sales representative : 영업 사원

우리말 해석

오스카 : 오, 소피아, 이 사진들 좀 봐. 하지만 경고하는데 이 사진들은 끔찍하게 학대 당하는 동물들 사진이야.
소피아 : 에구 끔찍해! 동물들이 너무 심한 고통을 당하는 것처럼 보이네. 이 개의 다리는 완전히 묶여 있어. 그리고 이쪽에 이 개는 털이 거의 남아 있질 않네.
오스카 : 솔직히 난 도대체 왜 사람들이 이렇게 극도로 잔인하게 동물들을 다루는지 알 수가 없어.
소피아 : 오스카 너 개 두 마리 기르지? 그렇지 않니?
오스카 : 응. 그 두 마리 모두 구조됐어. 사실 그 개들은 모두 수의사인 내 피터 삼촌이 데려오기 전에 그전 주인한테 학대 당했던 개들이야. 내가 지금 키우고 있는 그 개들을 처음 봤을 때 끔찍했어. 내 말은 내가 거기에 그 개들을 어떻게 남겨 둘 수 있었겠어? 그 개들을 입양하는 게 오로지 인간의 할 일 같았어.
소피아 : 그래서 널 존경해. 하지만 내 경우엔 어려울 것 같아. 너도 알다시피 나는 해외 출장을 자주 가잖아. 그래서 만약 내가 애완동물을 입양하면 동물이 제대로 보살펴지기는커녕 심지어 때때로 먹이도 제대로 못 챙겨줄 거 같아.
오스카 : 소피아, 그건 부끄러운 생각이야! 너는 자주 출장 가야 하기 때문에 구조된 동물을 돌볼 수 없다고 진심으로 말하는 거야?
소피아 : 사실 그게 주된 이유는 아냐. 가장 큰 문제는 내 집주인 줄리가 동물 털에 알레르기가 있어서 난 임대계약서에 상에 어떠한 애완 동물도 기르는 것이 허용되지 않는다는 규정에 서명을 해야만 했어.
오스카 : 그건 정말 창피한 일이다! 너도 알다시피, 너는 여전히 동물 학대와의 투쟁에서 네 몫을 할 수 있어. 넌 퓨어 스킨에서 나온 토너, 에센스 또 로션 같은 화장을 살 수도 있어!
소피아 : 응. 그럴 수 있는데, 근데 내가 왜 그렇게 해야 해?
오스카 : 퓨어 스킨은 동물 테스트 실험에 대항하는 정책으로 유명한 거 알지 않아? 그게 바로 네가 거기 제품을 사야 하는 가장 중요한 이유야. 왜냐하면 그 회사는 신제품들에 동물 실험을 하는 경쟁 회사들 사이에서도 잘 나가거든. 바로 지금도 너무 많은 동물들이 실험실에 갇혀 있고 심지어는 고객 만족이라는 이름으로 살해당하고 있어.
소피아 : 오 정말? 솔직히 난 그런 건 본 적도 없어. 세상에나 그런 동물에게 얼마나 끔찍한 짓이야! 하지만 화장품이 동물 실험 없이 안전할 수 있을까?
오스카 : 동물들에게 고통을 주지 않고도 성분의 안전성과 질을 보장할 수 있는 방법이 많아. 그러니까 그런 걱정하지마! 만약에 네가 동물들의 권리를 옹호하길 원한다면, 네가 할 수 있는 가장 기본적 단계는 퓨어 스킨을 네 화장품으로 계속 사용하는(고수하는) 일일 거야.
소피아 : 오스카, 너 혹시 퓨어스킨 영업 사원으로 비밀에 활동하는 거 아냐? 네가 판매 왕이 될 날이 머지 않았구나!

Chapter

03

Reading

- 총 40문제, 3개 passage(지문), 한 지문당 13~14개의 문제
- 총 소요시간 1시간, Listening과 달리 답을 답안지에 옮겨 적는 추가 10분이 없음.
- 주관식 답과 객관식 답을 요구하는 유형이 있음.
- 주로 1,000자 내외의 긴 학술적 지문, 단어 수준이 높음.

▶▶ NEW줄리정불법아이엘츠 Reading 학습법

Reading은 먼저 문제 풀이 요령을 익힌 후, 지문 전체를 해석하지 않고 skimming(훑어 읽기)과 scanning(찾으면서 읽기)으로 빠른 시간 내에 지문에서 정답만 골라내는 연습이 가장 중요하다. 아무리 해석 능력이 뛰어나도 주어진 시간이 문제 개수에 비해 상당히 짧기 때문이다. 그렇다 해도 해석 연습을 게을리해서는 안 된다. 5.0 - 5.5는 독해 실력 없이 문제풀이 요령만으로도 달성 가능한 점수이지만, 6.0 이상의 점수를 목표로 하는 응시자라면 반드시 독해 실력 또한 갖추어야 한다. 그러므로 먼저 Reading Tips와 문제 풀이 요령을 익힌 후, 그 방식대로 문제를 풀고 그 후에는 본문을 우리말로 해석하면서 내용 이해 및 단어 학습을 병행해야 한다.

이 책의 Reading 파트에는 Reading을 풀기 전 반드시 숙지해야 할 Reading Tips와 난이도 순으로 정리된 문제 유형별 전략이 수록되어 있다. 문제 유형별 전략은 문제 원본, 필자의 강의 노하우를 바탕으로 한 문제 풀이 요령, 그리고 Reading 지문에 등장하는 단어 학습 및 본문 해석의 순서로 구성되어 있다. 따라서 학생들은 다음 순서대로 Reading을 효과적으로 학습할 수 있다.

▶▶ NEW줄리정불법아이엘츠 Reading 공부 순서

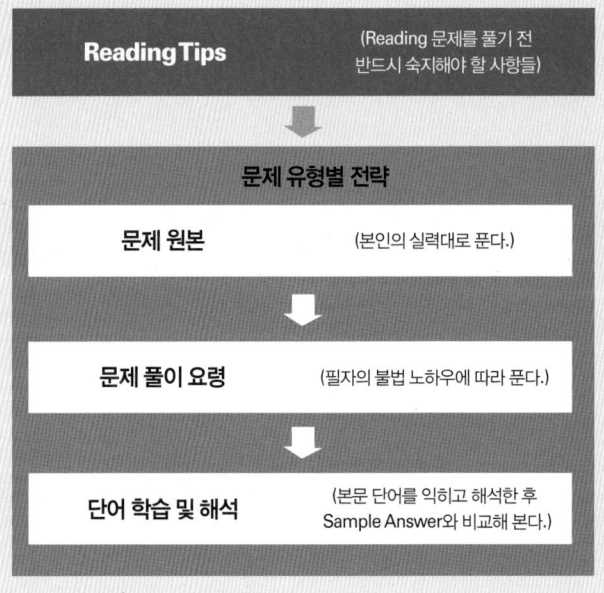

1
Reading Tips!

1-1. 1번 문제부터 푼다는 생각을 버려라

1) 총 3개의 passage 중, 가장 쉬운 passage를 골라서 먼저 푼다.

Passage 하나 당 보통 1,000자 내외, 시험지에 2페이지 분량의 지문이 제시되는 IELTS Academic Reading의 관건은 독해 속도이다. 응시자의 80% 이상은 문제가 어려워서라기보다는 시간이 없어서 문제를 다 풀지 못하는 경우가 많다. 쉬운 문제든 어려운 문제든 간에 총 정답 수에 따라 점수가 결정되므로 쉬운 문제를 골라서 1시간 내에 많은 정답을 맞추는 것이 요령이다.

IELTS Reading은 문제의 난이도에 따라 passage의 순서가 passage 1 → passage 2 → passage 3로 정해지는 것이 아니다. 그러므로 문제지를 받으면 첫 번째 passage의 1번 문제부터 푼다는 생각은 버리고 전에 다뤄본 적이 있는 내용인지, 지문과 관련된 배경지식이 있는지 등을 고려하여 쉬운 passage부터 골라서 문제를 풀어나가야 한다.

몇년 전, 두 명의 학생이 수강 전 다음과 같은 Reading 레벨 테스트(level test)를 본 적이 있다. 두 학생 모두 수강 전이라 1번부터 순서대로 문제를 풀었다.

Passage 1 지문 내용 : 마케팅

Passage 2 지문 내용 : 환경

Passage 3 지문 내용 : 건강의료

A 학생의 직업 : 마케팅 전공 대학원생

B 학생의 직업 : 안과의사

마케팅 전공자인 A는 자신의 전공과 관련된 passage 1을 푸는 데는 10분도 채 걸리지 않았지만, passage 3에서는 의학 관련 배경지식이 없어서 내용을 이해하기 어려웠기 때문에 passage 3를 절반 정도 밖에 풀지 못했다. 이에 반해, 현직 의사인 B는 마케팅 관련 지문이 생소해서 passage 1을 푸는 데 무려 30분 넘게 소비했지만, 정작 본인의 전문 분야인 passage 3를 풀려고 할 때쯤엔 시간이 없어서 손도 대지 못한 채 답안지를 제출해야만 했다. 그 후 수업을 진행해 보니 A와 B의 Reading 실력에는 별 차이가 없었으나, 당시 레벨 테스트에서는 A는 6.5점, B는 5.5점을 받았다. 만약 B가 passage 3를 먼저 풀었다면 어땠을까?

Reading 문제를 풀 때 반드시 아카데믹한 배경지식이 필요한 것은 아니지만, 특정 분야와 관련된 지식이 있다면 당연히 지문을 이해하기가 훨씬 수월할 것이다. 응시자 개개인의 배경지식, 학력, 경력, 직업 등이 다양한 만큼 본인과 친숙한 분야의 지문을 먼저 선택해서 문제를 풀어나가는 것이 1시간 안에 많은 정답을 맞추는 요령이라 할 수 있겠다.

2) 쉬운 문제 유형부터 골라서 푼다.

3개의 passage 모두 지문의 내용이 어려워서 문제 풀이 순서를 정하기 어려울 때 혹은 쉬운 passage를 골랐지만 보통 한 passage 당 2~4개 정도 출제되는 문제 유형 중 어떤 것을 먼저 풀어야 할지 고민이 될 때, 쉬운 문제 유형부터 골라 풀면 훨씬 더 좋은 점수를 기대할 수 있다.

IELTS Reading에서 빈번히 출제되는 문제 유형은 대략 8가지이다.

이 중 비교적 시간이 적게 걸리고 난이도가 낮고 정답을 맞출 확률이 높은 유형 순서대로 정리해 보면 다음과 같다.

난이도	IELTS Reading 문제유형
So Easy ★ 해석하지 않아도 30초 안에 문제를 풀 수 있고 정답 확률이 높다.	1. Table (표의 빈칸을 채우는 주관식 문제)
	2. Flow Chart (순서도의 빈칸을 채우는 주관식 문제)
Easy ★★ 기본적인 해석 능력이 있고 키워드를 잘 찾는다면 정답 확률이 높다.	3. Short Answer (문제의 질문에 간단하게 답하는 주관식 문제)
	4. Summary (지문의 내용을 요약한 문장의 빈칸을 채우는 주관식 문제)
	5. Information (문제의 키워드가 어느 단락에서 나왔는지를 찾는 객관식 문제)
	6. Multiple Choice (문제의 답을 보기에서 고르는, 우리에게 가장 익숙한 객관식 문제)
Difficult ★★★ 해석 능력과 논리력이 필요하고 시간이 많이 걸리며 정답 확률이 낮다.	7. T / F / NG 혹은 Y / N / NG (문제의 내용이 지문의 내용과 일치하는지 여부를 묻는 객관식 문제)
	8. Heading (보기에서 각 단락의 주제문을 찾는 객관식 문제)

1-2. TRUE/FALSE/NOT GIVEN과 YES/NO/NOT GIVEN을 혼동하지 않는다

많은 학생들이 정답을 알면서도 답을 옮겨 적을 때, T와 Y, F와 N을 혼동해서 점수를 잃는다. '비슷한 의미니까 괜찮겠지…' 라는 생각은 버려야 한다. True/False/Not Given은 지문의 내용과 일치하는지를 물어보는 것이고, Yes/No/Not Given은 서술자의 의견에 동의하는지를 물어보는 '주어' 가 다른 문제이다. 따라서 T와 Y, F와 N를 혼동했다면 오답이다.

답안지에 답을 옮겨 적을 때는 시간을 줄이기 위해 T/F/NG 혹은 Y/N/NG로 적는다. Reading은 시간 싸움이기 때문에, True/False/Not Given 혹은 Yes/No/Not Given으로 답안을 작성하는 시간을 줄여서라도 더 많은 문제를 풀어야 한다. 혹여 T/F/NG 또는 Y/N/NG로 줄여서 답을 적으면 오답 처리되지 않을까 하는 걱정은 접어도 된다. 필자가 시험장에서 감독관에게 확인한 사항이다.

1-3. TRUE/FALSE/NOT GIVEN과 YES/NO/NOT GIVEN 문제는 'T' 또는 'Y' 로 찍는다

True/False/Not Given이나 Yes/No/Not Given의 문제를 풀려고 하는데 시간이 많이 부족하거나 아무리 공부해도 이런 문제 유형에서 정답을 반 이상 맞추지 못할 때는, 'T' 또는 'Y' 로 찍는다. 대체적으로 이런 문제 유형에서는 'T' 또는 'Y' 가 정답의 절반 수준인 40%에서 60%를 차지하는 경우가 많다. 단, 비교급(more ~ than)이 나오는 경우에는 예외다. 비교급이 나올 땐 'T' 또는 'Y' 로 찍지 말고 'F' 또는 'N' 이나 'NG' 로 찍는다.

Not Given도 반드시 정답으로 나오지만 다른 답들에 비해서는 정답이 되는 비율이 낮기 때문에 시간이 없다고 해서 NG로 모든 문제를 찍는 것은 위험하다.

1-4. 단어 개수에 주의한다

Listening과 마찬가지로 주관식 답을 옮겨 적을 때는 단어의 개수에 주의해야 한다. 특히 Table과 Summary 같은 주관식 문제를 풀 때는 더욱 더 주의할 것! 문제를 풀기 전, 반드시 해당 문제를 소개하는지 지문을 주의 깊게 읽고 문제를 풀어야 안타깝게 오답 처리되는 사태를 피할 수 있다.

1) 지시문에 ONE WORD 라는 말이 나올 경우,

Complete the table below.
Choose **ONE WORD** from Reading Passage 1 for each answer.

ONE WORD 경우는 반드시 한 개의 단어로 답을 적어야 한다. 두 단어 이상으로 적으면 의미가 비슷해도 오답처리 된다(숫자로 적어도 안됨.).

pupils (○) / many pupils (×)

2) 지시문에 NO MORE THAN TWO WORDS라는 말이 나올 경우,

Complete the summary below.
Choose **NO MORE THAN TWO WORDS** from Reading Passage 3 for each answer.

NO MORE THAN TWO WORDS 경우는 한 개의 단어 혹은 두 개의 단어로 답을 적어야 한다. 세 개 이상의 단어로 적으면 오답처리 된다(숫자로 적어도 안됨.).

pupils (○) / many pupils (○) / pupils in Korea (×)

3) 지시문에 NO MORE THAN THREE WORDS OR A NUMBER라는 말이 나올 경우,

> Complete the table below.
> Choose **NO MORE THAN THREE WORDS OR A NUMBER** from Reading Passage 1 for each answer.

NO MORE THAN THREE WORDS OR A NUMBER 경우는 한 개의 단어, 두 개의 단어 혹은 세 개의 단어로 답을 적거나 숫자 하나로 답을 적어야 한다. 단어와 숫자를 함께 적거나, 네 개 이상의 단어 혹은 두 개 이상의 숫자로 답을 적을 때는 오답 처리 된다.

pupils (○) / many pupils (○) / pupils in Korea (○) / 1,000 (○)
many pupils in Korea (×) / 1,000 pupils (×) / 1,000 – 2,000 (×)

cf) 이와 유사하게 *NO MORE THAN THREE WORDS AND / OR A NUMBER* 경우는 단어와 숫자를 함께 적어도 된다.

pupils (○) / many pupils (○) / pupils in Korea (○) / 1,000 (○)
many pupils in Korea (×) / 1,000 pupils (○) / 1,000 ~ 2,000 (×)

1-5. 대소문자, 단수, 복수를 구분한다

China를 china로 쓰면 중국이 아니라 도자기라는 단어가 된다. 따라서 주관식 답을 적을 때는 대소문자 구분이 중요하다. 문장의 처음에 들어갈 답과 고유명사(Smith, French, the CSIRO…) 등은 반드시 대문자로 적어야 한다.

또한 단수와 복수의 구분이 중요하다. 특히 Summary 유형에서 문제 앞에 'a' 가 있다면 명사를 쓸 때, 반드시 셀 수 있는 단수 명사(house, person, child 등)을 적고 'many, a number of, several, a few, few, a couple of' 등이 있다면 복수 명사(houses, people, children 등)으로 답을 적는다.

> The most essential task for a local council is to produce a **35** _____
> that narrows the gap between the rich and the poor.

정답은 policy인데 35번 앞에 셀 수 있는 단수 명사와 함께 쓰는 관사 a가 있기 때문에 policies 라고 답을 적으면 오답처리 된다.

1-6. 주관식 문제부터 푼다

일반적으로 Table, Diagram, Picture, Summary와 같은 주관식 문제 유형들은 난이도가 낮고 자세한 해석이 불필요하고 시간이 적게 소요되고 정답 확률도 높다. 반면 객관식 문제는 난이도가 높고 지문의 분량이 많고 문제의 보기들까지 해석해야 하기 때문에 시간이 많이 걸리고 정답 확률도 낮다. 그리고 시간이 부족한 경우, 주관식은 소위 '찍기'가 불가능하지만 객관식은 '찍기'가 가능하다. 따라서 비교적 난이도가 낮고 찍기가 불가능한 주관식 문제부터 푼다.

1-7. 답안지에 답을 옮기면서 문제를 푼다

앞에서도 여러 번 언급했듯 Reading은 1시간 동안 40문제를 풀고, 답안지에 답까지 모두 옮겨 적어야 하기 때문에 대부분의 수험생들은 시간 부족으로 인해 모든 문제를 제대로 풀기가 어렵다. 대개는 40문제를 50분 안에 다 풀고 10분 남았을 때 답을 옮겨 적겠다고 생각하는데 생각처럼 되는 경우는 드물다. 문제를 시험지에 다 풀어놓고 답안지에 답을 옮겨 적는 과정에서 시간을 다 써버리고 빈칸을 남겨 놓은 채 답안지를 제출하는 수험생도 적지 않다. 그러므로 **최소한 한 개의 passage가 끝날 때마다 답안지에 답을 옮겨 적는 습관을 길러야 한다.** 그리고 마지막 5분이 남았을 때는 풀지 못한 문제를 제외한 모든 답들이 답안지에 옮겨져 있는지를 확인해야 한다. 더 좋은 방법은 문제지에는 간단하게 표기하고 답안지에 바로 답을 적는 것이다. 이렇게 하면 문제지에 답을 적은 후에 답안지에 또다시 답을 옮겨 적는 수고와 시간을 줄일 수 있다.

1-8. 문제의 순서는 지문의 단락 순서와 상당히 일치한다

가장 쉬운 지문이나 문제 유형을 골랐다면, 선택한 문제가 지문의 어느 단락에 나올지 빠르게 판단해야 한다. 예를 들어 1부터 6번까지는 T/F/NG가, 7번부터 13번까지는 Short Answer가 있는 Passage 1을 골랐고 이 중 난이도가 낮고 찍을 수 없는 주관식 문제 유형인 Short Answer를 먼저 푼다고 가정하자.

보기 1)

READING PASSAGE 1

You should spend about 20 minutes on Questions 1-13, which are based on Reading Passage1 below.

A	D
B	E
C	F
Page 1	Page 2

Questions 1-6 (T/F/NG 문제 유형)

Do the following statements agree with the information given in Reading Passage 1?
In boxes 1-6 on your answer sheet, write

  TRUE   *if the statement agrees with the information*
  FALSE   *if the statement contradicts the information*
  NOT GIVEN *if there is no information on this*

Questions 7-13 (Short Answer 문제 유형)

Answer the questions below.

Choose **NO MORE THAN TWO WORDS** from the passage for each answer.
Write your answers in boxes 7-13 on your answer sheet.

내가 선택한 Passage 1이 1페이지와 2페이지를 차지하고(보통 한 개의 지문은 두 페이지로 구성된다.) 1페이지에 A부터 C단락, 2페이지에 D부터 F단락이 있을 경우 Short Answer의 첫 번째 문제인 7번 문제의 답은 D단락에서 나올 확률이 가장 높다. 7번 문제는 이 지문의 중간 문제이기 때문에 지문의 중간에 위치한 D단락에 답이 숨어 있다. 물론 간혹 D단락에 답이 없을 수도 있다. 하지만 필자가 캠브리지 1권부터 9권을 십 년 이상 연구한 결과를 바탕으로 하면 D단락에서 답이 나올 확률은 80% 이상이다. 그리고 만약 D단락에 답이 없다면 C나 E를 보면 된다. 7번 문제의 답이 A나 F단락에 나올 확률은 거의 0%이다. 마찬가지로 13번 문제는 마지막 문제니까 마지막 단락인 F에 답이 나올 확률이 가장 높고 F에 없다면 E단락에 있다.

하지만 여기서 주의해야 할 사항은 Heading이나 Information 문제 유형 등은 여기에 해당되지 않는다. 이러한 유형의 답은 순서에 영향을 미치지 않기 때문이다. 다음의 예를 통해 살펴보자.

보기 2)

READING PASSAGE 1

You should spend about 20 minutes on *Questions 1-13,* which are based on Reading Passage1 below.

| A |
| B |
| C |

Page 1

| D |
| E |
| F |

Page 2

Questions 1-6 (Heading 문제 유형)

Reading Passage 1 has six paragraphs, **A-F**

*Choose the correct heading for paragraphs **A-F** from the list of headings below.*

*Write the correct number, **i-vii**, in boxes 1-6 on your answer sheet.*

Questions 7-10 (Short Answer 문제 유형)

Answer the questions below.

Choose **NO MORE THAN TWO WORDS** from the passage for each answer.

Write your answers in boxes 7-10 on your answer sheet.

Questions 11-13 (Information 문제 유형)

Reading Passage 1 has six sections, **A-F**

Which section contains the following information?

*Write the correct letter, **A-C**, in boxes 11-13 on your answer sheet.*

이 경우 같은 7번 문제라고 하더라도 보기 2)의 경우 7번 문제의 답은 D단락이 아닌 A단락에서 나온다. 왜냐하면 1번부터 6번까지 출제된 Heading 문제들은 단락의 순서와 상관없이 1번(A단락의 주제문을 물어봄.) 답은 A단락에, 6번(F단락의 주제문을 물어봄.) 답은 F단락에서 유추할 수 있다. 따라서 앞에 Heading 문제 유형이 나왔다면 7번 문제는 A단락에서 나올 확률이 80% 이상이다.

11번부터 13번까지 문제의 내용이 어느 단락에서 포함되어 있는지를 물어보는 Information 문제도 11번이라고 해서 두 번째 페이지 E단락에 있는 것이 아니라 A에 있을 수도, F에 있을 수도 있다. 그야말로 A부터 F까지 문제의 내용이 어디에 있는지를 쭉~ 매의 눈으로 찾아야 하는 문제이다.

2
문제 유형별 전략

이 책의 Reading 파트에는 한 개의 지문(Passage)과 이 지문에서 출제된 8가지 문제 유형들이 난이도 순으로 수록되어 있다. 별 1개(★)가 가장 쉽고, 별 3개(★★★)가 가장 어렵다. 각 문제 유형에는 3개의 문제가 실려 있다.

- 문제 유형을 난이도 순으로 수록했기 때문에 이 책에서는 문제 유형과 답이 나오는 순서와는 관련이 없다.

- 문제 유형별로 지문을 따로 만들지 않은 이유는 한 지문에서 모든 유형별 문제 풀이 요령을 습득하는 것이 고득점을 달성하는 데 더욱 효과적이기 때문이다.

- 먼저 지문을 바탕으로 각각 3개의 문제로 구성된 8가지 문제 유형들, 총 24개의 문제들을 20분 내에 풀어 보자(답을 연습장에 옮겨 적는 시간 포함.). 실제 아이엘츠 시험을 기준으로 80% 정도의 난이도이다. 따라서 실제보다 좀 더 짧은 시간 내에 풀어야 본인의 점수를 가늠해 볼 수 있다. 반드시 시간을 엄수할 것!

맞은 개수	예상 점수	현재 수준 및 학습 방법
0 ~ 5	3.5	영어 공부를 안 한 지 너무 오래됐다. Reading은 이 책에서 제시한 대로 잘만 찍어도 단기간에 5.5까지는 점수를 받을 수 있다. 시간이 별로 없는 학생들은 찍는 요령을 익히자.
6 ~ 10	4.0 ~ 4.5	아직도 영어 울렁증을 겪고 있다. '문제 풀이 요령'을 읽어 보면, 너무 쉬운 문제를 어이없이 틀린 것을 발견한다. 두려워하지 말고 이 책에서 제시하는 쉽게 풀 수 있는 요령을 익힌다.
11 ~ 15	5.0 ~ 5.5	영어 실력은 있으나 너무 옛날 방식으로 일일이 해석해서 푸느라 시간을 낭비하고 있다. Reading은 빨리 풀어야 한다.
16 ~ 20	6.0 ~ 6.5	아이엘츠 시험에 대해서는 잘 모르나 타 영어 시험은 공부한 적이 있다. 하지만 아이엘츠는 아이엘츠 식으로 풀어야 점수가 빨리 오른다.
21 ~ 23	7.0 ~ 7.5	상당히 뛰어난 실력을 갖춘 학생이다. 하지만 알면서도 실수를 한다. 실수해서 틀리는 것과 몰라서 틀리는 것은 결과적으로 같다. 좀 더 신중하게 풀자.
24	7.5 +	Perfect! 완벽하다. 이 책을 빨리 마치고 캠브리지 아이엘츠 최신호부터 풀자. 풀면서 틀리는 문제의 유형을 확인하고, 이 책에서 제시한 유형별 문제 풀이 요령을 참고하자. 타과목과는 달리 Reading에서는 만점 받는 학생이 종종 있다. 만점에 도전!

※ 채점 후에는 맞은 문제라 하더라도, 실전 문제 뒤에 나오는 '문제 풀이 요령'을 반드시 참고하자. 더 쉽고 빠르게 그리고 정확하게 풀 수 있는 아이엘츠 강의 10년 노하우가 고스란히 수록되어 있다.

READING PASSAGE

BLAME IT ON THE WRITTEN WORD

A

The English language is infamous for being illogical. Why, for example, is 'argue' not pronounced 'arg', when 'tung' is sufficient to express 'tongue'? If 'enough' is pronounced 'enuff', why do we not say 'buff' when we use the word 'bough'? These seemingly random rules confuse language students whether English is their mother tongue or not. Spare a thought then for those who suffer from dyslexia, a learning disability that can make the challenge of reading and writing all the more frustrating if not near impossible.

B

Scientists have been able to make great strides in understanding the neurological causes of dyslexia over the past 20 years. But until recently they had still been trying to explain why some countries have higher rates of the disorder than others as well as what the implications of this are. Researchers from Italy, France and Britain proposed an answer last week. Their study, published in Science, claimed that a difference in the complexity of writing systems accounts for the variation in dyslexia rates across the world. The team has been acclaimed for putting forward groundbreaking evidence that this learning disability has a common neurological basis wherever it occurs.

C

The new theory is supported by what we already know about how the brain interprets the written word, according to Dr Bennett Shaywitz, co-director at the Center for the Study of Learning and Attention at Yale University. He says the brain is not naturally geared for reading in the way that it is for speech, so it automatically aims to convert written words into the basic structure of a familiar phonetic language. It is widely believed that the brain's so-called reading centres break words down into phonemes, or sound units, and that these are recognized as elements of a phonetic code. That code is then put together by these centres so that written letters and words can be understood. Most children have already acquired this ability by the age of seven.

D

But dyslexics struggle because their brains often cannot break down written words into phonemes. This does not mean that they lack intelligence. Famous dyslexics who have achieved great success in life include artist Robert Rauschenberg, actor Tom Cruise and Kinko's founder Paul Orfalea among countless others. Historical figures such as poet W.B. Yeats and Renaissance icon Leonardo da Vinci are also suspected to have had the disorder. Even so, dyslexia can still prove to be a lifelong challenge.

E

Dyslexics in Italy do much better when it comes to reading than their British and French counterparts, according to a scientific comparison of all three countries. Across the board, brain scans revealed a disconnection between language and visual processing in dyslexics while they were reading. Why then are Italian dyslexics stronger readers? "The difference is not in the languages themselves," insists lead author Eraldo Paulesu from the University of Milan Bicocca. "It's in their writing systems, which vary in complexity for historical reasons."

F

The English language has 40 phonemes, or sounds needed for pronunciation, and these can be spelled in 1,120 different ways. Italian's 25 phonemes, on the other hand, only require 33 combinations of letters. Therefore it is easier to read Italian, which likely explains why Italy's reported dyslexia rate is half of that in the U.S., where as many as 20% of people suffer from the disorder in some way. It is claimed that Americans spend $1 billion per year on supporting children with dyslexia. By contrast, many Italian dyslexics do not recognize their problem without a battery of psychological tests.

G

The study's impact goes beyond just shedding light on this discrepancy. By presenting a universal neurological explanation for dyslexia, the researchers have sent a clear message to those teachers who might have previously brushed aside the reality of this learning disability in the classroom. Unfortunately this is still an all too common occurrence even though more than a century has passed since the first identification of the disorder.

2-1. Table

Questions 1-3

Complete the table below.

*Choose **ONE WORD AND/OR A NUMBER** from the passage for each answer.*

Write your answers in boxes 1-3 on your answer sheet.

Countries	Phonemes	Dyslexia rate (%)	Yearly cost of supporting children with dyslexia
USA	1	20%	3 $ ....
Italy	25	2 .... %	—

2-2. Flow Chart

Questions 1-3

Complete the flow-chart below.

*Choose **NO MORE THAN TWO WORDS OR A NUMBER** from the passage for each answer.*

Write your answers in boxes 1-3 on your answer sheet.

Understanding how the brain reads written words

Step 1	Dr Bennett Shaywitz suggested a new hypothesis about how the **1** .... reads.

⬇

Step 2	The brain copes with the written word by converting it into the nuts and bolts of a **2** ....

⬇

Step 3	The reading centres of the brain break words down into sound units and identify them as the parts of a phonetic code.

⬇

Step 4	These centres assemble that code.

⬇

Step 5	The majority of **3** .... year-old children learn how to do this.

2-3. Short Answer

Questions 1-3

Answer the questions below.

*Choose **NO MORE THAN THREE WORDS OR A NUMBER** from the passage for each answer.*
Write your answers in boxes 1-3 on your answer sheet.

1 Over the last two decades, in which area of dyslexia research have experts made remarkable progress?

2 How many countries were included in the study of global dyslexia rates?

3 What is the name of the journal that published the study by international dyslexia specialists?

2-4. Summary

Questions 1-3

Complete the summary below.

*Choose **NO MORE THAN TWO WORDS** from the passage for each answer.*
Write your answers in boxes 1-3 on your answer sheet.

Linguists often say that English is notoriously **1** .... Some arbitrary rules that govern English bedevil nonnative **2** .... of the language as much as they torment would-be spelling-bee champs. But such frustrations pale before those endured by dyslexics, who live with a **3** .... that can make reading and writing all but impossible.

2-5. Information

Questions 1-3

The Reading Passage has seven paragraphs, A-G.
Which paragraph contains the following information?
Write the correct letter, A-G, in boxes 1-3 on your answer sheet.
NB You may use any letter more than once.

1   examples of illogical English pronunciation rules
2   an account of the benefit of reading Italian compared with English
3   a reason for the difficulties in learning English

2-6. Multiple Choice

Questions 1-3

Choose the correct letter, A, B, C or D.
Write the correct letter in boxes 1-3 on your answer sheet.

1   Dyslexia is
    A   a foreign language.
    B   a learning disability.
    C   a reading centre.
    D   a Renaissance icon.

2   Which of the following people was mentioned as a successful dyslexic?
    A   Bennett Shaywitz
    B   Paul Orfalea
    C   Eraldo Paulesu
    D   Milan Bicocca

3   Italy is thought to have a lower dyslexia rate than other countries because
    A   Italian is much easier to read than other languages.
    B   people are more intelligent there.
    C   English education is of a lower standard.
    D   less people speak Italian than English.

2-7. T/F/NG or Y/N/NG

Questions 1-3

Do the following statements agree with the information given in the Reading Passage?

In boxes 1-3 on your answer sheet, write

    TRUE   *if the statement agrees with the information*
    FALSE   *if the statement contradicts the information*
    NOT GIVEN *if there is no information on this*

1   Until recently, scientists knew very little about the neurological causes of dyslexia.

2   The population of dyslexics in Italy is far less than that in the US.

3   Dyslexia has been discovered for more than 100 years.

2-8. Heading

Questions 1-3

This Reading Passage has seven paragraphs, A-G.

Choose the correct heading for paragraphs B-D from the list of headings below.

Write the correct number, i-vii, in boxes 1-3 on your answer sheet.

List of Headings

i	Illogical English pronunciation rules
ii	The dyslexic brain under observation
iii	The challenge to teachers in classrooms worldwide
iv	Well-known dyslexics who have defied their learning disability
v	New dyslexia theory published in a journal
vi	The benefit of reading Italian compared with English
vii	Understanding how the brain reads written words

Example	*Answer*
Paragraph A	*i*

1 Paragraph B
2 Paragraph C
3 Paragraph D

Reading
문제풀이요령
Start

2-1. Table (표의 빈칸을 채우는 주관식 문제) ★

1) 문제 원본

Questions 1-3

Complete the table below.
Choose **ONE WORD AND/OR A NUMBER** from the passage for each answer.
Write your answers in boxes 1-3 on your answer sheet.

Countries	Phonemes	Dyslexia rate (%)	Yearly cost of supporting children with dyslexia
USA	1	20%	3 $ ....
Italy	25	2 ....%	—

국가들	음소	난독증 비율 (%)	난독증을 앓고 있는 아이들에게 지원하는 일 년 비용
미국	1	20%	3 $ ....
이탈리아	25	2 ....%	—

2) 문제 풀이 요령 (해석하지 않고 문제의 키워드를 지문에서 찾아 빠르게 푼다.)

F

(Q1 키워드/정답) *The English language* has **40** phonemes, *or sounds needed for pronunciation, and these can be spelled in 1,120 different ways. Italian's 25 phonemes, on the other hand, only require 33 combinations of letters. Therefore it is easier to read Italian, which likely explains why* (Q2 키워드/정답) *Italy's reported dyslexia rate* is **half** *of that in the U.S., where as many as* **20%** *of people suffer from the disorder in some way. It is claimed that* (Q3 키워드/정답) *Americans spend $***1 billion** *per year on supporting children with dyslexia. By contrast, many Italian dyslexics do not recognize their problem without a battery of psychological tests.*

Step 1 : 답의 종류와 품사를 예상한 후 답의 위치 찾기
Table(표)의 내용을 통해 **정답 모두가 숫자임**을 파악한다. 지문에서 숫자가 가장 많이 나오는 단락 F를 찾은 후, USA와 Italy의 수치인지를 확인한다.

Step 2 : 정답 확인
Table 문제 유형은 문제 번호 순으로 답이 지문에서 나온다.

Q1) USA와 phonemes를 F단락에서 찾는다. 첫 번째 줄에 phonemes는 있지만 USA가 없다고 당황하지 말 것! 맨 처음에 나오는 the English language(영어)는 미국인이 사용하는 언어이므로 USA를 대신한다.
따라서 정답은 **40**.

Q2) Italy와 dyslexia rate를 F단락에서 찾는다. Italy의 난독증 비율은 USA(=US, 20%)의 절반이니까 정답은 **10**.

Q3) USA와 yearly cost of supporting children with dyslexia를 F단락에서 찾는다. 비용(cost)을 물어보는 문제로 돈이 답이다. USA는 Americans, cost는 spend, yearly는 per year라고 동의어를 사용했다. 정답은 **1 billion**.

Answers   Q1 : 40 / Q2 : 10 / Q3 : 1 billion

NB
(1) **ONE WORD AND/OR A NUMBER**, 지시문의 단어 개수에 주의한다.
   총 3가지 경우의 수 : 한 단어 / 숫자 한 개 / 한 단어 + 숫자 한 개

(2) phonemes(음소)나 dyslexia(난독증) 등의 단어를 보고 절대로 겁먹지 말 것! Reading에는 아무리 '단어의 왕'이라 하더라도 모르는 단어가 나올 수밖에 없다. 다행인 것은 어려운 단어일수록 지문에서 부가 설명을 해주는 경우가 많고, 설령 이러한 단어를 모른다 하더라도 답을 찾는 데는 별 지장이 없다. 이 지문에서도 A단락에 dyslexia, a learning disability(난독증, 학습장애), C단락에 phonemes, or sound units(음소, 소리의 단위)라고 좀 더 쉬운 단어로 설명했다. 만약 a learning disability나 sound units의 뜻도 어렵다면? '줄리정불법아이엘츠VOCA'를 달달~ 외운 후 다시 Reading에 도전하자!

(3) 2번은 문제에 %라고 기호가 나와 있기 때문에 숫자만 답으로 적는다.

(4) 3번은 문제에 $라고 기호가 나와 있기 때문에 답에 $ 혹은 dollar라고 적지 않지만, **반드시 billion은 써야 한다**.
   무심코 1만 쓰면 당연히 오답이다.

2-2. Flow Chart (순서도의 빈칸을 채우는 주관식 문제) ★

1) 문제 원본

Questions 1-3

Complete the flow-chart below.

*Choose **NO MORE THAN TWO WORDS OR A NUMBER** from the passage for each answer.*

Write your answers in boxes 1-3 on your answer sheet.

Understanding how the brain reads written words

Step 1	Dr Bennett Shaywitz suggested a new hypothesis about how the **1** .... reads.

⬇

Step 2	The brain copes with the written word by converting it into the nuts and bolts of a **2** ....

⬇

Step 3	The reading centres of the brain break words down into sound units and identify them as the parts of a phonetic code.

⬇

Step 4	These centres assemble that code.

⬇

Step 5	The majority of **3** .... year-old children learn how to do this.

뇌가 문자언어를 읽는 방법의 이해

베넷 셰이워츠(Bennett Shaywitz)박사는 1. .... 가 읽는 방법에 대한 새로운 가설을 제시했다.

뇌는 문자언어를 2. .... 의 기본구조로 변환함으로써 처리한다.

뇌의 판독센터는 단어들을 소리 단위로 분류하고 그것들을 음운 코드의 구성요소로 파악한다.

이러한 센터들은 그러한 코드를 조합한다.

대다수의 3. .... 세 어린이들은 이러한 작동 방법을 습득한다.

2) 문제 풀이 요령 (해석하지 않고 문제의 키워드를 지문에서 찾아 빠르게 푼다.)

C

(Q1 *키워드*/*정답*) / (Step 1) The new theory is supported by what we already know about how *the* **brain** interprets the written word, according to *Dr Bennett Shaywitz*, co-director at the Center for the Study of Learning and Attention at Yale University. He says the brain is not naturally geared for reading in the way that it is for speech, so (Q2 *키워드*/*정답*) / (Step 2) it automatically aims to *convert written words* into the basic structure of *a* familiar **phonetic language**. It is widely believed that (Step 3) the brain's so-called reading centres break words down into phonemes, or sound units, and that these are recognized as elements of a phonetic code. (Step 4) That code is then put together by these centres so that written letters and words can be understood. (Q3 *키워드*/*정답*) / (Step 5) *Most children* have already acquired this ability by the age of **seven**.

Step 1 : 답의 종류와 품사를 예상한 후 답의 위치 찾기

Flow-chart(순서도)의 처음, Step 1의 내용에 **대문자, 숫자, 기울임꼴, (괄호)** 혹은 '작은 따옴표' 등 눈에 잘 띄는 단어가 있는지를 먼저 확인하고, 화살표 방향 대로 내용과 답이 나와 있을 것을 예상한다.

Step 1에 대문자로 적힌 사람 이름, **Dr Bennett Shaywitz**가 어느 단락에 나오는지를 찾는 것이 이 문제를 푸는 첫 번째 단계이다. 대문자로 적힌 단어들은 눈에 잘 보이므로 C단락 첫 문장에서 Dr Bennett Shaywitz를 확인한 후, Step 1부터 Step 5까지 순서대로 나올 것을 예상한다. 보통 Flow-chart 문제들은 한 두 단락에 집중되어 출제된다.

빈칸을 채우는 주관식 문제에서는 문제 앞뒤에 있는 단어들이 답을 찾는 데 매우 중요하다. 특히 문제 앞에 **관사 the**나 **a/an**이 있으면 쉽게 풀 수 있다. 지문에도 그대로 the나 a/an이 나올 확률이 90% 이상이기 때문에 해석하지 않고, the나 a/an 다음에 나온 답을 적으면 정답이다.

1번과 2번의 품사는 각각 the와 a 다음에 나오기 때문에 명사 특히 2번은 셀 수 있는 명사의 단수, 3번은 나이를 물어보는 문제이기 때문에 숫자이다.

Step 2 : 정답 확인
Flow-chart 문제 유형은 문제 번호 순으로 답이 지문에서 나온다.

Q1) Step 1의 키워드인 **Dr Bennett Shaywitz**를 첫 번째 문장에서 찾은 후, 이 문장에 답이 있을 거라고 예상한다. 1번 문제 앞에 관사 **the**가 있는 것을 확인, the 다음에 나오는 단어들, new theory / brain / written word 세 개의 단어로 범위를 좁힌다. new theory와 문제의 new hypothesis는 동의어이기 때문에 답에서 제외(theory는 hypothesis보다 일반적이고 타당성이 높지만 아이엘츠에서는 동의어로 봐도 무방하다.) 1번 문제 뒤에 **reads**라는 단어와 interprets가 비슷한 의미임을 확인, 정답은 **brain**.

Q2) Step 2의 **the written word by converting**과 지문의 convert written words가 유사 구문인 것을 확인, 이 문장에 답이 있을 거라고 예상한다. 2번 문제 앞에 관사 a가 있는 것을 확인, a 다음에 나오는 단어가 답이다. 자칫 familiar phonetic language라고 쓸 수 있는데 지시문에 단어가 답일 경우, 두 단어까지만 답으로 적을 수 있는 **NO MORE THAN TWO WORDS**라고 나온 것을 절대 잊어서는 안 된다. familiar phonetic language라고 쓰면 단어 수가 초과되어 오답이 되기 때문에 가장 핵심어만 적는다. 정답은 **phonetic language**.

Q3) Step 5의 키워드인 **children**을 C단락 마지막 문장에서 찾은 후, 아이들의 나이를 나타내는 숫자를 찾는다. 문제의 the majority of와 지문의 most가 동의어임을 확인, 정답은 **7/seven**.

Answers Q1 : brain / Q2 : phonetic language / Q3 : 7 / seven

NB

(1) **NO MORE THAN TWO WORDS OR A NUMBER**, 지시문의 단어 개수에 주의한다.
　　총 3가지 경우의 수 : 한 단어 / 두 단어 / 숫자 한 개

(2) 각 Step의 키워드를 확인, 그 단어가 어디 있는지 지문에서 빠르게 찾는다.

(3) 해석 능력과는 상관없는 문제로 내용을 이해하고 단어의 뜻을 파악하는 데 시간을 낭비해서는 안 된다.

(4) 문제 3번의 경우, 스펠링에 자신이 없다면 정답을 seven이라고 쓰지 말고 7이라고 쓴다.
　　스펠링이 틀리면 무조건 오답이다.

2-3. Short Answer (문제의 질문에 간단하게 답하는 주관식 문제) ★★

1) 문제 원본

Questions 1-3

Answer the questions below.

*Choose **NO MORE THAN THREE WORDS OR A NUMBER** from the passage for each answer.*
Write your answers in boxes 1-3 on your answer sheet.

1 Over the last two decades, in which area of dyslexia research have experts made remarkable progress?
2 How many countries were included in the study of global dyslexia rates?
3 What is the name of the journal that published the study by international dyslexia specialists?

1. 지난 20년에 걸쳐 난독증 연구의 어떤 분야에서 괄목할 만한 성과를 이루어낸 전문가를 보유했는가?
2. 세계 난독증 비율 연구에 몇 나라가 참여하였는가?
3. 국제 난독증 전문가들의 연구를 발표한 학술지의 이름은 무엇인가?

2) 문제 풀이 요령 (해석하지 않고 문제의 키워드를 지문에서 찾아 빠르게 푼다.)

> **B**
>
> (Q1 *키워드/정답*) *Scientists* have been able to make great strides in understanding **the neurological causes** *of dyslexia over the past 20 years*. (Q2 *키워드/정답*) But until recently they had still been trying to explain why some countries have higher *rates* of the disorder as well as what the implications of this are. Researchers from **Italy, France and Britain** proposed an answer last week. (Q3 *키워드/정답*) *Their study, published in* **Science**, claimed that a difference in the complexity of writing systems accounts for the variation in dyslexia rates across the world. The team has been acclaimed for putting forward groundbreaking evidence that this learning disability has a common neurological basis wherever it occurs.

Step 1 : 답의 종류와 품사를 예상한 후 답의 위치 찾기

Short Answer 문제 유형은 문제를 해석할 수 있는 능력뿐만 아니라, 문제의 키워드(지문에서 답이 어디에 있는지를 빨리 찾기 위해 필요한 가장 중요한 단어)를 뽑아내는 센스도 필요하다. 만약 1번 문제가 해석이 안 된다면 미련 없이 그 다음 문제로 넘어갈 것! 제시된 문제도 1번은 어렵지만 2번은 훨씬 쉽다. 리딩은 순서대로 푸는 것이 아니라 쉬운 문제부터 골라가며 푸는 것임을 잊지 말자!

Short Answer의 답들은 주로 어려운 단어 혹은 대문자로 적힌 고유명사인 경우가 많다. 문제 1번의 답처럼 답일 것 같긴 하지만 그 뜻을 몰라서 답으로 채택하기를 주저할 필요는 없다.

문제 1번의 답은 in which area, '어떤 분야에서' 이니까 명사, 2번은 how many countries, '얼마나 많은 국가들' 이니까 숫자, 3번은 what is the name of the journal, '저널의 이름은 무엇인가' 이니까 명사이되, 이름은 고유명사이므로 첫 글자가 대문자로 적힌 단어를 집중적으로 살핀다.

Step 2 : 정답 확인
Short Answer 문제 유형은 문제 번호 순으로 답이 지문에서 나온다.

Q1) 문제 1번의 가장 중요한 키워드는 **Over the last two decades**(지난 20년 간), 지문에서 20이라는 숫자를 빨리 찾는다. B단락 첫 번째 문장 맨 뒤에 나오는 over the past 20 years가 같은 표현. 이 문장에서 그 다음 키워드인 experts가 있는지를 확인한다. **experts는 지문에서 scientists라는 동의어로 제시되었다(리딩에서 '전문가'라는 단어는 scientists, experts, researchers, professors, specialists** 등으로 표현된다. 각 단어의 사전적 의미는 조금씩 다르지만, 아이엘츠에서는 동의어로 간주해도 무방하다.). dyslexia는 이 지문의 주제어이고 지문에 너무 자주 나오기 때문에 답을 찾는 키워드로 보기는 어렵다. 의문사 which 앞에 있는 전치사 'in' 과 지문의 'in'을 확인, understanding the neurological causes 중에서 'area(분야)' 를 찾는 문제이자, 단어 수 요건 세 단어까지만 답으로 적을 수 있기 때문에 정답은 **(the) neurological causes**.

Q2) 문제 2번은 **how many countries와 rates가 키워드**. rates는 지문에서 찾을 수 있지만, 국가의 수를 나타내는 숫자는 나오지 않고 Italy, France and Britain이라고 총 3개국 이름이 제시되었다. 정답은 **3/three**.

Q3) 문제 3번은 **the name of the journal와 published가 키워드**. 저널의 이름이기 때문에 대문자로 된 단어를 찾는다. 친절하게도 Their study, published in Science(그들의 연구, '과학' 에 실린)이라고 키워드 **published** 다음에 정답이 나왔다. 자칫 전치사 in까지 포함해서 in Science라고 답을 쓰는 학생들이 있는데, 특별한 경우 (e.g. about 100, 지문에 정확한 수치가 아니라 약 100개라고 나올 경우에는 about이라는 전치사를 지문에 나온 대로 쓴다.)를 제외하곤 전치사를 쓰지 않는다. 정답은 **Science**.

Answers Q1 : (the) neurological causes / Q2 : 3/three / Q3 : Science

NB

(1) **NO MORE THAN THREE WORDS OR A NUMBER**, 지시문의 단어 개수에 주의한다.
총 4가지 경우의 수 : 한 단어 / 두 단어 / 세 단어 / 숫자 한 개

(2) 대소문자를 주의한다.
문제 1번의 답은 소문자로 적고 관사 the는 써도 되고 안 써도 된다. 특별한 경우(e.g. the+형용사=복수명사)가 아니면 주관식 답에 관사(the/a)는 쓰지 않는다. 2번은 스펠링에 자신이 없다면 정답을 three라고 쓰지 말고 3이라고 쓴다. 스펠링이 틀리면 무조건 오답이다. **3번은 저널 이름, 고유명사이기 때문에 반드시 S를 대문자로 적어야 한다.** 소문자로 적으면 과학이라는 일반 명사가 됨으로 오답 처리된다.

(3) 단복수를 주의한다.
캠브리지 시리즈를 분석해보면, **99%**는 지문에 나와있는 형태 그대로 답이 나온다. 다시 말해 지문에 단수로 나왔으면 단수, 복수로 나왔으면 복수로 적는다. 따라서 1번은 (the) neurological cause**s**, **지문에 나온 대로 복수로 적는다.**

(4) **decade**는 **10년**을 의미한다고 반드시 알고 있어야 한다. 아이엘츠에서는 수를 표현할 때, 아라비아 숫자 대신에 단어를 활용하는 경우가 종종 있다. 특히 기간을 나타내는 다음과 같은 표현들을 숙지하자. 이러한 표현은 라이팅, 특히 Task 1에 활용하면 점수 포인트가 된다.

기간을 나타내는 표현	10 years = a decade 50 years = a half-century	20 years = two decades 100 years = a century

2-4. Summary (지문의 내용을 요약한 문장의 빈칸을 채우는 주관식 문제) ★★

1) 문제 원본

Questions 1-3

Complete the summary below.
Choose **NO MORE THAN TWO WORDS** *from the passage for each answer.*
Write your answers in boxes 1-3 on your answer sheet.

Linguists often say that English is notoriously **1** .... Some arbitrary rules that govern English bedevil nonnative **2** .... of the language as much as they torment would-be spelling-bee champs. But such frustrations pale before those endured by dyslexics, who live with a **3** .... that can make reading and writing all but impossible.

언어학자들은 종종 영어가 1 .... 이기로 악명이 높다고 말한다. 영어를 지배하는 어떤 자의적 규칙들은 그 언어(영어)가 모국어가 아닌 2 .... 에게 철자 경쟁 게임에서 우승후보자들을 괴롭히는 것만큼 혼란을 준다. 그러나 그런 좌절감은 읽기와 쓰기를 거의 불가능하게 만드는 3 .... 를 가지고 사는 난독증 환자들이 그것들을 감수해 낸다는 것 자체를 무색하게 한다.

2) 문제 풀이 요령 (동의어를 찾아낼 수 있는 능력이 필요하고, 문제와 지문에서 같거나 유사한 단어를 찾아서 빠르게 문제를 푼다.)

A

(Q1 *키워드/정답*) The *English* language is *infamous* for being **illogical**. Why, for example, is 'argue' not pronounced 'arg', when 'tung' is sufficient to express 'tongue'? If 'enough' is pronounced 'enuff', why do we not say 'buff' when we use the word 'bough'? (Q2 *키워드/정답*) These seemingly random *rules* confuse language **students** whether English is their *mother tongue or not*. Spare a thought then for those who suffer from dyslexia, (Q3 *키워드/정답*) **a learning disability** that can make the challenge of *reading and writing* all the more frustrating if not near impossible.

Step 1 : 답의 종류와 품사를 예상한 후 답의 위치 찾기

Summary는 지문의 내용을 paraphrasing해서 요약한 문제를 보고, 빈칸의 정답을 지문에서 찾아 적는 주관식 문제이다. paraphrasing이란 같은 내용을 다른 말로 바꾸어 표현하는 것으로 평소 동의어를 잘 알고 있어야 쉽게 풀 수 있다.

Summary는 이 문제와 같이 주관식 유형도 있고, 빈칸에 들어가야 할 내용을 보기에서 고르는 객관식 유형도 있다. 의외로 주관식이 객관식보다 쉽다.

1번의 품사는 is라는 be동사가 있고 notoriously라는 부사가 꾸며주기 때문에 **형용사**, 2번은 형용사 nonnative 다음에 나오기 때문에 명사인데 nonnative라는 뜻이 '모국어 사용자가 아닌'이고 뒤에 they라는 단어가 나오기 때문에 **사람을 나타내는 복수명사**. 정답의 품사가 명사일 경우에는 셀 수 있는 명사(CN)인지, 셀 수 없는 명사(UCN)인지를 따진 후, 셀 수 있는 명사일 경우 단수인지 복수인지를 파악해야 한다. 앞에 부정관사(a/an)이 있다면 무조건 정답은 단수 명사이다. 3번은 a 다음에 나오기 때문에 **셀 수 있는 명사의 단수**이다.

이 문제의 가장 중요한 키워드인 English가 나오는 단락, A를 찾아서 A단락의 내용과 문제가 유사한 내용인지를 확인한다. 보통 summary 문제들은 한두 단락에 집중되어 출제되고, 문제 순서대로 지문에서 답을 찾으면 된다.

※ CN = Countable Noun   UCN = Uncountable Noun

Step 2 : 정답 확인

Summary 문제 유형은 문제 번호 순으로 답이 지문에서 나온다.

Q1) 키워드 English가 나온 문장을 A단락에서 찾은 후, 1번 문제 앞에 있는 **notoriously**(악명 높게)와 유사한 뜻의 **infamous**(악명 높은)를 지문에서 확인. 이 문장에서 형용사를 찾는다. 정답은 **illogical**.

Q2) 키워드 rules가 나온 문장을 지문에서 찾은 후, 2번 문제 앞에 있는 **nonnative**와 유사한 뜻 **mother tongue or not**을 지문에서 확인, 이 문장에서 사람을 나타내는 복수 명사를 고른다. 정답은 **students**.

Q3) 3번 문제 앞에 있는 관사 **a**를 확인, 지문에서 2번 문제와 연관된 문장 다음부터 a다음에 나오는 명사들, thought와 learning disability 두 개의 단어로 범위를 좁힌다. 3번 문제 다음에 나오는 **reading and writing**을 확인, 읽고 쓰는 것과 관련된 단어를 선택한다. 정답은 **learning disability**.

Answers   Q1 : illogical / Q2 : students / Q3 : learning disability

NB

(1) **NO MORE THAN TWO WORDS**, 지시문의 단어 개수에 주의한다.
   총 2가지 경우의 수 : 한 단어 / 두 단어
(2) 각 문제의 키워드를 확인, 그 단어가 어디 있는지 지문에서 빠르게 찾는다. 키워드는 그 문장에서 중심이 되는 단어로 우리가 문제의 답이 지문의 어느 위치에 나오는지를 빠르게 파악할 수 있게 해 주는 단어이다. 사람이름 등과 같이 첫 글자가 대문자로 시작하는 고유명사나, 숫자 혹은 지문에서 자주 언급되지 않는 단어들을 키워드로 삼는 것이 좋다.
(3) Summary 문제 유형을 잘 풀기 위해서는 평소 동의어를 잘 숙지해야 한다.
(4) 문제 2번의 경우, student라고 단수로 쓰면 문법에 맞지 않기 때문에 오답 처리된다.

2-5. Information (문제의 키워드가 어느 단락에서 나왔는지를 찾는 객관식 문제) ★★

1) 문제 원본

Questions 1-3

The Reading Passage has seven paragraphs, A-G.

Which paragraph contains the following information?

Write the correct letter, A-G, in boxes 1-3 on your answer sheet.

NB You may use any letter more than once.

1   examples of illogical English pronunciation rules
2   an account of the benefit of reading Italian compared with English
3   a reason for the difficulties in learning English

1   비논리적인 영어 발음규칙의 예시들
2   영어와 비교되는 이탈리아어 읽기의 장점의 설명
3   영어 배우기가 어려운 이유

2) 문제 풀이 요령 (문제를 정확하게 해석한 후, 문제의 키워드가 언급된 단락을 찾는다.)

A

(Q1 *키워드*) *The English language is infamous for being illogical*. Why, for example, is 'argue' not pronounced 'arg', when 'tung' is sufficient to express 'tongue'? If 'enough' is pronounced 'enuff', why do we not say 'buff' when we use the word 'bough'? (Q3 *키워드*) These seemingly random rules *confuse* language students whether *English* is their mother tongue or not. Spare a thought then for those who suffer from dyslexia, a learning disability that can make the challenge of reading and writing all the more frustrating if not near impossible.

F

The English language has 40 phonemes, or sounds needed for pronunciation, and these can be spelled in 1,120 different ways. Italian's 25 phonemes, on the other hand, only require 33 combinations of letters. (Q2 *키워드*) Therefore it is easier to *read Italian*, which likely explains why Italy's reported dyslexia rate is half of that in *the U.S.*, where as many as 20% of people suffer from the disorder in some way. It is claimed that Americans spend $1 billion per year on supporting children with dyslexia. By contrast, many Italian dyslexics do not recognize their problem without a battery of psychological tests.

Step 1 : 문제 해석 및 키워드 찾기

Information은 주어진 문제를 정확하게 해석하고 키워드를 뽑은 후, 이 키워드가 어느 단락에서 언급된지를 찾는 문제 유형이다. 지문을 정독하려고 하지 말고, 키워드와 똑같은 혹은 비슷한 단어만 지문에서 빠르게 찾는다. 만약 문제 해석이 안 된다면 뜻을 모르는 단어가 키워드일 것 같다면 그 단어를 그림으로 인식한 후 마치 똑같은 그림 찾기 놀이를 하듯 지문에서 찾는다.

Step 2 : 정답 확인

Information 문제 유형은 문제 번호 순으로 답이 지문에서 나오지 않는다! 문제의 순서와 지문에서 답이 나오는 순서는 상관없다!

- Q1) 문제 1번의 키워드는 illogical English pronunciation rules, A단락에 이 단어들이 나오고, 또한 examples, 여러 가지 예들이 나열되어 있다. 정답은 **A**.
- Q2) 문제 2번의 키워드는 reading, Italian, English, F단락에 이 단어들이 나오고, it is easier to read라고 benefit을 설명(account)해 주고 있다. 정답은 **F**.
- Q3) 문제 3번의 키워드는 English와 difficulties, A단락에 English가 나오고, difficulties 대신에 confuse, 그리고 learning의 주체인 students가 나온다. 정답은 **A**.

Answers Q1 : A / Q2 : F / Q3 : A

NB

(1) 지시문 **NB You may use any letter more than once**를 확인한다. 이러한 지시문이 나오면 **무조건 똑같은 답이 나온다.** 따라서 문제 1번과 3번의 답이 똑같이 A라고 하더라도 전혀 놀랄 필요 없다. 오히려 중복되는 답이 없다면 최소 한 개의 답은 오답이다. 하지만 똑같은 답이 세 번 나오거나 A도 두 번, B도 두 번 나오는 경우는 없다.

2-6. Multiple Choice (문제의 답을 보기에서 고르는, 우리에게 가장 익숙한 객관식 문제) ★★

1) 문제 원본

Questions 1-3

Choose the correct letter, A, B, C or D.

Write the correct letter in boxes 1-3 on your answer sheet.

1 Dyslexia is

    A a foreign language.

    B a learning disability.

    C a reading centre.

    D a Renaissance icon.

2 Which of the following people was mentioned as a successful dyslexic?

    A Bennett Shaywitz

    B Paul Orfalea

    C Eraldo Paulesu

    D Milan Bicocca

3 Italy is thought to have a lower dyslexia rate than other countries because

    A Italian is much easier to read than other languages.

    B people are more intelligent there.

    C English education is of a lower standard.

    D less people speak Italian than English.

1 난독증은 .... 이다.
   A 외국 언어
   B 학습장애
   C 판독센터
   D 르네상스 시대의 아이콘

2 다음 사람들 중 성공적인 난독증 환자로 언급된 보기가 무엇인가?
   A 베넷 세이위츠 (Bennett Shaywitz)
   B 폴 오팔라 (Paul Orfalea)
   C 에랄도 폴레서 (Eraldo Paulesu)
   D 밀라노의 비코카 (Milan Bicocca)

3 이탈리아는 다른 국가에 비해 난독증 환자 비율이 낮다고 알려져 있는데 이유가 ....
   A 이탈리아어는 다른 언어보다 훨씬 더 읽기 쉽기 때문이다.
   B 그곳의 사람들은 더 지적이기 때문이다.
   C 영어 교육이 낮은 수준에 있기 때문이다.
   D 영어보다 이탈리아어를 말하는 사람들이 더 적기 때문이다.

2) 문제 풀이 요령 (문제와 보기를 해석할 수 있는 능력이 필요하고, 문제의 키워드를 지문에서 찾아 빠르게 문제를 푼다.)

A

The English language is infamous for being illogical. Why, for example, is 'argue' not pronounced 'arg', when 'tung' is sufficient to express 'tongue'? If 'enough' is pronounced 'enuff', why do we not say 'buff' when we use the word 'bough'? These seemingly random rules confuse language students whether English is their mother tongue or not. Spare a thought then for those who suffer from (Q1 키워드/정답) *dyslexia*, **a learning disability** that can make the challenge of reading and writing all the more frustrating if not near impossible.

D

But dyslexics struggle because their brains often cannot break down written words into phonemes. This does not mean that they lack intelligence. (Q2 키워드/정답) *Famous dyslexics* who have achieved great *success* in life include artist Robert Rauschenberg, actor Tom Cruise and Kinko's founder **Paul Orfalea** among countless others. Historical figures such as poet W.B. Yeats and Renaissance icon Leonardo da Vinci are also suspected to have had the disorder. Even so, dyslexia can still prove to be a lifelong challenge.

E

(Q3 키워드) Dyslexics in *Italy* do much better when it comes to reading than *their British and French counterparts*, according to a scientific comparison of all three countries. Across the board, brain scans revealed a disconnection between language and visual processing in dyslexics while they were reading. Why then are Italian dyslexics stronger readers? "The difference is not in the languages themselves," insists lead author Eraldo Paulesu from the University of Milan Bicocca. "It's in their writing systems, which vary in complexity for historical reasons."

F

The English language has 40 phonemes, or sounds needed for pronunciation, and these can be spelled in 1,120 different ways. Italian's 25 phonemes, on the other hand, only require 33 combinations of letters. Therefore (Q3 키워드/정답) **it is easier to read Italian**, which likely explains *why Italy's reported dyslexia rate is half of that in the U.S.,* where as many as 20% of people suffer from the disorder in some way. It is claimed that Americans spend $1 billion per year on supporting children with dyslexia. By contrast, many Italian dyslexics do not recognize their problem without a battery of psychological tests.

Step 1 : 문제와 보기 해석 및 키워드 찾기

Multiple Choice 문제 유형은 우리에게 가장 익숙하지만 문제와 보기를 해석할 수 없다면 어려울 수 있다. 따라서 문제와 보기를 해석할 수 있는 능력뿐만 아니라, 문제의 키워드를 뽑아내는 센스도 필요하다. **대문자로 적힌 고유명사가 많이 나오는 문제가 있다면 쉬운 문제일 가능성이 높다.**

Multiple Choice는 한 단락에서 모든 문제가 출제되기 보다는 전 지문에 걸쳐 폭넓게 출제되는 경우가 많다. 자주는 아니지만 다음과 같이 **단락을 지정해 주는 경우**도 있다.

In paragraph B, the writer thinks that some parks → B단락에서 답을 찾는다.

The passage ends by mentioning that our view of English is biased because → 맨 마지막 단락에서 답을 찾는다. 이렇게 단락을 지정한 문제가 있다면 순서에 상관없이 이 문제부터 푼다.

Step 2 : 정답 확인

Multiple Choice 문제 유형은 문제 번호 순으로 답이 지문에서 나온다.

Q1) 문제 1번은 dyslexia(난독증)의 뜻을 물어보는 문제이다. 어려운 전문용어는 지문에서 더 쉬운 말로 설명해 준다. 그리고 이 지문의 핵심 단어인 dyslexia는 총 7번 반복되는데, 자주 나오는 단어에 대한 정의는 보통 맨 앞 단락, A에 나온다. A단락에서 dyslexia가 처음 등장하는데 이 문제에서는 **dyslexia 바로 다음에 나오는 콤마(,)가 동격을 나타낸다**는 것이 가장 중요하다 dyslexia = a learning disability. 따라서 정답은 **B**.

Q2) 문제 2번은 successful dyslexic(성공적인 난독증 환자)가 키워드. dyslexic이라는 단어를 몰랐다 하더라도 dyslexia가 난독증이고 보기 A-D에 사람 이름이 제시된 것을 바탕으로 **난독증 환자**라는 뜻을 유추할 수 있다. 보기에 제시된 사람 이름들은 대문자라서 지문에서 쉽게 찾을 수 있다. D단락의 famous dyslexics와 문제의 successful dyslexic가 같은 의미임을 파악. 그 문장에 등장하는 Kinko's*의 창립자, Paul Orfalea를 보기에서 고른다. 정답은 **B**.

*Kinko's(킨코스)란 칼라, 흑백 디지털 출력 전문업체 회사명이다.

Q3) 문제 3번은 Italy와 rate가 키워드. E단락에는 Italy 대해서는 나오지만 rate에 대한 언급이 없다. 따라서 F단락으로 넘어가서 rate를 찾은 후, 그 문장을 꼼꼼히 살펴보면 it is easier to read Italian가 보기의 Italian is much easier to read than other languages와 같은 의미임을 알 수 있다. 정답은 **A**.

만약 F 단락에는 US 한 국가만 나왔는데 보기에 other languages, 복수로 나온 것이 신경 쓰인다면? 이런 의문점을 가진다는 것만으로도 '특급 칭찬'감이다. 한국 학생들의 블랙홀인 단수와 복수의 차이를 이해한다는 것! 하지만 E단락 첫 번째 문장을 보면, their British and French counterparts라고 서로 다른 언어를 쓰는 두 개의 국가와 비교를 하고 있다.

Answers Q1 : B / Q2 : B / Q3 : A

NB

(1) 반드시 알파벳(캠브리지에서는 레터, letter라고 말한다.)으로 답을 작성한다. 예를 들어 문제 3번의 답을 B라고 적지 않고, Paul Orfalea라고 적으면 오답이다. 문제를 풀기 전에 지시문을 확인하고, 답을 답안지에 다 옮긴 후에도 지시문을 확인하는 것이 좋다. 답안지를 제출하기 선 단어 개수, 대소문자, 단복수 **등**을 더블 체크하는 것은 필수이다.

2-7. T/F/NG 혹은 Y/N/NG (문제의 내용이 지문의 내용과 일치하는지 여부를 묻는 객관식 문제) ★★★

1) 문제 원본

Questions 1-3

Do the following statements agree with the information given in the Reading Passage?
In boxes 1-3 on your answer sheet, write

TRUE	if the statement agrees with the information
FALSE	if the statement contradicts the information
NOT GIVEN	if there is no information on this

1   Until recently, scientists knew very little about the neurological causes of dyslexia.
2   The population of dyslexics in Italy is far less than that in the U.S.
3   Dyslexia has been discovered for more than 100 years.

1   최근까지 과학자들은 난독증의 신경학적 원인에 대해 거의 알지 못했다.
2   이탈리아의 난독증 인구가 미국의 난독증 인구보다 훨씬 낮다.
3   난독증은 발견된 지 100년도 더 됐다.

2) 문제 풀이 요령 (문제를 정확하게 해석한 후, 문제의 키워드를 지문에서 찾아 문제의 내용과 지문의 내용이 일치하면 T, 상반되면 F, 알 수 없으면 NG라고 쓴다.)

B

(Q1 키워드/정답) Scientists have been able to make great strides in understanding the neurological causes of dyslexia over the past 20 years. But until recently they had still been trying to explain why some countries have higher rates of the disorder than others as well as what the implications of this are. Researchers from Italy, France and Britain proposed an answer last week. Their study, published in Science, claimed that a difference in the complexity of writing systems accounts for the variation in dyslexia rates across the world. The team has been acclaimed for putting forward groundbreaking evidence that this learning disability has a common neurological basis wherever it occurs.

F

The English language has 40 phonemes, or sounds needed for pronunciation, and these can be spelled in 1,120 different ways. Italian's 25 phonemes, on the other hand, only require 33 combinations of letters. (Q2 키워드/정답) Therefore it is easier to read Italian, which likely explains why Italy's reported dyslexia rate is half of that in the U.S., where as many as 20% of people suffer from the disorder in some way. It is claimed that Americans spend $1 billion per year on supporting children with dyslexia. By contrast, many Italian dyslexics do not recognize their problem without a battery of psychological tests.

G

The study's impact goes beyond just shedding light on this discrepancy. By presenting a universal neurological explanation for dyslexia, the researchers have sent a clear message to those teachers who might have previously brushed aside the reality of this learning disability in the classroom. Unfortunately this is still an all too common occurrence even though (Q3 키워드/정답) more than a century has passed since the first identification of the disorder.

Step 1 : 문제 해석 및 키워드 찾기

문제를 정확하게 해석한 후, 문제의 키워드를 지문에서 찾는다. 주로 찾기 쉬운 대문자로 표기된 고유명사(이름, 국가, 제목 등) 혹은 숫자(연도, 나이 등) 등이 문제의 키워드로 등장하므로 빨리 찾을 수 있다.

T / F / NG 혹은 Y / N / NG 문제 유형은 문제 해석을 정확하게 하는 것이 가장 중요하기 때문에 문제를 번호 순서대로 풀지 말고 **해석하기 쉬운 순서대로 풀자.** 또한 키워드를 잘 찾을 수 있는 문제부터 푸는 것도 좋다.

Step 2 : 정답 확인

T / F / NG 혹은 Y / N / NG 문제 유형은 문제 번호 순으로 답이 지문에서 나온다.

Q1) 문제 1번의 키워드는 the neurological causes of dyslexia(난독증의 신경학적 원인)이고 B단락에서 똑같은 표현을 찾을 수 있다. 이 문제에서는 키워드의 뜻은 몰라도 문제의 little과 지문의 make great strides in을 정확하게 해석할 수 있어야 한다. **little는 '조금' 이 아니라 '거의 ~않다' 라는 부정어**이다. make great strides in는 '큰 진전을 보이다' 라는 뜻으로 문제에서는 '최근까지도 과학자들이 난독증의 신경학적 원인에 대해 아는 바가 거의 없었다' 라고 했지만, 지문에서는 '지난 20년 간 과학자들은 난독증의 신경학적 원인을 이해하는데 큰 진전을 이룰 수 있었다' 라고 했기 때문에 내용이 정반대가 된다. 따라서 정답은 **F / FALSE**.

Q2) 문제 2번의 키워드는 Italy와 America이다. F단락에 이 두 개의 키워드가 등장하는 것을 확인. 이태리와 미국의 난독증 환자 수를 비교한다. 얼핏 보면 TRUE 같지만 **population(인구의 수)과 rate(비율, %)은 완전히 다른 개념**이다. 따라서 난독증 환자의 수가 나온 것이 아니라, 환자의 비율이 나온 것이기 때문에 우리는 알 수가 없다. 물론 상식적으로 이탈리아 인구 수(약 6,000만 명)가 미국 인구 수(약 3억 명)보다 훨씬 적기 때문에 비율이 적으니 인구 수도 적은 것이 사실이지만, Reading은 상식으로 푸는 것이 아니라 반드시 지문에 근거해서 답을 찾아야 한다. 따라서 정답은 **NG / NOT GIVEN**.

Q3) 문제 3번의 키워드는 more than 100 years. 하지만 100이라는 숫자를 아무리 찾으려고 해도 찾을 수가 없다. 그렇다면 정답은 NG인가? 이미 '2-3 Short Answer' 문제 유형에서도 언급한 바와 같이 기간을 나타내는 표현들을 잘 숙지하고 있어야 한다. 따라서 100이라는 숫자를 찾을 수 없다면, **a century를 찾는다**. 마지막 G단락에서 more than a century를 확인. 이 문장을 정독한다. 문제의 dyslexia는 지문에 the disorder, 문제의 the first identification은 discovered라는 유사한 표현으로 대체되었다. 따라서 정답은 **T/TRUE**.

Answers Q1 : F / FALSE / Q2 : NG / NOT GIVEN / Q3 : T / TRUE

NB

(1) **TRUE / FALSE / NOT GIVEN**과 **YES / NO / NOT GIVEN** 을 반드시 구분해서 쓴다.

TRUE	if the statement agrees with the information
FALSE	if the statement contradicts the information
NOT GIVEN	if there is no information on this

라는 지시문이 있으면 답지에 TRUE / FALSE / NOT GIVEN 혹은 T / F / NG라고 쓰고

YES	if the statement agrees with the views of the writer
NO	if the statement contradicts the views of the writer
NOT GIVEN	if it is impossible to say what the writer thinks about this

라는 지시문이 있으면 답지에 YES / NO / NOT GIVEN 혹은 Y / N / NG라고 쓴다.

(2) 답안지에 답을 옮겨 적을 때는, 시간을 줄이기 위해 T / F / NG 혹은 Y / N / NG로 적는다.

(3) 문제의 키워드를 반드시 지문에서 찾아, 문제와 지문의 내용이 일치하는지 여부를 판단해야 한다. 간혹 문제만 읽고 지문의 내용을 확인하지 않은 채 상식만을 바탕으로 T / F / NG 혹은 Y / N / NG를 결정하는 응시자가 있는데 이럴 경우, 오답의 확률이 매우 높다. **특히 지식이 많은 응시자일수록 이 문제 유형에 취약하다. 최대한 단순하게 풀자!** 아이엘츠는 중학생도 보는 시험이다.

(4) **정답은 T / Y가 가장 높고** 그 다음이 F / N 그리고 NG의 비율이 가장 낮은 편이다. 따라서 시간이 없거나 문제 해석이 안 돼서 부득이하게 답을 찍어야만 하는 상황이 온다면, T / Y로 통일해서 답을 적는 것이 정답의 확률을 올리는 요령이다. 하지만 NG도 1~2개 정도 답으로 나오는 것을 잊지 말자.

(5) 논리력과 해석 능력을 평가하는 T / F / NG 혹은 Y / N / NG 문제 유형에서 특히 주의해야 하는 표현 두 가지를 기억하자. 첫 번째는 문제 1번처럼 **few나 little**가 포함된 문제. 반드시 '거의 ~ 않다' 라고 부정문으로 해석해야 한다. 두 번째는 문제 2번과 같은 비교급이다. **비교급 문제의 답이 T가 되는 경우는 많지 않다.**

(6) 아직도 F와 NG이 헷갈린다면 다음의 문제에 도전해 보자!

> 지문 : 줄리정은 아이엘츠 강사이다

1. 줄리정은 여자다.
2. 줄리정은 키가 크다.
3. 줄리정은 이쁘다.
4. 줄리정은 강사이다.
5. 줄리정은 야구를 좋아한다.
6. 줄리정은 백수다.

해설 및 정답

1. 줄리정은 여자다 → NG / 성별에 대한 언급이 지문에 없다. 여자 이름을 가진 남자도 종종 있다.
2. 줄리정은 키가 크다 → NG / 키에 대한 언급이 지문에 없다.
3. 줄리정은 이쁘다 → NG / T라고 쓴 학생이 있다면 감사할 일이지만^^; 외모에 대한 언급이 지문에 없다.
4. 줄리정은 강사이다 → T / 아이엘츠 강사니까 TRUE.
5. 줄리정은 야구를 좋아한다 → NG / 야구에 대한 언급이 지문에 없다.
6. 줄리정은 백수다 → F / 아이엘츠 강사는 직업이니까, 백수는 아니다.

2-8. Heading (보기에서 각 단락의 주제문을 찾는 객관식 문제) ★★★

1) 문제 원본

Questions 1-3

This Reading Passage has seven paragraphs, A-G.

Choose the correct heading for paragraphs B-D from the list of headings below.

Write the correct number, i-vii, in boxes 1-3 on your answer sheet.

List of Headings

i   Illogical English pronunciation rules
ii The dyslexic brain under observation
iii The challenge to teachers in classrooms worldwide
iv Well-known dyslexics who have defied their learning disability
v   New dyslexia theory published in a journal
vi The benefit of reading Italian compared with English
vii Understanding how the brain reads written words

Example	*Answer*
Paragraph A	*i*

1   Paragraph B
2   Paragraph C
3   Paragraph D

주 제 문

i 비논리적인 영어 발음 규칙
ii 난독증 뇌의 관찰
iii 전세계 교실현장에 있는 교사의 과제
iv 학습 장애를 물리친 유명한 난독증 환자들
v 학술지에 발표된 새로운 난독증 이론
vi 영어와 비교되는 이탈리아어 읽기의 장점
vii 뇌가 문자언어를 읽는 방법의 이해

| 예시 | 답 |
| 단락 A | i |

1 단락 B
2 단락 C
3 단락 D

2) 문제 풀이 요령 (한 단락의 주제문은 주로 앞부분에 나온다.)

B

Scientists have been able to make great strides in understanding the neurological causes of dyslexia over the past 20 years. But until recently they had still been trying to explain why some countries have higher rates of the disorder than others as well as what the implications of this are. Researchers from Italy, France and Britain proposed an answer last week. (Q1 *키워드/정답*) ***Their study, published in Science***, claimed that a difference in the complexity of writing systems accounts for the variation in dyslexia rates across the world. The team has been acclaimed for putting forward groundbreaking evidence that this learning disability has a common neurological basis wherever it occurs.

C

The new theory is supported by (Q2 *키워드/정답*) **what we already *know about how the brain interprets the written word***, according to Dr Bennett Shaywitz, co-director at the Center for the Study of Learning and Attention at Yale University. He says the brain is not naturally geared for reading in the way that it is for speech, so it automatically aims to convert written words into the basic structure of a familiar phonetic language. It is widely believed that the brain's so-called reading centres break words down into phonemes, or sound units, and that these are recognized as elements of a phonetic code. That code is then put together by these centres so that written letters and words can be understood. Most children have already acquired this ability by the age of seven.

D

But dyslexics struggle because their brains often cannot break down written words into phonemes. This does not mean that they lack intelligence. (Q3 *키워드/정답*) ***Famous dyslexics who have achieved great success in life*** include artist Robert Rauschenberg, actor Tom Cruise and Kinko's founder Paul Orfalea among countless others. Historical figures such as poet W.B. Yeats and Renaissance icon Leonardo da Vinci are also suspected to have had the disorder. Even so, dyslexia can still prove to be a lifelong challenge.

Step 1 : 단락부터 읽고 List of Headings 해석

주제문 찾기 Heading 문제는 다른 문제 유형들과 달리, 단락부터 하나씩 먼저 훑어보고(scanning) 문제의 List of Headings를 정확하게 해석한 후, 그 단락을 가장 잘 요약한 것을 답으로 고른다. 단락의 키워드가 List of Headings에 나오는 경우가 많다. 또한 **단락의 앞 부분에 주제문이 나올 확률이 가장 높고** 뒷 부분과 중간이 그 다음 순서이다.

Step 2 : 정답 확인

Heading 문제 유형에는 Example이 1~2개 나오는 경우도 있고, 아예 없는 경우도 있다. Example이 나오면 List of Headings의 수가 줄어들기 때문에 다소 유리할 수 있는데, 한 번 Example에 제시된 답은 절대로 답이 될 수 없기 때문이다. 예를 들어 이 문제에서 Example에 나온 A단락의 heading, i번 Illogical English pronunciation rules은 이미 A단락의 주제문이기 때문에 B, C, D 단락의 주제문이 될 수 없다. **Heading의 답은 중복될 수 없기 때문에 찍더라도 절대로 i번을 찍어서는 안 된다.** 헷갈릴 수 있으니 문제 풀기 전, **i번 보기를 연필로 까맣게 지우자.**

Q1) B단락은 과학자들이 난독증과 관련한 새로운 연구 내용을 'Science' 라는 저널에 발표한 내용이 주를 이룬다. Science 대신 journal이 List of Headings에 있는 것을 확인. 정답은 **v**.

Q2) C단락에서는 뇌가 문자언어를 해석하는 방법에 대한 내용이 나온다. C단락의 첫 번째 문장의 know about how the brain interprets the written word와 보기 vii의 내용이 같다. know를 understand, interprets를 reads로 표현한 것을 주목하자. 정답은 **vii**.

Q3) D단락에는 난독증 환자, 특히 유명한 인사들의 이름이 나열되어 있다. 보기에서 사람들이 나온 단어를 확인, 지문의 famous와 보기의 well-know이 동의어인 것을 확인하자. 정답은 **iv**.

Answers Q1 : v / Q2 : vii / Q3 : iv

NB

(1) **Heading 문제 유형은 가장 마지막에 푼다.** Heading은 단 한 개를 문제를 풀기 위해서 그 단락을 모두 읽어야 할 뿐만 아니라, 적어도 6~10개 정도 되는 'List of Headings' (주제문 리스트)도 읽어야 하기 때문에 시간이 가장 많이 소요되는 문제 유형이다. 다른 문제들을 먼저 풀면, 그 문제들을 푸는 동안 자연스럽게 지문을 읽으면서 내용을 파악할 수 있기 때문에 Heading에 소요되는 시간을 상당히 줄일 수 있다. 또한 지문뿐만 아니라 'List of Headings' 도 모두 해석할 수 있어야 하기 때문에 해석 능력이 절대적으로 필요하며 설령 해석이 완벽하더라도 주제문을 뽑는 능력이 없다면 오답을 고르게 된다.

(2) **단락부터 읽고 'List of Headings' 에서 답을 찾는다.** 'List of Headings' 부터 읽고 지문을 읽으면, 보통 두 페이지 분량의 지문 전체를 여러 번 읽어야 하는 시간 낭비를 초래하게 된다. 따라서 한 개의 단락을 읽고 그 단락의 키워드를 찾은 후 'List of Headings' 와 일치되는 내용이 있는지를 확인하면서 푼다.

(3) 주로 단락의 앞부분에 답과 관련된 내용들이 나온다. 두괄식이 70%, 미괄식이 20% 정도이다. 따라서 주제문을 찾는 유형에서는 **앞 부분을 먼저 읽고, 답이 없으면 마지막 문장에서 답을 찾도록 하자.**

(4) List of Headings의 **로마체로 적힌 번호들(i, ii, iii, iv, v, vi, vii)은 일, 이, 삼, 사... 로 읽는다.** 아이 (i), 브이 (v) 라고 읽지 않는다.

독해 연습

BLAME IT ON THE WRITTEN WORD (문자언어 탓)

A

The English language is <u>infamous</u> for being <u>illogical</u>. Why, for example, is 'argue' not pronounced 'arg', when 'tung' is sufficient to express 'tongue'? If 'enough' is pronounced 'enuff', why do we not say 'buff' when we use the word 'bough'? These seemingly random rules confuse language students whether English is their <u>mother tongue</u> or not. <u>Spare a thought</u> then for <u>those who</u> <u>suffer from</u> <u>dyslexia</u>, a <u>learning disability</u> that can make the challenge of reading and writing <u>all the more frustrating</u> if not near impossible.

infamous : [ɪnfəməs] 악명 높은, (동) notorious, be infamous for ~로 악명이 높다
  [인퍼머스] 발음 주의할 것, [인페이머스] 가 아니다. famous [feɪməs] 는 좋은 의미로 '유명한' 뜻이고, infamous는 나쁜 의미로 유명한 뜻.
illogical : 비논리적인, (반) logical 논리적인
mother tongue : 모국어, (동) native language
spare a thought for : ~에 대해 생각해 보다
  이 문장은 동사인 spare가 맨 앞에 나온 명령문, '~해보자' 라고 해석한다.
those who : ~하는 사람들(복수)
suffer from : ~로 고통받다
dyslexia : 난독증, 독서장애
  난독증이란 듣고 말하는 데는 별다른 지장을 느끼지 못하는 소아 혹은 성인이 단어를 정확하고 유창하게 읽거나 철자를 인지하지 못하는 증세로서 학습 장애의 일종이다. 이는 지능 저하나 부모의 사회적, 경제적 지위와는 관련이 없는 것으로 알려져 있다. 대개 미취학 시기부터 단어를 이해하는 데 어려움을 겪거나 발음을 자주 틀리게 하거나 말을 더듬는 등의 증상이 나타날 수 있으며, 취학 초기에는 글씨를 베껴 적는데 어려움을 겪거나, 학습 자체에 취미를 잃기가 쉽다. 그러나 사물이나 그림, 도표의 의미를 받아들이는 능력에는 지장이 없어 지능 저하로 인한 학습 장애와는 감별된다. 출처 – 서울대학교병원
learning disability : 학습 장애
all the more frustrating : 더욱(더) 절망스러운, all the more는 '더욱(더)' 라는 뜻이다.

우리말 해석

영어는 비논리적이기로 악명이 높다. 예를 들자면, '텅 ['tung]' 이라 말하면 텅 [tongue : 혀]' 을 표현하기에 충분한데 왜 '아규 [argue : 논쟁]' 는 '아그 [arg]' 로 발음되지 않을까? '이너프 [enough : 충분한]' 는 '이너프 [enuff]' 로 발음되는데, 왜 우리는 '바우 [bough : 나무가지]' 란 단어를 '버프 [buff]' 라 말하지 않을까? 이러한 겉보기에도 멋대로의 규칙들은 영어가 모국어이든 아니든 언어를 배우는 학생들을 혼란스럽게 한다. 그러면 난독증이라는, 전혀 불가능한 건 아니라도 더욱 절망스럽게도 읽고 쓰는 데 어려움이 생길 수 있는 학습 장애로 고통 받는 사람들에 대해 생각을 좀 해보자.

B

Scientists have been able to make great strides in understanding the neurological causes of dyslexia over the past 20 years. But until recently they had still been trying to explain why some countries have higher rates of the disorder than others as well as what the implications of this are. Researchers from Italy, France and Britain proposed an answer last week. Their study, published in Science, claimed that a difference in the complexity of writing systems accounts for the variation in dyslexia rates across the world. The team has been acclaimed for putting forward groundbreaking evidence that this learning disability has a common neurological basis wherever it occurs.

make great strides in : ~에 큰 진전(발전)을 이루다, stride 진전, 큰 발걸음
neurological cause : 신경학적 원인
disorder : 장애(여기서는 dyslexia를 의미)
implication : 함축된 의미
complexity : 복잡성
account for : ~의 이유가 되다
variation : 변화, 변동
acclaim for : ~에 대해 갈채를 보내다
put forward : (의견)을 제시하다
groundbreaking : 획기적인, 혁신적인

우리말 해석

과학자들은 지난 20년에 걸쳐 난독증의 신경학적 원인을 이해하는 데에 큰 진전을 이룰 수 있었다. 그러나 최근까지도 그들은 왜 어떤 나라들은 다른 곳보다 이 장애의 높은 비율이 나타내는지 뿐만 아니라 이것이 함축하는 바를 설명하려고 했었다. 이탈리아, 프랑스와 영국에서 모인 연구원들은 지난 주에 해답을 제시했다. '과학'에 발표된 그들의 연구는 쓰기 체계의 복잡성에서 오는 차이가 전 세계 난독증 비율의 변동의 원인이라고 주장했다. 연구 팀은 어느 곳에서 그것이 발생하던 이 학습 장애는 공통적 신경학적 기저를 가지고 있다는 혁신적인 증거를 제시했다고 인정받았다.

C

The new theory is supported by what we already know about how the brain interprets the written word, according to Dr Bennett Shaywitz, co-director at the Center for the Study of Learning and Attention at Yale University. He says the brain is not naturally geared for reading in the way that it is for speech, so it automatically aims to convert written words into the basic structure of a familiar phonetic language. It is widely believed that the brain's so-called reading centres break words down into phonemes, or sound units, and that these are recognized as elements of a phonetic code. That code is then put together by these centres so that written letters and words can be understood. Most children have already acquired this ability by the age of seven.

according to : ~에 따르면
convert : 변환시키다, 바꾸다, convert A into B, A를 B로 바꾸다
phonetic language : 음성언어
phoneme : 음소
    음소란, 어떤 언어에서 의미 구별 기능을 갖는 음성 상의 최소 단위. 예를 들어 영어에서는 sip에 쓰인 /s/ 와 zip에 쓰인 /z/ 가 두 개의 다른 음소이다. 출처 - 옥스퍼드 영한사전
acquire : 습득하다

우리말 해석

새로운 이론은, 예일 대학교의 학습과 집중력 연구 센터 공동 소장인 베넷 셰이위츠 (Bennett Shaywitz) 박사에 따르면, 뇌가 문자언어를 해석하는 방법에 대해 우리가 이미 아는 바로 뒷받침 된다. 그는 뇌가 말하기 방식에서 독서를 위한 방식으로 자연스럽게 연동되지 못하기에, 뇌는 자동적으로 문자언어를 친숙한 음성언어의 기본 구조로 변환시키려고 한다고 말한다. 뇌의 소위 판독 센터라고 불리는 곳은 단어들을 음소 혹은 소리 단위로 쪼개고 이러한 것들은 음성코드의 요소들로서 인식된다고 널리 생각되고 있다. 그런 코드는 따라서 기술된 문자와 단어들이 이해될 수 있도록 이들 센터들에서 종합된다. 대부분의 아이들은 7세면 이런 능력을 이미 습득한다.

D

But dyslexics struggle because their brains often cannot break down written words into phonemes. This does not mean that they lack intelligence. Famous dyslexics who have achieved great success in life include artist Robert Rauschenberg, actor Tom Cruise and Kinko's founder Paul Orfalea among countless others. Historical figures such as poet W.B. Yeats and Renaissance icon Leonardo da Vinci are also suspected to have had the disorder. Even so, dyslexia can still prove to be a lifelong challenge.

dyslexic : 난독증 환자
countless : 셀 수 없이 많은
historical figure : 역사적 인물들, figure는 '인물' 이라는 뜻

우리말 해석

그러나 뇌는 종종 문자들을 음소로 분류하지 못하기 때문에 난독증 환자들은 고군분투한다. 이는 그들이 지능이 부족하다는 의미가 아니다. 인생에서 큰 성공을 거둔 유명한 난독증 환자들로는 셀 수없이 많은 사람들 중, 화가 로버트 라우셴버그 (Robert Rauschenberg), 배우 톰 크루즈 (Tom Cruise)와 킨코스의 설립자 폴 오팔라 (Paul Orfalea)를 들 수 있다. 시인 W. B. 예이츠와 르네상스 시대의 아이콘인 레오나르도 다 빈치같은 역사적 인물들 또한 이 장애를 가졌다고 추측된다. 그럼에도 불구하고 난독증은 여전히 평생의 난제임을 보여주고 있다.

E

Dyslexics in Italy do much better when it comes to reading than their British and French counterparts, according to a scientific comparison of all three countries. Across the board, brain scans revealed a disconnection between language and visual processing in dyslexics while they were reading. Why then are Italian dyslexics stronger readers? "The difference is not in the languages themselves," insists lead author Eraldo Paulesu from the University of Milan Bicocca. "It's in their writing systems, which vary in complexity for historical reasons."

counterpart : 상대, 대응관계에 있는 사람, 여기서는 dyslexic의 뜻이다.
across the board : 전반에 걸쳐
reveal : 드러내다, 밝히다
lead author : 주요 필자
vary : 다르다
complexity : 복잡성

우리말 해석

이탈리아의 난독증 환자는, 모두 세 나라를 과학적으로 비교한 바에 따르면, 독서를 하게 되면 이에 상응하는 영국인이나 프랑스인들보다 훨씬 더 잘한다. 전반적으로 뇌 정밀 촬영 사진은 그들이 읽는 동안 언어와 시각적 진행 과정 사이에 단절을 보여 주었다. 그렇다면 왜 이탈리아의 난독증 환자들은 더 우세한 독자들일까? "차이는 언어 자체에 있지 않다"는 주장이 필자인 밀라노 비코카 대학교 에랄도 폴레서(Eraldo Paulesu)에 의해 제기되었다. "그것은 역사적 이유들로 인해 복잡성이 달라진 그들의 쓰기 체계에 있다."

F

The English language has 40 phonemes, or sounds needed for pronunciation, and these can be spelled in 1,120 different ways. Italian's 25 phonemes, on the other hand, only require 33 combinations of letters. Therefore it is easier to read Italian, which likely explains why Italy's reported dyslexia rate is half of that in the U.S., where <u>as many as</u> 20% of people suffer from the disorder <u>in some way</u>. It is claimed that Americans spend $1 billion per year on supporting children with dyslexia. By contrast, many Italian dyslexics do not recognize their problem without <u>a battery of</u> psychological tests.

as many as : 무려 ~나 되는
in some way : 어떤 방식이든
a battery of : 수많은, 셀 수 있는 명사 앞에 사용되며 복수명사가 뒤에 온다.

우리말 해석

영어는 40개의 음소 즉 발성에 필요한 소리가 있고, 이것들은 1,120가지의 다른 방식으로 철자화될 수 있다. 반면에 25개의 음소를 가진 이탈리아어는 오직 33가지 문자 조합만이 필요할 뿐이다. 따라서 이탈리아어를 읽기가 더 쉬운 것이다. 이는 왜 이탈리아의 보고된 난독증 비율이 어떤 방식이든 그 장애로 고통 받는 사람의 비율이 20%나 되는 미국의 절반인 이유를 설명한다고 할 수 있을 것이다. 미국인들은 난독증이 있는 어린이들을 지원하기 위해 연간 10억 달러를 쓴다는 주장이 있다. 그에 반해 많은 이탈리아 난독증 환자들은 수많은 심리학적 검사 없이는 그들의 문제를 인지하지 못한다.

G

The study's impact goes beyond just shedding light on this discrepancy. By presenting a universal neurological explanation for dyslexia, the researchers have sent a clear message to those teachers who might have previously brushed aside the reality of this learning disability in the classroom. Unfortunately this is still an all too common occurrence even though more than a century has passed since the first identification of the disorder.

go beyond : ~이상이다, 넘어서다
shed light on : ~을 밝히다, 설명하다
discrepancy : 차이
brush aside : 무시하다

우리말 해석

이 연구의 영향은 이러한 차이를 밝히는 것 이상이다. 난독증에 대해 일반적인 신경학적 설명을 제시함으로써, 연구자들은 이전에 교실에서 학습장애의 현실을 무시해왔을 교사들에게 분명한 메시지를 전달한 것이다. 불행하게도 이 장애가 처음으로 규명된 이래 한 세기 이상 흘렀음에도 이것은 여전히 너무나 흔하게 발생하고 있다.

Chapter 04

Writing

- 총 2 문제 : Task 1 (그래프 분석)과 Task 2 (에세이)
- 총 소요시간 : 1시간
- 작성도구 : 연필 혹은 샤프 / 지우개 사용
- Task 1은 150 단어 이상 작성, Task 2는 250 단어 이상 작성

▶▶ NEW줄리정불법아이엘츠 Writing 학습법

많은 학생들은 문법이 약해서 단어를 많이 몰라서 영작이 서툴러서 Writing을 못한다고 한다. 하지만 IELTS Writing 시험에서 가장 중요한 부분은 출제자의 의도를 정확하게 파악해서 글을 완성하는 것이다. 아무리 문법이 완벽하고 아카데믹한 단어들을 사용했다 하더라도 동문서답의 답안을 작성했다면, 결코 좋은 점수를 받을 수 없다. 따라서 무턱대고 문법 공부나 영작 연습부터 시작하기보다는 문제를 꼼꼼하게 읽고 논점을 정확하게 파악한 후, 이에 맞는 Brainstorming을 하는 것이 고득점의 지름길이다.

Writing은 학생들이 IELTS 시험 준비를 시작할 때, 처음에는 가장 막막하게 느끼는 과목일지도 모른다. 하지만 어느 정도 시간이 지나면 영어로 글을 완성한다는 것에 대한 뿌듯함과 성취감 그리고 재미까지 느낄 수 있는 과목이 된다.

이 책의 Writing 파트에는 Writing 작성 전 반드시 숙지해야 할 Writing Tips와 기본적인 문법 문제들 그리고 문제 유형별 전략 등이 수록되어 있다. 학생들은 스스로 Brainstorming과 영작을 한 후 Sample Answer와 자신의 답을 비교해 보고, 점수 포인트에 있는 단어와 표현들을 익혀서 좀 더 효과적으로 Writing을 공부할 수 있다.

▶▶ NEW줄리정불법아이엘츠 Writing 공부 순서

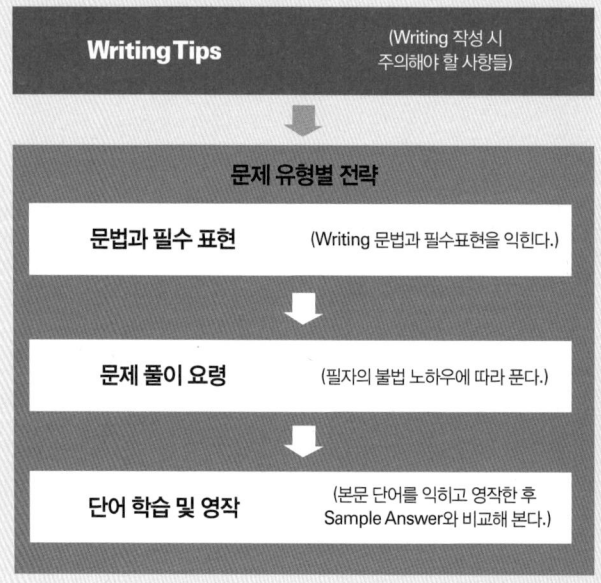

1 Writing Tips!

1-1. 채점기준

Task Response or Achievement 논점에 맞게 글 완성하기	문제에서 요구한 방향과 범위를 벗어나지 않고 논점에 딱 맞게 글을 썼는지에 대한 평가이다. 예를 들어 '공공장소에서의 흡연을 금지해야 하는가?' 라는 문제에 대해 담배가 인체에 미치는 영향에 대해서만 중점적으로 기술한다면, 이것은 '담배가 인체에 미치는 영향에 대해 논하라' 는 문제에 대한 에세이가 되므로 감점이 크다. 또한 Task 1과 Task 2 모두 단어 수 요건에 맞춰서 시간 내에 완성하지 못했다면 큰 감점 요인이 된다.
Coherence and Cohesion 논리적으로 일관성 있게 글쓰기	기술한 내용이 출제된 문제의 답으로서 적합한지에 대한 평가이다. 생각이나 정보 등을 논리에 맞게 일관성 있게 쓰고 대명사, 접속사 등을 적절하게 사용할 수 있어야 한다. 가령 위에 언급한 내용과 반대되는 의견을 제시하는 상황에서 but 대신 and 를 쓴다면 감점 요인이 된다.
Lexical Resources 아카데믹한 단어 사용하기	출제된 문제와 관련된 아카데믹한 단어를 얼마나 다양하고 정확하게 사용하는지에 대한 평가이다. 예를 들어 '올라가다' 라는 단어를 표현할 때 increase만 여러 번 반복하기보다는, go up, rise, boost, boom, grow 등으로 다양한 표현을 적절하게 사용하는 것이 좋다. 또한 슬랭을 사용하면 감점 요인이 된다.
Grammatical Range and Accuracy 문법에 맞게 정확하게 글쓰기	응시자의 문법과 어법 능력을 평가하는 항목이다. 얼핏 보면 IELTS 에는 문법 시험이 없는 것처럼 보일 수 있지만 Listening, Reading 의 주관식 답안에서 부터 Writing, Speaking까지 모든 과목에 문법 실력을 체크하는 항목이 포함되어 있다. 특히 관사, 수 일치, 시제, 이 세 가지 사항만이라도 꼼꼼히 체크하면 상당수의 문법적 실수를 줄일 수 있다.

1-2. Writing 6.0 달성을 위한 필수조건

1) 1시간 내에 Task 1과 Task 2 모두 작성한다.

단, Task 1은 150 단어 이상, Task 2는 250 단어 이상 반드시 작성한다. 만약 Task 2의 결론을 작성하지 못했다면 아무리 글을 잘 써도 5.0을 넘기 어렵다.

2) 논점에 맞게 작성한다.

문제를 정확하게 읽고 문제에서 요구하는 틀과 범위에 맞춰서 논리적으로 작성한다.

3) 구조에 맞게 작성한다.

일반적으로 Task 1은 4단락, Task 2는 4~5단락으로 작성한다. 문제 유형에 맞춰 단락을 나눈다.

4) 수준 높은 아카데믹한 단어를 사용한다.

IELTS 기출 단어를 중심으로 사용한다. 같은 단어를 여러 번 사용하는 것을 피하고, 다양한 동의어를 사용하여 작성한다.

5) 문법에 맞게 쓴다.

IELTS 시험에는 문법 과목이 따로 없지만, Writing은 문법에 맞게 글을 작성해야 한다. 따라서 글을 모두 작성한 후에는 반드시 스스로 교정할 수 있는 시간을 남겨두어야 한다. 이 때 특히 대부분의 한국 응시자들이 취약한 관사, 수 일치, 시제 등을 집중적으로 확인한다.

한국에서 교육받은 대부분의 학생들은 마지막 조건인 문법 공부에 상당한 시간을 쏟아왔다. 하지만 지금까지 수천 명의 수험생을 가르치고 그들의 실제 시험 점수를 확인해 본 경험에 의하면, 문법이 취약한 학생도 6.0 이상을 달성하는 경우가 드물지 않다. 문법이 중요한 요소임에는 틀림없지만, Writing 고득점에는 문법 이외의 다른 요소들이 더 큰 비중을 차지하고 있기 때문에 나무를 보기보다는 숲을 보는 지혜가 필요하다.

1-3. 시간분배와 작성순서 : Task 2 (35min) → Task 1 (20min) → Correction (5min)

Writing은 한 시간 내에 두 개의 Task를 모두 완성하는 시험이다. Task 2가 Task 1보다 배점이 더 높기 때문에 무조건 Task 2부터 글을 작성한다. Task 1부터 작성할 경우, 생각보다 Task 1을 작성하는데 시간이 지체되어 Task 2를 완성하지 못한 채 답안지를 제출하는 상황이 발생하게 되는데, 이럴 경우 매우 낮은 점수를 받게 된다. 반대로 Task 2는 완성했지만, Task 1을 중간 정도밖에 못 쓴 상황에서는 6점까지도 받는 경우가 있다. 그러므로 평소에 Task 1과 Task 2를 정해진 시간 내에 모두 작성하는 수험생이라 하더라도 시험 당일 출제된 문제에 따라 시간이 많이 소요될 수 있으므로 실제 시험에서는 반드시 Task 2부터 작성해야 한다.

또한 반드시 시험 종료 5분 전에는 스스로 correction을 해야 한다. 문법의 정확성도 평가항목이므로 55분 간 글을 완성한 후, 반드시 5분은 스스로 작성한 글의 문법적 오류를 확인해야 한다.

1시간 내에 Task 두 개를 모두 작성할 수 없다면 시험에 응시하기에는 아직 이르다. 1시간 동안 Task 1과 Task 2를 모두 작성하는 연습을 5번 정도 한 후, 최소한 90% 정도의 내용을 작성할 수 있을 때 시험에 응시해야 한다. 시험장에서 갑자기 영어가 빨리 써지는 기적은 일어나지 않는다.

1-4. Task 1은 170 단어 정도, Task 2는 270~300 단어 정도로 작성한다

Task 1은 적어도 150 단어를(at least 150 words), Task 2는 적어도 250 단어를(at least 250 words) 작성해야 한다. 이것은 각각 150 단어, 250 단어 미만인 경우에는 큰 감점이 된다는 것을 의미한다. 실제로 시험관은 단어 개수를 일일이 세어보고 단어 수가 모자를 경우 낮은 점수를 준다. 따라서 평소부터 Task 1은 170 단어 정도, Task 2는 270~300 단어 정도로 작성하는 습관을 갖는다면 실제 시험에서 단어 수를 세는데 시간을 낭비하지 않아도 단어 수가 미달되는 사태를 막을 수 있다. 간혹 수험생들 중에는 Task 2를 작성할 때, 300 단어 이상 400 단어까지도 쓰는 경우가 있는데 이는 좋지 않은 습관이다. 많이 쓴다고 해서 높은 점수를 받는 것이 절대로 아니기 때문이다. 또한 이렇게 길게 쓰면 시간 내에 글을 완성하지 못하는 큰 실수를 범할 수 있고 문법적 오류가 더 많이 생겨서 감점이 더 많아질 수도 있다.

1-5. Task 1은 4 단락으로, Task 2는 4~5단락으로 작성한다

내용에 맞게 단락을 바꾸는 것도 Writing에서는 중요한 요소이다. 단락을 아예 나누지 않거나, 너무 많은 단락으로 글을 구성하는 것은 감점의 요인이 된다. 특히 문장 하나로 단락 하나를 구성하는 것은 좋은 방법이 아니다. 따라서 Task 1은 서론 / 일반적 경향 / 본론 1 / 본론2, 총 4단락으로 Task 2는 서론 / 본론1 / 본론2 / (본론3) / 결론, 4~5단락으로 작성하는 것이 적절하다.

1-6. 중요하지만 쉽게 고칠 수 있는 문법적 오류들을 확인한다

1) 대소문자 구분

문장의 첫 글자는 항상 대문자로 시작한다.

there has been a controversial issue in terms of keeping animals in a zoo. (×)
→ There has been a controversial issue in terms of keeping animals in a zoo. (○)

쉼표(,) 다음에는 소문자로 쓴다.

In modern society, People (×) → In modern society, people (○)

주어를 나타내는 'I' 와 고유명사는 문장에서의 위치와 상관없이 대문자로 쓴다.

However, i am convinced that~ (×) → However, I am convinced that~ (○)
south korea (×) → South Korea (○)
dr. smith (×) → Dr. Smith (○)
monday (×) → Monday (○)
february (×) → February (○)

2) 단수 / 복수 주어와 동사의 일치

동사의 형태는 각 주어의 특징에 따라 바뀐다. 3인칭 단수 (She, He, It, Victor, Charles…), 단수 명사(A child, A person…), 동명사(Studying, Eating…) 일 때, 동사의 형태는 일반 동사일 경우 동사원형에 s나 ~es가 붙지만, 주어가 1인칭 단/복수(I, We), 2인칭 단/복수(You), 3인칭 복수(They), 복수 명사(Children, People) 일 때는 일반동사일 경우 동사원형을 쓴다.

pupils plays (×) → pupils play (○)
the Internet play (×) → the Internet plays (○)

3) 단수 명사 앞에 관사 (a / the) 의 유무 / 복수 명사

단수 명사 앞에는 'a' 나 'the' 와 같은 관사가 있어야 한다. 복수 명사 앞에는 'a' 가 절대 올 수 없지만, 'the' 는 문맥에 따라서 올 수도 있다.

pupil (×) → a pupil / the pupil (○)
a childrens (×) → children / the children (○)

* children은 child 의 복수 명사이므로 ~s를 붙이지 않는다.
* the children은 앞에서 이미 언급한 '특정한 아이들' 을 지칭한다.

4) 축약형을 쓰지 않는다.

Speaking 시험에서는 축약형으로 말하는 것이 더욱 자연스럽지만 Writing에서는 축약형을 사용하면 감점이 된다. 참고로 축약형의 어포스트로피(apostrophe: 축약할 때 사용하는 기호,')는 사용하면 안되지만, 소유격의 어포스트로피는 사용해도 무방하다. 축약형과 소유격의 어포스트로피를 혼동하지 말자(e.g. My father's friend, 이 경우의 어포스트로피는 소유격이다.).

don't (×) → do not (○)
it's (×) → it is (○)
shouldn't (×) → should not (○)

5) 반드시 the를 필요로 하는 단어들에 주의한다.

the Internet(고유명사)
   the government(한 국가에 정부는 하나이다.)

* governments라고 복수로 쓸 경우, 특정 국가의 정부들을 지칭하는 경우에는 the governments, 일반적인 정부들을 의미할 때는 governments라고 쓴다.

1-7. 슬랭을 쓰지 않는다

편한 외국인 친구와 영어로 대화하듯 Writing을 작성해서는 높은 점수를 받을 수 없다. 다음과 같은 표현들은 일상적인 회화에서는 자주 사용되지만 '시험' 영어에서는 마이너스 표현이다. 이는 Speaking 시험에서도 금물이다.

gonna (×) → going to (○)
wanna (×) → want to (○)
lots of (×) → a lot of (○)
guys (×) → people (○)

1-8. 단락이 바뀔 때만 한 줄을 띄어 쓴다

단락이 바뀔 때만 한 줄을 띄어 쓴다. 줄 간격을 두 배로(double spacing)하지 않고, 단락이 바뀌지 않는 경우에는 줄을 바꾸지 않는다.

다음은 Body 1의 일부이다.

1) 줄 간격을 두 배로 한 경우 (X)

> There might be no doubt electronic books are getting more and more popular than traditional
>
> books because of two advantages : faster access and easier handling. Firstly, the e-book is a
>
> smart tool which can access to information faster.

2) 단락이 바뀌지 않았을 때, 줄을 바꿔 쓴 경우 (X)

> There might be no doubt electronic books are getting more and more popular than traditional books because of two advantages: faster access and easier handling.
>
> Firstly, the e-book is a smart tool which can access to information faster.
>
> People can find useful data by clicking a mouse or typing a few key words.

3) Sample (O)

> There might be no doubt electronic books are getting more and more popular than traditional books because of two advantages: faster access and easier handling. Firstly, the e-book is a smart tool which can access to information faster. People can find useful data by clicking a mouse or typing a few key words.

1-9. IELTS 시험은 IELTS 기출 단어로 준비한다

　IELTS는 영국과 호주에서 출제한 영어 시험이다. 따라서 미국식 영어 위주로 출제되는 시험의 단어를 공부하기보다는 IELTS 기출 단어를 공부해서 Writing에 적용하는 것이 유리하다. IELTS Writing을 위한 단어와 숙어를 익히기 위해서는 IELTS 기출 단어와 숙어가 정리된 책을 구입하거나 Cambridge IELTS 시리즈의 Reading과 Listening에 자주 등장하는 단어들을 정리해서 스스로의 단어장을 만들어 보는 것도 좋은 방법이다.

※ 오직 아이엘츠만을 생각한 단어집 - 줄리정불법아이엘츠VOCA

1-10. 한국인들이 가장 빈번히 저지르는 문법적 실수를 줄인다

IELTS 시험에는 직접적인 문법 문제는 없지만, 모든 과목에 문법 실력을 테스트하는 요소들이 숨어 있다. 특히 Writing 평가 항목으로 문법이 25%를 차지하기 때문에 고득점을 목표로 할수록 문법적 오류를 반드시 줄여야 한다.

다음은 필자가 수없이 많은 에세이를 첨삭한 경험에서 나온 한국 학생들이 가장 많이 범하는 문법적 오류를 퀴즈와 설명으로 구성한 내용이다. 얼핏 보면 다 아는 것 같아도 100% 이해하고 외울 때까지 보고 또 봐야 한다. **대충 아는 것은 모르는 것보다 더 위험하다.** 실수가 반복되면 아무리 공부해도 점수가 오르지 않는다. 한국 학생들은 쉽지만 자주 사용하는 표현에서 실수를 많이 범하기 때문에 참 안타까울 때가 많다.

여기서 잠깐! '학생' 이라는 뜻의 영어 단어는?

당연히 'student' 라고 대답하겠지만 99% 이렇게 대답할 수 밖에 없는 우리나라의 영어 교육이 너무나 슬프다. 반드시 'a student' 나 'students' 로 답해야 한다. **셀 수 있는 명사는 반드시 부정관사, a/an을 붙여서 말하거나 복수로 대답해야 한다.** 만약 '증가' 라는 단어를 말할 때 'increase' 라고 대답했다면 이건 명사가 아닌 동사가 되어버린다. 따라서 'an increase' 라고 말해야 정답이다.

student라는 단어는 아이엘츠 시험에서 매우 자주 나오는 단어이다. 만약 'student' 에 관사 등을 붙이지 않고 단독으로만 10번 썼다면 문법적 실수는 10개가 된다. '가정법 과거 완료' 등의 문법은 대부분의 학생들이 실제 Writing 시험에서 문장을 만들어 쓰기도 어렵고 쓴다 하더라도 1~2번이기 때문에 이런 문법은 틀려도 1~2개이지만, 관사는 최소 10개 이상의 오류를 만들 수 있다. **Writing에서 6.0까지는 다음 내용들만 정확하게 숙지해도 된다.** '가정법 과거 완료' 등의 한국말도 어려운 문법들은 몰라도 된다.

1) 주어와 동사 매칭하기

다음 빈칸에 주어에 알맞은 be 동사, 조동사 및 일반 동사를 적어 보자.
(주어에 맞게 동사의 형태를 변형시키는 것은 Writing에서 가장 기본적인 문법이다. 반드시 다음의 내용을 100% 숙지한 후, 본격적인 Writing 공부를 시작하도록 하자.)

(1) 단순 주어

No.	주어 (Subject)	be 동사 현재	be 동사 과거	조동사 / 일반동사 do	조동사 / 일반동사 have	일반동사 go
1	I					
2	You					
3	He					
4	She					
5	It					
6	They					
7	A student					
8	Charles					
9	You and I					
10	Juli and Charles					
11	Students					
12	Money					
13	The Internet					
14	Furniture					
15	Studying					

Tips!

Q1) 1인칭 단수 I의 be 동사 현재형은 am. am은 I하고만 쓰인다. I의 과거는 was와 were. were는 가정법에만.
Q2) You는 2인칭 단수(너)와 복수(너희들)로 쓰인다. You는 3인칭 복수와 동사의 형태 변화가 같다.
Q3 & Q4) He와 She는 3인칭 단수
Q5) It은 3인칭 단수
Q6) They는 3인칭 복수
Q7) A student는 단수 명사로 3인칭 단수와 동시의 형태 변화가 같다.
Q8) Charles는 고유명사. 사람 이름이므로 3인칭 단수와 동사의 형태 변화가 같다.
Q9) 2인칭 단수인 You와 1인칭 단수인 I가 더해지면 두 사람, 복수가 되므로 3인칭 복수와 동사의 형태 변화가 같다.
Q10) 사람 이름인 Juli와 Charles가 더해지면 두 사람, 복수가 되므로 3인칭 복수와 동사의 형태 변화가 같다.
Q11) Students는 복수 명사. 3인칭 복수와 동사의 형태 변화가 같다.
Q12) Money는 셀 수 없는 명사. 셀 수 없기 때문에 단수 취급한다.
Q13) The Internet은 고유명사. 셀 수 없기 때문에 단수 취급한다.
Q14) Furniture는 셀 수 없는 명사. 셀 수 없기 때문에 단수 취급한다.
Q15) Studying은 동사를 명사형으로 만들기 위해 ing가 붙은 동명사. 셀 수 없기 때문에 단수 취급한다.

(2) 수식이 있는 주어

No.	주어 (Subject)	be 동사 현재	be 동사 과거	조동사/ 일반동사 do	조동사/ 일반동사 have	일반동사 go
1	The number of pupils					
2	A number of pupils					
3	The amount of water					
4	An amount of water					
5	A few citizens					
6	Few citizens					
7	A little salt					
8	Little salt					
9	A lot of coins					
10	A lot of money					
11	Children living in Korea					
12	The money we have					
13	Juli wearing a pink skirt					
14	Learning a lot of activities					

Tips!

Q1) The number of는 '~ 의 수' 라는 뜻, The number of pupils는 '학생들의 수' 라는 집합적인 의미로 단수 취급한다.

Q2) A number of는 '많은', many와 같은 뜻이다. A number of pupils는 '많은 학생들' 이라는 의미로 복수 취급한다.

Q3) The amount of는 '~ 의 양' 이라는 뜻, The amount of water는 '물의 양' 이라는 집합적인 의미로 단수 취급한다.

Q4) An amount of는 much와 같은 뜻이다. An amount of water는 '많은 물' 이라는 의미이지만, 아무리 많아도 물은 셀 수 없기 때문에 단수 취급한다.

Q5) A few는 셀 수 있는 명사를 앞에서 수식해주는 표현으로 '약간 있는' 이라는 긍정의 뜻이다. A few citizens은 '몇몇의 시민들' 이라는 의미로 복수 취급한다.

Q6) Few는 셀 수 있는 명사를 앞에서 수식해주는 표현으로 '거의 없는' 이라는 부정의 뜻이다. Few citizens은 '거의 없는 시민들(시민들이 거의 없다.)' 이라는 의미이지만, 거의 없어도 1명을 초과하는 시민들이 있다는 의미이기 때문에 복수 취급한다.

Q7) A little은 셀 수 없는 명사를 앞에서 수식해주는 표현으로 '약간 있는' 이라는 긍정의 뜻이다. A little salt는 '약간의 소금' 이라는 의미이지만, 소금은 셀 수 없기 때문에 단수 취급한다.

Q8) Little은 셀 수 없는 명사를 앞에서 수식해주는 표현으로 '거의 없는' 이라는 부정의 뜻이다. Little salt는 '거의 없는 소금(소금이 거의 없다)' 이라는 의미이고, 소금은 셀 수 없기 때문에 단수 취급한다.

Q9) A lot of는 셀 수 있는 명사와 셀 수 없는 명사 모두를 앞에서 수식해주는 표현으로 '많은' 을 나타내는 many 그리고 much 와 같은 뜻이다. A lot of coins은 '많은 동전들' 이라는 의미로 coins은 셀 수 있기 때문에 여기서 A lot of coins는 many coins의 의미로 복수 취급한다.

Q10) A lot of money는 '많은 돈' 이라는 의미로 money는 셀 수 없기 때문에, 여기서 A lot of money는 much money의 의미로 단수 취급한다.

Q11) Children living in Korea는 '한국에 살고 있는 아이들' 이라는 의미로 living in Korea가 'Children' 을 꾸며주고 있다. 여기서 주어는 Korea가 아닌, 맨 앞에 나온 Children이기 때문에 Child의 복수형인 Children에 맞춰 복수 취급한다.

Q12) The money we have는 '우리가 가진 돈' 이라는 의미로 we have가 The money를 꾸며주고 있다. 여기서 주어는 we가 아닌, 맨 앞에 나온 The money이기 때문에 셀 수 없는 명사 money에 맞춰 단수 취급한다.

Q13) Juli wearing a pink skirt는 '핑크색 치마를 입은 줄리' 라는 의미로 wearing a pink skirt가 Juli를 꾸며주고 있다. 여기서 주어는 skirt가 아닌, 맨 앞에 나온 Juli이고 3인칭 단수 주어인 Juli에 맞춰 단수 취급한다.

Q14) Learning a lot of activities는 '많은 활동들을 배우는 것' 이라는 의미로, a lot of activities가 Learning을 꾸며주고 있다. 여기서 주어는 activities가 아닌 Learning이기 때문에 Learn의 동명사인 Learning에 맞춰 단수 취급한다. 동명사는 동사원형에 ing에 붙여서 명사로 만든 것이기 때문에 셀 수 없다. 따라서 셀 수 없는 명사로 단수 취급한다.

* Answers

(1) 단순 주어

No.	주어 (Subject)	be 동사 현재	be 동사 과거	조동사/ 일반동사 do	조동사/ 일반동사 have	일반동사 go
1	I	am	was / were	do	have	go
2	You	are	were	do	have	go
3	He	is	was	does	has	goes
4	She	is	was	does	has	goes
5	It	is	was	does	has	goes
6	They	are	were	do	have	go
7	A student	is	was	does	has	goes
8	Charles	is	was	does	has	goes
9	You and I	are	were	do	have	go
10	Juli and Charles	are	were	do	have	go
11	Students	are	were	do	have	go
12	Money	is	was	does	has	goes
13	The Internet	is	was	does	has	goes
14	Furniture	is	was	does	has	goes
15	Studying	is	was	does	has	goes

(2) 수식이 있는 주어

No.	주어 (Subject)	be 동사 현재	be 동사 과거	조동사/ 일반동사 do	조동사/ 일반동사 have	일반동사 go
1	The number of pupils	is	was	does	has	goes
2	A number of pupils	are	were	do	have	go
3	The amount of water	is	was	does	has	goes
4	An amount of water	is	was	does	has	goes
5	A few citizens	are	were	do	have	go
6	Few citizens	are	were	do	have	go
7	A little salt	is	was	does	has	goes
8	Little salt	is	was	does	has	goes
9	A lot of coins	are	were	do	have	go
10	A lot of money	is	was	does	has	goes
11	Children living in Korea	are	were	do	have	go
12	The money we have	is	was	does	has	goes
13	Juli wearing a pink skirt	is	was	does	has	goes
14	Learning a lot of activities	is	was	does	has	goes

2) Day & Month

다음에 나오는 요일(day)과 달(month)을 영어로 직접 적어 보자.

이 단어들의 스펠링은 Writing에서는 물론이고, Listening 문제의 주관식 답을 작성할 때도 상당히 중요하다. 필자는 새 학기나 새로운 달이 시작될 때마다 강의하고 있는 학교와 학원의 학생들에게 요일과 달을 영어로 적는 퀴즈를 내곤 하는데, 어느 반에서도 모든 학생들이 100점을 맞는 경우는 없었고 모든 답을 적어 내는 학생은 평균적으로 50%에 불과하다.

(1) Day
일요일부터 토요일까지 영어로 쓰기

일요일	월요일	화요일	수요일	목요일	금요일	토요일

Tips! 반드시 첫 글자는 대문자로 적을 것!

(2) Month
1월부터 12월까지 영어로 쓰기

1월	2월	3월	4월	5월	6월

7월	8월	9월	10월	11월	12월

Tips! 반드시 첫 글자는 대문자로 적을 것!

* Answers

(1) Day

일요일부터 토요일까지 영어로 쓰기

일요일	월요일	화요일	수요일	목요일	금요일	토요일
Sunday	Monday	Tuesday	Wednesday	Thursday	Friday	Saturday

(2) Month

1월부터 12월까지 영어로 쓰기

1월	2월	3월	4월	5월	6월
January	February	March	April	May	June

7월	8월	9월	10월	11월	12월
July	August	September	October	November	December

3) 기수와 서수

1부터 100까지 서수를 영어로 적어보자.

* 서수(ordinal number)란 순서를 나타내는 숫자로, 첫(번)째, 둘(두 번)째 등을 말한다.

Tips! 변형되는 스펠링에 주의할 것!

기수	서수	기수	서수
1 one	1 first	33 thirty - three	33 thirty - third
2 two	2 second	34 thirty - four	34 thirty - fourth
3 three	3 third	35 thirty - five	35 thirty - fifth
4 four	4 fourth	36 thirty - six	36 thirty-sixth
5 five	5 fifth	37 thirty - seven	37 thirty - seventh
6 six	6 sixth	38 thirty - eight	38 thirty - eighth
7 seven	7 seventh	39 thirty - nine	39 thirty - ninth
8 eight	8 eighth	40 forty	40 fortieth
9 nine	9 ninth	41 forty - one	41 forty - first
10 ten	10 tenth	42 forty - two	42 forty - second
11 eleven	11 eleventh	43 forty - three	43 forty - third
12 twelve	12 twelfth	44 forty - four	44 forty - fourth
13 thirteen	13 thirteenth	45 forty - five	45 forty - fifth
14 fourteen	14 fourteenth	46 forty - six	46 forty - sixth
15 fifteen	15 fifteenth	47 forty - seven	47 forty - seventh
16 sixteen	16 sixteenth	48 forty - eight	48 forty - eighth
17 seventeen	17 seventeenth	49 forty - nine	49 forty - ninth
18 eighteen	18 eighteenth	50 fifty	50 fiftieth
19 nineteen	19 nineteenth	51 fifty - one	51 fifty - first
20 twenty	20 twentieth	52 fifty - two	52 fifty - second
21 twenty - one	21 twenty - first	53 fifty - three	53 fifty - third
22 twenty - two	22 twenty - second	54 fifty - four	54 fifty - fourth
23 twenty - three	23 twenty - third	55 fifty - five	55 fifty - fifth
24 twenty - four	24 twenty - fourth	56 fifty - six	56 fifty - sixth
25 twenty - five	25 twenty - fifth	57 fifty - seven	57 fifty - seventh
26 twenty - six	26 twenty - sixth	58 fifty - eight	58 fifty - eighth
27 twenty - seven	27 twenty - seventh	59 fifty - nine	59 fifty - ninth
28 twenty - eight	28 twenty - eighth	60 sixty	60 sixtieth
29 twenty - nine	29 twenty - ninth	61 sixty - one	61 sixty - first
30 thirty	30 thirtieth	62 sixty - two	62 sixty - second
31 thirty - one	31 thirty - first	63 sixty - three	63 sixty - third
32 thirty - two	32 thirty - second	64 sixty - four	64 sixty - fourth

기수	서수	기수	서수
65 sixty - five	65 sixty - fifth	89 eighty - nine	89 eighty - ninth
66 sixty - six	66 sixty - sixth	90 ninety	90 ninetieth
67 sixty - seven	67 sixty - seventh	91 ninety - one	91 ninety - first
68 sixty - eight	68 sixty - eighth	92 ninety - two	92 ninety - second
69 sixty - nine	69 sixty - ninth	93 ninety - three	93 ninety - third
70 seventy	70 seventieth	94 ninety - four	94 ninety - fourth
71 seventy - one	71 seventy - first	95 ninety - five	95 ninety - fifth
72 seventy - two	72 seventy - second	96 ninety - six	96 ninety - sixth
73 seventy - three	73 seventy - third	97 ninety - seven	97 ninety - seventh
74 seventy - four	74 seventy - fourth	98 ninety - eight	98 ninety - eighth
75 seventy - five	75 seventy - fifth	99 ninety - nine	99 ninety - ninth
76 seventy - six	76 seventy - sixth	100 one hundred	100 one hundredth
77 seventy - seven	77 seventy - seventh		
78 seventy - eight	78 seventy - eighth		
79 seventy - nine	79 seventy - ninth	1,000 one thousand	1,000 one thousandth
80 eighty	80 eightieth		
81 eighty - one	81 eighty - first	10,000 ten thousand	10,000 ten thousandth
82 eighty - two	82 eighty - second		
83 eighty - three	83 eighty - third	100,000 one hundred thousand	100,000 one hundred thousandth
84 eighty - four	84 eighty - fourth		
85 eighty - five	85 eighty - fifth	1,000,000 one million	1,000,000 one millionth
86 eighty - six	86 eighty - sixth		
87 eighty - seven	87 eighty - seventh	1,000,000,000 one billion	1,000,000,000 one billionth
88 eighty - eight	88 eighty - eighth		

주의해야 할 서수

스펠링이 바뀌는 것		five → fifth
		nine → ninth
		twelve → twelfth
- ty → tieth		twenty → twentieth
		thirty - thirtieth
21이상 : 십의 자리는 기수, 일의 자리는 서수		21 - twenty - first
		33 - thirty - third
		154 - one hundred and fifty - fourth

4) 셀 수 있는 명사 VS 셀 수 없는 명사

(1) 셀 수 있는 명사 (countable nouns)
일반적으로 눈에 보이는 사물은 셀 수 있는 명사이다.

> dog, cat, animal, man, person
> bottle, box
> coin, note, dollar
> cup, plate, fork
> table, chair, suitcase, bag

셀 수 있는 명사는 반드시 단수(1개)나 복수(2개 이상)로 표기한다.

단수인 경우에는 부정관사, 정관사, 소유격, 단수 지시대명사, 한정 형용사 가운데 하나를 반드시 명사 앞에 써야 하고 복수일 경우에는 정관사, 소유격, 복수 지시대명사, 수량 형용사, 한정 형용사 가운데 하나를 쓰거나 아니면 아무것도 쓰지 않아도 된다. 복수 명사의 경우에는 단수 명사 끝에 ~s/~es 가 붙거나 복수 형태의 명사(people/children)로 변하기도 한다.

단수일 경우	부정관사 (a / an) 정관사 (the) 소유격 (my / your / her / his / its / their / student's) 단수 지시대명사 (this / that) 한정 형용사 (any / no)	+ 단수 명사 (book / child)
복수일 경우	정관사 (the) 소유격 (my / your / her / his / its / their / student's) 복수 지시대명사 (these / those) 수량 형용사 (many / a few / few / a couple of) 한정 형용사 (some / any / no)	+ 복수 명사 (books / children)
	아무것도 쓰지 않음.	

- 단수형태와 복수형태가 다른 셀 수 있는 명사

> people은 셀 수 있는 복수 명사이고, people의 단수형 명사는 person이다.
>
> There is one **person** in this room. (한 사람)
> There are three **people** in this room. (세 사람들)

- 부정관사(a/an)는 단수 명사 앞에서만 쓴다.

> **A cat** is a pet. (고양이 한 마리, 일반적인 고양이를 말함.)
> **Cats** are cute. (고양이들 전체)

- 모음 (a/i/u/e/o)으로 발음이 시작되는 단어 앞에는 일반적으로 'a' 가 아닌 'an' 이라고 표기한다.

> A cat is **an a**nimal.
> A computer plays **an i**mportant role in the classroom.

- 정관사(the)는 뒤에 수식해주는 표현이 나올 때 반드시 사용한다.

> **The** girl wearing a pink skirt is Juli.
> (핑크색 치마를 입고 있는 그 소녀는 줄리이다. wearing a pink skirt 가 Juli를 수식하고 있음.)
> Girl wearing a pink skirt is Juli. (X)
> (뒤에 수식표현이 나올 때는 반드시 the와 함께 쓴다.)

- 소유격(my/your/her/his/its/their/student's)은 단수 명사와 복수 명사 앞에 모두 쓸 수 있다.

> **My child is** playing.
> **Her dogs are** hungry.

- 한정 형용사(some / any / no)는 단수 명사와 복수 명사 앞에 모두 쓸 수 있다.

> I have got **some** dollars. (약간의 달러들, 복수)
>
> I do not have **any** pens. (어떤 펜들도, 복수)
>
> **No** one can deny it. (아무도, 단수)

※ some은 몇몇이라는 뜻으로 쓰일 때는 복수 명사 앞에만, any / no는 단수 명사뿐만 아니라 복수 명사 앞에도 쓸 수 있다. 일반적으로 some은 긍정문과 평서문에, any는 부정문, 의문문, 강조문에 쓸 수 있다.

- 수량 형용사(many/a few/a couple of)는 복수 명사 앞에서만 쓴다.

> I have **a few** dollars. (몇 달러들)
>
> There are **many** pens. (많은 펜들)
>
> Only **a couple of** people attended the meeting. (두 사람들)

(2) 셀 수 없는 명사 (uncountable nouns)

일반적으로 눈에 보이지 않는 사물, 너무 작고 많아서 셀 수 없는 사물, 셀 수 없는 집합 명사는 셀 수 없는 명사이다.

눈에 보이지 않는 사물	너무 작고 많아서 셀 수 없는 사물 쪼개도 같은 물질인 사물	셀 수 없는 집합 명사
music, art, love, happiness advice, information, news	sugar, sand, water, milk, hair*	furniture, jewelry machinery, stationery luggage

※ hair는 머리카락 전체를 의미할 때는 셀 수 없지만, 머리카락 한 올을 가리킬 때는 셀 수 있다.

I have always had long **hair**. (머리카락 전체)

There is **a hair** on your shoulder. (머리카락 한 올)

셀 수 없는 명사는 셀 수 없기 때문에 많든 적든 언제나 단수로 표기한다.

눈에 보이지 않는 music, 너무 작고 많아서 셀 수 없는 sugar 그리고 하위개념으로 tables, beds, chairs를 가지고 있는 집합 명사 furniture 등은 셀 수 없는 명사이다. 또한 반으로 쪼개도 그 성질이 변하지 않는 것은 셀 수 없는 명사인데, 예를 들어 셀 수 있는 명사인 table은 반으로 쪼개면 테이블로써의 기능을 할 수 없지만, 셀 수 없는 명사인 bread는 반으로 쪼개도 빵으로 먹을 수 있다. 이러한 명사는 아무리 많아도 늘 단수 형태로 쓰인다. 그리고 단수 명사이기 때문에 늘 단수 동사와 함께 쓰인다.

정관사 (the) 소유격 (my/your/her/his/its/their/student's) 단수 지시대명사 (this/that) 한정 형용사 (some/any/no) 수량 형용사 (much/a little/little)	+ 셀 수 없는 명사 (water/money)
아무것도 쓰지 않음.	

- 셀 수 없는 명사는 단수 명사이고 단수 동사와 함께 쓴다.

> **This news is** very interesting. (이 뉴스는 매우 흥미롭다.)
> **Your luggage looks** quite heavy. (너의 짐은 꽤 무거워 보인다.)

- 셀 수 없는 명사는 단수 명사로 간주해도 '하나'를 의미하는 부정관사(a/an)를 단어 앞에 붙이지 않는다.

> **A** news is important. (×)
> I need **an** information of the music. (×)

- 정관사(the)는 셀 수 없는 단어 앞에 사용할 수 있다. 특히 단어 뒤에 수식해주는 표현이 나올 때는 반드시 the를 사용한다.

> **The** water in this bottle is cool. (○)
> (이 병 속에 담긴 물은 시원하다. in this bottle이 water를 수식해주고 있음.)
> Water in this bottle is cool. (×)
> (뒤에 수식 표현이 나올 때는 반드시 the와 함께 쓴다.)

- 단위와 함께 셀 수 없는 명사가 쓰일 경우는 셀 수 있다.

> I have **a piece of** news to tell you. (한 개의 뉴스)
>
> Bella needs **two bottles of** water. (물 두 병)
>
> Do not waste even **a grain of** rice! (쌀 한 톨)

- 셀 수 없는 명사도 한정 형용사(some/any/no)와 함께 쓸 수 있다.

> I have **some** money. (나는 약간의 돈이 있어.)
>
> Do you have **any** rice? (쌀 좀 있니?)
>
> There is **no** interesting news. (흥미 있는 뉴스가 없다.)

- 셀 수 없는 명사는 수량 형용사(a little/much)와 함께 쓸 수 있다.

> I have **a little** money. (나는 돈이 약간 있어.)
>
> I do not have **much** rice. (나는 쌀이 많이 없어.)

(3) 비슷한 뜻을 가진 셀 수 있는 명사와 셀 수 없는 명사

비슷한 뜻을 지닌 셀 수 있는 명사와 셀 수 없는 명사가 있다. 가령 '돈' 이라는 뜻을 지닌 money 는 눈에 보이지 않기 때문에 돈 하나, 돈 두 개, 이런 식으로 셀 수 없지만, '동전' 을 나타내는 coin은 눈에 보이고 동전 하나, 동전 두 개로 셀 수 있기 때문에 셀 수 있는 명사가 된다.

	Countable Nouns	Uncountable Nouns
동전 / 돈	a coin	money
노래 / 음악	a song	music
여행용 가방 / 짐	a suitcase	luggage
테이블 / 가구	a table	furniture
배터리 / 전기	a battery	electricity
보고 / 정보	a report	information
조언 / 조언	a tip	advice
여행 / 여행	a journey	travel
직업 / 일	a job	work
경치 / 풍경	a view	scenery

(4) 셀 수 있는 명사로도, 셀 수 없는 명사로도 사용되는 명사들

명사 중에는 셀 수 있는 명사로도 셀 수 없는 명사로도 사용되는 명사가 있다. 이런 경우에는 해당 명사의 뜻이 변할 수도 있다. paper의 원래의 뜻은 '종이'로 셀 수 없는 명사이지만 paper가 신문, 리포트, 보고서 등의 뜻으로 사용될 경우에는 셀 수 있는 명사가 된다.

	Countable Nouns	Uncountable Nouns
paper	I read a paper every morning. (신문 한 부)	We need to recycle paper. (종이)
hair	There are two hairs on your shoulder. (머리카락 두 올)	He does not have much hair. (머리카락 전체)
light	There are three lights in my room. (조명등 세 개)	Close the curtain. There is too much light. (자연광, 빛)
room	There are three rooms in my house. (방 세 개)	There is room for doubt. (여지)
time	I had a great time at the party. (즐거운 시간) I have been to Korea three times. (세 번)	I do not have time. (시간)
work	There are great works in this museum. (작품들)	I need to look for work. (일, 일자리)

5) 규칙 동사 VS 불규칙 동사

(1) 규칙 동사 (regular verbs)

규칙 동사란, 동사의 시제가 과거와 과거 동사로 변할 때 동사원형(사전에서 나와 있는 형태) 뒤에 항상 규칙적으로 ~ed를 붙이는 동사를 말한다. 규칙 동사의 수가 불규칙 동사의 수보다 많다.

동사원형	과거 (~ed)	과거완료 (~ed)
attach	attached	attached
call	called	called
change	changed	changed
disappear	disappeared	disappeared
earn	earned	earned
like	liked	liked
look	looked	looked
pack	packed	packed
reflect	reflected	reflected
save	saved	saved
work	worked	worked

(2) 불규칙 동사 (irregular verbs)

불규칙 동사란, 동사의 시제가 과거와 과거 동사로 변할 때 동사의 형태가 불규칙적으로 다양하게 변하는 동사를 말한다. 따라서 IELTS 시험에 자주 등장하는 불규칙 동사들을 외워서 시제에 맞는 적절한 동사의 형태를 사용해야 한다. 불규칙 동사는 일반적으로 다음과 같이 다섯 가지 변화의 형태가 있다. (A〉B〉C〉D〉E, 빈도순으로 나열)

변화 유형	동사원형	과거	과거완료
A. 동사의 형태가 완전히 변하는 경우	sing	sang	sung
B. 동사의 과거와 과거완료의 형태가 같은 경우	buy	bought	bought
C. 시제에 따른 동사의 변화가 없는 경우	cut	cut	cut
D. 동사의 원형과 과거완료의 형태가 같은 경우	become	became	become
E. 동사의 원형과 과거의 형태가 같은 경우	beat	beat	beaten

A. 동사의 형태가 완전히 변하는 경우 MP3

동사원형	과거	과거완료	동사원형	과거	과거완료
awake	awoke	awoken	go	went	gone
be	was, were	been	grow	grew	grown
begin	began	begun	hide	hid	hidden
bite	bit	bitten	know	knew	known
blow	blew	blown	lie	lay	lain
break	broke	broken	ride	rode	ridden
choose	chose	chosen	ring	rang	rung
do	did	done	rise	rose	risen
draw	drew	drawn	see	saw	seen
drive	drove	driven	show	showed	shown (showed)
drink	drank	drunk	sing	sang	sung
eat	ate	eaten	speak	spoke	spoken
fall	fell	fallen	swim	swam	swum
fly	flew	flown	take	took	taken
forget	forgot	forgotten	tear	tore	torn
forgive	forgave	forgiven	throw	threw	thrown
freeze	froze	frozen	wake	woke	woken
get	got	gotten	wear	wore	worn
give	gave	given	write	wrote	written

B. 동사의 과거와 과거완료의 형태가 같은 경우

동사원형	과거	과거완료
bend	bent	bent
bring	brought	brought
build	built	built
burn	burned / burnt	burned / burnt
buy	bought	bought
catch	caught	caught
dig	dug	dug
dream	dreamed / dreamt	dreamed / dreamt
feel	felt	felt
fight	fought	fought
find	found	found
hang	hung	hung
have	had	had
hear	heard	heard
hold	held	held
keep	kept	kept
lay	laid	laid
lead	led	led
learn	learned / learnt	learned / learnt

동사원형	과거	과거완료
leave	left	left
lend	lent	lent
lose	lost	lost
make	made	made
mean	meant	meant
meet	met	met
pay	paid	paid
say	said	said
sell	sold	sold
send	sent	sent
sit	sat	sat
sleep	slept	slept
spend	spent	spent
stand	stood	stood
teach	taught	taught
tell	told	told
think	thought	thought
understand	understood	understood
win	won	won

C. 시제에 따른 동사의 변화가 없는 경우

동사원형	과거	과거완료
bet	bet	bet
bid	bid	bid
broadcast	broadcast	broadcast
cost	cost	cost
cut	cut	cut
hit	hit	hit

동사원형	과거	과거완료
hurt	hurt	hurt
let	let	let
put	put	put
read	read	read
shut	shut	shut

D. 동사의 원형과 과거완료의 형태가 같은 경우

동사원형	과거	과거완료
become	became	become
come	came	come
run	ran	run

E. 동사의 원형과 과거의 형태가 같은 경우

동사원형	과거	과거완료
beat	beat	beaten

(3) 규칙 동사도 불규칙 동사도 되는 경우

어떤 동사는 과거와 과거완료 시제로 변화할 때, 규칙적으로 변하기도 하고 불규칙적으로 변하기도 한다. 이 경우 두 가지 모두 허용된다.

동사원형	변화	과거	과거완료
learn	규칙 (~ed)	learned	learned
	불규칙	learnt	learnt
show	규칙 (~ed)	showed	showed
	불규칙	showed	shown
burn	규칙 (~ed)	burned	burned
	불규칙	burnt	burnt
dream	규칙 (~ed)	dreamed	dreamed
	불규칙	dreamt	dreamt

(4) 동사의 변화에 따라 뜻이 달라지는 경우

어떤 동사는 과거와 과거완료 시제로 변화할 때, 규칙적으로 변하느냐 불규칙적으로 변하느냐에 따라 그 의미가 달라진다. 따라서 동사의 뜻에 맞춰 적절히 변화된 형태의 단어를 선택해야 한다.

동사원형	변화	과거	과거완료	의미
hang	규칙 (~ed)	hanged	hanged	교수형에 처하다 He was **hanged** at dawn. (그는 새벽에 교수형에 처해졌다.)
	불규칙	hung	hung	어떤 사물을 걸다 She **hung** that picture on the wall. (그녀는 벽에 그 그림을 걸었다.)

(5) 스펠링은 같지만 뜻이 다른 경우

규칙 동사의 현재형이 불규칙 동사의 과거와 과거완료 시제와 스펠링이 같은 경우가 종종 있다. 이럴 경우, 문장 내에서 의미를 확인해야 한다.

	동사원형	과거	과거완료
규칙 동사	**found** (설립하다)	founded	founded
불규칙 동사	find (찾다)	**found** (찾았다)	**found** (찾았다)

2
Writing Task 1

IELTS Writing Task 1은 문제에서 주어진 그래프를 확인하고 연필이나 샤프로 20분 이내에 150 단어 이상의 글을 작성하는 시험이다.

at least 150 words라는 뜻은 최소한 150 단어를 의미하기 때문에 160 단어에서 180 단어 사이의 분량으로 작성하는 것이 무난하다. 만약 완성된 글이 150 단어 미만일 경우에는 큰 감점 요인이 된다. 따라서 그래프 분석을 마친 후에 단어 개수를 세어 보고 대략 어느 정도를 써야 단어 수를 맞출 수 있는지를 평소부터 확인해야 한다. 이렇게 하면 시험장에서 일일이 단어 개수를 세어 보는데 시간을 낭비하지 않을 수 있다. 컴퓨터에 익숙한 현대 학생들은 연필이나 샤프로 영어를 쓰는 것이 어색할 수도 있다. 그러므로 IELTS 시험 준비 기간 동안에는 반드시 연필이나 샤프로 답안을 작성하고 이것에 익숙해져야 한다.

Task 1은 그래프를 분석하는 능력을 알아보는 시험이다. 주어진 수치들의 증감, 변동 그리고 연관성 등을 객관적으로 묘사해야 한다. 문제에서 언급하지 않은 미래에 대한 주관적 전망이나 의견을 제시해서는 안 된다.

Task 1 시험에서는 대략 7가지 유형의 그래프 중에서 한 개(단순형) 혹은 두세 개(복합형)의 그래프가 출제된다. 단순형에서는 한 개의 그래프만이 출제되는 반면 복합형에서는 막대+막대, 막대+선, 원+원+원 등 두 개 이상이 출제된다. 그래프들은 자주 출제되는 빈도수에 따라 크게 두 부류로 구분된다. 막대, 선, 원, 표는 빈번히 출제되며 순서도, 다이어그램, 지도는 2개월에 1번 정도 출제된다. IELTS 시험관에 따르면 순서도, 다이어그램, 지도가 Task 1 문제로 출제된 경우에는 한국 학생들의 writing 점수가 다른 때에 비해서 현저히 낮다고 한다. 따라서 언제 어떤 유형이 출제될지 예상하기 어렵기 때문에 IELTS Writing에서 높은 점수가 필요한 학생들은 반드시 출제 빈도수가 낮은 유형들도 공부해야 한다. 참고로 한국에서는 최근 6년 간, 6월에는 다이어그램이 출제되었다.

2-1. IELTS Academic Writing Task 1 종류 및 출제 빈도

빈도	종류 (Korean vs English)		그림
자주 출제	막대 그래프	a bar graph	
	선 그래프	a line graph	
	원 그래프	a pie graph	
	표	a table	
간혹 출제 (2개월에 1번)	순서도	a flow chart	
	다이어그램	a diagram	
	지도	a map	

※ graph = chart
graph는 chart라고도 한다.

2-2. 변화와 정도를 나타내는 다양한 표현

Task 1은 다양함이 생명이다. 같은 내용을 다양한 단어와 형식으로 표현할 수 있어야 높은 점수를 얻을 수 있다. '증가한다' 라는 의미로 'increase' 만 3~4번 반복하기 보다는 'rise, grow, go up' 등 동의어를 활용해야 한다. 또한 급격하게 증가하고 있는 상태를 표현할 때에도, 'a rapid increase', '관사+형용사+명사' 로 표현할 수 있지만, 'increase rapidly', '동사+부사' 로도 표현하는 등 같은 내용을 다양한 단어와 형식으로 표현해야 한다.

1) 변화를 나타내는 단어들

방향	명사	동사 (원형 / 과거 / 과거분사)
	증가	증가하다
	an increase	increase (increased / increased)
	a rise	rise (rose / risen)
	a growth	grow (grew / grown) * **NOT grow up**
	an upward trend	go up (went up / gone up)
		climb (climbed / climbed)
	엄청난 증가	엄청나게 증가하다
	a boom	boom (boomed / boomed)
		soar (soared / soared)
		shoot up (shot up / shot up)
		surge (surged / surged)
	감소	감소하다
	a dip	dip (dipped / dipped)
	a decrease	decrease (decreased / decreased)
	a fall	fall (fell / fallen) **NOT fall down**
	a drop	drop (dropped / dropped)
	a decline	decline (declined / declined)
	a reduction	reduce (reduced / reduced)
	a downward trend	go down (went down / gone down)
	엄청난 감소	엄청나게 감소하다
	a slump	slump (slumped / slumped)
	a plunge	plunge (plunged / plunged)
	a plummet	plummet (plummeted / plummeted)
	a tumble	tumble (tumbled / tumbled)

방향	명사	동사 (원형 / 과거 / 과거분사)
	변화, 변동 없음 no change a leveling out a leveling off	변화, 변동이 없다 do not change (did not change) level out (leveled out / leveled out) remain stable (remained stable / remained stable) stay constant (stayed constant / stayed constant) maintain at the same level (maintained at the same level / maintained at the same level)
	변화, 변동 a fluctuation a change	변화, 변동이 있다 fluctuate (fluctuated / fluctuated) change (changed / changed) go up and down several times (went up and down several times / gone up and down several times)
	최고점 a peak the highest point	최고점에 이르다 peak (peaked / peaked) reach the highest point (reached the highest point / reached the highest point)
	최저점 a bottom the lowest point	최저점에 이르다 bottom out (bottomed out / bottomed out) reach the lowest point (reached the lowest point / reached the lowest point)

NB　　* grow : 증가하다　　　　　　　　　　** fall : 감소하다
　　　　　grow up : 어른이 되다, 자라다, 성장하다　　　fall down : 넘어지다, 굴러떨어지다

2) 변화의 정도를 나타내는 형용사 & 부사

	Adjectives (형용사)	Adverbs (부사)
	약간의 / 느린 slight slow minimal	약간 / 느리게 slightly slowly minimally
	점진적인 / 꾸준히 gradual steady moderate	점진적으로 / 꾸준하게 gradually steadily moderately
	빠른 / 엄청난 sharp rapid quick speedy significant remarkable considerable	빠르게 / 엄청나게 sharply rapidly quickly speedily significantly remarkably considerably
	갑작스런 sudden	갑작스럽게 suddenly

3) There has been a 형 명 in 토 시

Writing에서 고득점을 받고 싶다면, 완료 시제를 적절하고 정확하게 써야 한다. 흔히들 과거완료, 현재완료, 미래완료 등을 문법적으로 알고는 있지만 지식으로만 알뿐 실제 Writing에서 제대로 사용하지는 못 한다. Task 1에서는 연도가 제시되는 경우가 많고, 이에 따라 적절한 시제를 사용해야 한다.

제목의 'There has been a 형 명 in 토 시'는 'There has been a 형용사 명사 in 토픽 시간'을 의미하고, 과거부터 현재까지의 시간이 문제에서 제시될 때 다시 말해 현재완료로 표현할 때 사용하면 쉽게 문장을 작성할 수 있는 단어들의 배열 순서다. 현재완료를 대표적으로 선택한 이유는 이 구문을 알면 상황에 따라서 과거, 과거완료, 현재, 현재완료, 미래, 미래완료 등으로 변형해서 사용하기 쉽기 때문이다. 잘 숙지해서 Task 2에도 적용하자!

	There has been	a 형용사 명사	in 토픽	시간
과거	There was	a minimal rise	in the temperature throughout the world	last year.
과거완료	There had been			from 2012 to 2013.
현재	There is			today.
현재완료	There has been			recently.
미래*	There will be			in 2030.
미래완료**	There will have been			until 2030.

* Task 1에서 미래연도가 나왔을 때, will도 괜찮지만 be expected to / be anticipated to 등으로 표현하는 것이 좋다.
** 실제 문제에서 미래완료를 쓸 기회는 많지 않다. 과거, 과거완료, 현재, 현재완료에 초점을 맞춰서 공부하자.

또한 'There has been a 형 명 in 토 시'는 '토 has pp 부 시'로도 쉽게 바꿔서 사용할 수 있다.

There has been a 형 명 in 토 시 = 토 has pp 부 시
There has been a minimal rise in the temperature throughout the world recently.
=The temperature has risen minimally throughout the world recently.

There has been a 형 명 in 토 시 = There has been a 형용사 명사 in 토픽 시간
토 has pp 부 시 = 토픽 has pp 부사 시간

	토픽	has pp	부사	시간
과거	The temperature	rose	minimally throughout the world	last year.
과거완료		had risen		from 2012 to 2013.
현재		rises		today.
현재완료		has risen		recently.
미래*		will rise		in 2030.
미래완료**		will have risen		until 2030.

Review

앞에서 배운 내용을 바탕으로 다음 문장을 현재완료 시제로 영작해 보자.

지난 5년 간 인터넷 쇼핑객들의 수에 눈에 띄는 증가가 있었다.

There has been a 형 명 in 토 시

_____

토 has pp 부 시

_____

최근 강우량에 약간의 감소가 있었다.

There has been a 형 명 in 토 시

_____

토 has pp 부 시

_____

2010년 이래로 백호랑이 개체 수에 급격한 감소가 있었다.

There has been a 형 명 in 토 시

_____

토 has pp 부 시

_____

Answer

There has been a significant increase in the number of Internet shoppers in the last five years.
The number of Internet shoppers has increased significantly in the last five years.

There has been a slight drop in the amount of rainfall in recent years.
The amount of rainfall has dropped slightly in recent years.

There has been a dramatic fall in the white tiger population since 2010.
The white tiger population has fallen dramatically since 2010.

2-3. 실수하기 쉬운 혼동 표현

1) Percent VS Percentage

percent는 항상 '숫자' 다음에 쓴다. percentage는 '숫자를 제외한 모든 단어' 다음에 쓴다. 다음 빈칸을 percent 혹은 percentage로 채워 보자.

What was the _____ of pupils who participated in the lecture?
Only 10 _____ of pupils attended the lecture.

Charles got 95 _____ on the test.
That is a high _____.

The _____ of secondary school students who go to university is about 60 _____.

The bank has raised the interest rate by 3 _____.

The _____ of married women in the workforce increased from 40 to 70 _____.

Answer

What was the percentage of pupils who participated in the lecture?
Only 10 percent of pupils attended the lecture.

Charles got 95 percent on the test.
That is a high percentage.

The percentage of secondary school students who go to university is about 60 percent.
The bank has raised the interest rate by 3 percent.

The percentage of married women in the workforce increased from 40 to 70 percent.*

* 여러 개의 숫자가 나올 경우 40 percent to 70 percent라고 쓰지 않고, 맨 마지막 숫자 뒤에만 단위를 표기한다.

Review

다음은 위에서 배운 Percent VS Percentage 예문을 한글로 번역한 것이다. 다음 우리말 번역을 보고 다시 영작하면서 복습해보자.

그 수업에 참석한 학생들은 몇 퍼센트였어?

___

오직 10 퍼센트의 학생들만이 그 수업에 참석했어.

___

찰스는 그 시험에서 95점을 맞았대.

___

(그것은) 높은 퍼센트네.

___

대학에 진학하는 중고등학교 학생들의 퍼센트는 약 60퍼센트이다.

___

그 은행은 이자율을 3퍼센트만큼 올렸다.

___

직장에서 결혼한 여성들의 퍼센트는 40에서 60퍼센트로 증가했다.

___

2) at / on / in

시간과 장소를 나타내는 전치사 at, on, in에 대해 알아 보자.

(1) 시간 (time)

시간을 나타내는 전치사 at, on, in은 시간의 길이에 따라 at〈on〈in 으로 생각할 수 있다. at은 가장 짧은 시간, on은 at보다는 길고 in보다는 짧은 시간, in은 가장 긴 시간으로 일단 머릿속에 넣어 두자.

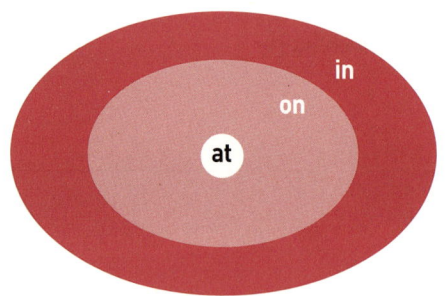

at	on	in
시각, 순간, 찰나, 정확한 시간	요일, 날짜, 기념일	월, 연도, 세기, 오랜 시간
at 4 o'clock at 1.30 pm at noon at the moment at that time at sunrise at sunset * at present	on Saturday on 24 August on 27th November, 1983 on Valentine's Day on my birthday on New Year's Eve	in February in summer in the first quarter in 2011 in the 1990s in the next century in the Ice Age * in the past * in the future
* 과거와 미래는 in the past / in the future 이지만, 현재는 지금 이 순간이기 때문에 at present라고 한다.	on Tuesday morning on Sunday afternoon on Monday evening	in the morning in the afternoon in the evening

NB

last, next, every, this 단어 앞에는 at, on, in의 전치사를 쓰지 않는다!

I went to Cebu **last** December. (NOT in last December)
Charles is coming back **next** Monday. (NOT on next Monday)
Juli goes home **every** Christmas. (NOT on every Christmas)
I will call you back **this** evening. (NOT in this evening)

나는 지난 12월에 세부에 갔다.
찰스는 다음주 월요일에 돌아온다.
줄리는 매년 크리스마스에 집에 간다.
내가 오늘 밤에 다시 전화 할게.

다음 빈칸을 at, on, in으로 채워보자.

I have a meeting _____ 10am.

The book store closes _____ midnight.

Juli went home _____ lunchtime.

In South Korea, it often snows _____ March.

Do you think we will go to Mars _____ the future?

There should be a lot of progress _____ the next century.

Do you work _____ Saturdays?

My birthday is _____ 24 August.

Where will you be _____ New Year's Eve?

The lecture is ____ 9:00 ____ the morning ____ Wednesday, ____ 24 August, ____ 2012.

I saw Juli ____ Tuesday ____ 5 o'clock ____ the afternoon.

Charles went shopping ____ night ____ Tuesday last week.

Answer

I have a meeting at 10am.

The book store closes at midnight.

Juli went home at lunchtime.

In South Korea, it often snows in March.

Do you think we will go to Mars in the future?

There should be a lot of progress in the next century.

Do you work on Saturdays?

My birthday is on 24 August.

Where will you be on New Year's Eve?

The lecture is at 9:00 in the morning on Wednesday, on 24 August, in 2012.

I saw Juli on Tuesday at 5 o'clock in the afternoon.

Charles went shopping at night on Tuesday last week.

Review

다음은 앞서 배운 시간의 전치사 at, on, in 예문을 한글로 번역한 것이다. 다음 우리말 번역을 보고 다시 영작을 하면서 복습해보자.

나는 오전 10시에 미팅이 있어.

―――――――――――――――――――――――――――

그 서점은 자정에 문을 닫는다.

―――――――――――――――――――――――――――

줄리는 점심시간에 집에 갔다.

―――――――――――――――――――――――――――

한국에서는 3월에 종종 눈이 내린다.

너는 우리가 미래에 화성에 갈 거라고 생각하니?

다음 세기에는 엄청난 진보가 있을 것이다.

너는 토요일에 일하니?

내 생일은 8월 24일이다.

너는 새해 전날 어디에 있을 거니?

그 수업은 2012년 8월 24일 수요일 아침 9시에 있다.

나는 화요일 오후 5시 정각에 줄리를 봤다.

찰스는 지난주 화요일 밤에 쇼핑을 갔다.

(2) 장소 (place)

장소를 나타내는 전치사 at, in도 크기 및 범위에 따라 at < in 으로 생각할 수 있다. at은 가장 좁은 장소, on은 특히 어떤 장소 위를 나타내며, in 은 가장 넓은 장소 혹은 어떠한 공간 안 (inside)으로 일단 머릿속에 넣어 두자.

at	on	in
지점, 주소 (숫자), 좁은 공간	표면, 거리, ~위에	둘러 쌓인 공간, 도시, 국가, ~안에
at 24 Baker Street	on the 2nd floor	in the garden
at the corner	on the wall	in Seoul
at the bus stop	on the ceiling	In South Korea
at the door	on the cover	in a box
at the end of the road	on the carpet	in his pocket
at the reception desk	on the menu	in a building
at the crossroads	on a page	
at home	on a bus	in a car
at work	on a train	in a taxi
at school	on a plane	in a helicopter
at university	on a ship	in a boat
at reception	on a bicycle	in a lift (elevator)
at the bottom	on a horse	in the newspaper
	on the radio	in the sky
	on the left	in a row
	on the way	in Baker Street

다음 빈칸을 at, on, in으로 채워보자.

Sarah is waiting for Elly _____ the bus stop.

The post office is _____ the end of the street.

When will you arrive _____ the office?

Do you work _____ an office?

I have a meeting _____ Tokyo.

Do you live _____ Canada?

Mars is _____ the Solar System.

The author's name is _____ the cover of the book.

There are no prices _____ this menu.

You are standing _____ my foot.

There was a "no smoking" sign _____ the wall.

I live _____ the 8th floor _____ 24 Oxford Street _____ London.

I saw him _____ school.

Answer

Sarah is waiting for Elly at the bus stop.
The post office is at the end of the street.
When will you arrive at the office? (도착지점, ~에)
Do you work in an office? (공간, ~안에서)
I have a meeting in Tokyo.
Do you live in Canada?
Mars is in the Solar System.
The author's name is on the cover of the book.
There are no prices on this menu.
You are standing on my foot.
There was a "no smoking" sign on the wall.
I live on the 8th floor at 24 Oxford Street in London.
I saw him at school.

Review

다음은 위에서 배운 장소를 나타내는 전치사 at, on, in 예문을 한글로 번역한 것이다. 다음 국문 번역을 보고 다시 영작하면서 복습해 보자.

사라는 버스 정류장에서 엘리를 기다리고 있다.

_____

그 우체국은 길 끝에 있다.

_____

너는 사무실에 언제 도착하니?

_____

너는 사무실 안에서 일하니?

나는 도쿄에서 미팅이 있어.

너는 캐나다에 사니?

화성은 태양계 안에 있다.

그 작가의 이름은 책 표지 위에 있다.

메뉴판에는 가격(들)이 없다.

너는 지금 내 발을 밟고 있어.

그 벽에는 금연이라는 표지가 있었다.

나는 런던, 옥스퍼드 스트리트 24번지, 8층에 산다.

나는 그를 학교에서 봤다.

2-4. 기타 필수 표현

1) 분수

Task 1에서 percent는 분수로 바꿔서도 표현한다. 가령 'Only 25 percent of graduates find a job.' 이라는 문장은 'Only a quarter of graduates find a job.' 이라고 표현할 수도 있다.

10%	1 / 10	one tenth / a tenth
25%	1 / 4	one quarter / a quarter
33.3%	1 / 3	one third / a third
50%	1 / 2	one half / a half
66.6%	2 / 3	two thirds*
75%	3 / 4	three quarters*
80%	4 / 5	four fifths*

※ two, three, four 와 같이 분자가 복수일 때는 분모에 복수를 나타내는 '~s' 를 붙인다.

하지만 24.5%나 32%와 같이 분수로 정확하게 나타낼 수 없는 수치도 다음과 같은 표현을 사용해서 분수로 나타내거나 다른 영어 표현으로 다양하게 작성할 수 있다.

대략	approximately, around, about, roughly, nearly
약간 적은	slightly less than, just under
약간 많은	slightly more than, just over
대다수, 대부분 (주로 90% 이상의 수치)	the vast majority of, most
극소수, 약간, 겨우 (주로 10% 이하의 수치)	a small minority, just, only, mere, merely

다음 바 그래프를 보고 percent가 아닌 분수나 다른 표현으로 작성해 보자.

The bar graph below shows the results of a survey demonstrating how Korean students felt about their midterm exam.

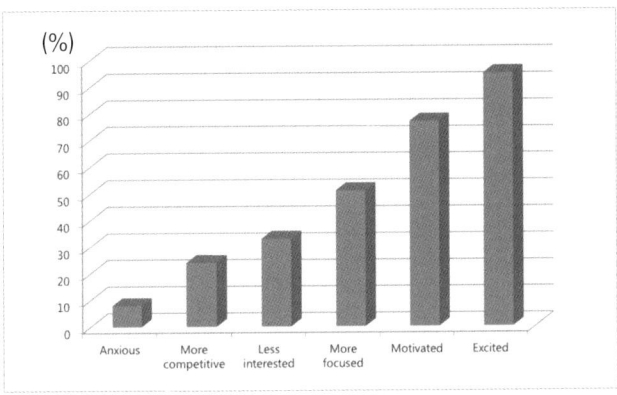

Anxious (8%)
설문에 응한 사람들의 극소수만 불안했다고 말했다.

More competitive (24%)
4분의 1보다 약간 적은 사람들이 좀 더 경쟁심을 느꼈다고 말했다.

Less interested (33%)
약 세 명 중의 한 명은 이 도전은 그들이 공부에 흥미를 잃게 만들었다고 말했다.

More focused (51%)
대답한 사람들의 반 정도는 그들은 좀 더 집중했다고 말했다.

Motivated (77%)
조사에 참여한 한국 학생들의 4분의 3 이상은 그들은 공부하는 것에 동기부여를 받았다고 말했다.

Excited (95%)
응답자의 대다수는 이 시험이 흥미로웠다고 말했다.

Answer

A small minority of those surveyed said that they felt anxious.
Slightly less than a quarter said that they felt more competitive.
About one in three indicated that the challenge made them lose interest in their studies.
Roughly half of those who responded said that they felt more focused.
More than three quarters of the Korean students surveyed replied that they felt motivated to study.
The vast majority of respondents said that they found the test exciting.

NB
표의 항목에 있는 단어들이 대문자로 적혀 있어도 문장에서는 고유명사 등의 경우를 제외하곤 소문자로 쓴다.

2) 수치와 함께 쓰는 to, by, with, at

수치와 함께 쓰는 to, by, with, at의 차이점을 알아 보자.

to는 '~까지' 라는 종착점을 나타내는 의미로
In 2010, the rate of unemployment rose **to** 20 percent.
2010년, 실업률은 20퍼센트**까지** 올라갔다.

by는 '~ 만큼' 이라는 두 수치 사이의 차이를 나타내는 의미로
In the year 2010, interest rates fell **by** 2 percent from 6 to 4 percent.
2010년, 이자율은 6퍼센트에서 4퍼센트까지, 2퍼센트**만큼** 떨어졌다.

with는 '~으로' 라는 어떤 수치를 가지고 있는 의미로
Victor won the student leader election **with** 70 percent of the vote.
빅터는 그 학생회장선거에서 70퍼센트의 득표**로**(득표를 얻어서) 이겼다.

at은 '~로' 라는 문장의 맨 마지막에 숫자를 더하기 위한 의미로
The unemployment rate peaked in 2011, **at** 12 percent.
실업률은 2011년에 12퍼센트**로** 정점에 다다랐다.

3) '보여 주다'를 나타내는 표현

'This given bar chart above **shows** that ~' "주어진 막대 그래프는 that 이하를 보여 준다." 에서 show와 같이 보여 주다, 나타내다, 묘사하다 같은 뜻을 가진 동사는 task 1에 자주 등장하는 표현이다. 따라서 같은 단어를 반복하기보다는 여러 가지 동의어를 암기해서 다양한 표현으로 답안을 작성해야 한다.

보여주다	show, illustrate, demonstrate, display, present, indicate

4) '비교하다'를 나타내는 표현

좀 더 구체적으로 두 개의 수치나 현상을 '비교할 때' 다음과 같은 표현을 쓸 수 있다.

비교하다	compared to, compared with, in comparison with + 명사 / 구 while, whereas (반면) + 문장 (주어 + 동사)

'한국의 실업률은 일본과 비교해서 높다.'

The unemployment rate in South Korea is high compared to Japan.

The unemployment rate in South Korea is high compared with Japan.

The unemployment rate in South Korea is high in comparison with Japan.

NOT 'comparing to'

The unemployment rate in South Korea is high **comparing to** Japan. (×)

Compared to Japan, the unemployment rate in South Korea is high.

Compared with Japan, the unemployment rate in South Korea is high.

In comparison with Japan, the unemployment rate in South Korea is high.

NOT 'comparing to'

Comparing to Japan, the unemployment rate in South Korea is high. (×)

'한국에는 3백만 명의 흡연자가 있는 반면, 오직 백만 명의 일본인들이 담배를 핀다.'
There are 3 million smokers in South Korea, while only 1 million Japanese smoke.
There are 3 million smokers in South Korea, whereas only 1 million Japanese smoke.
NOT '3 millions'

단위 다음에 그 단위에 해당하는 사람이나 사물이 나올 경우, 단위에는 ~s를 붙이지 않고 단위 뒤에 나오는 사물이나 사람에 ~s를 붙인다.

There are **3 millions** smokers in South Korea, while only **1 millions** Japanese smoke. (×)

5) '각각'을 나타내는 표현

'A와 B는 각각 X와 Y이다.' 라는 문장에서 '각각' 이라는 뜻을 가진 단어는 respectively로 주로 문장 맨 끝에 쓴다.

The figures for Canada and Mexico were at about 10 and 5 percent respectively.
캐나다와 멕시코의 수치는 각각 약 10퍼센트와 5퍼센트였다.

6) '수, 양, 비율'을 나타내는 표현

Task 1은 그래프의 수치를 객관적으로 묘사하는 글이다. 다음의 표현들을 적절하게 사용하자.

수	the number of		
양	the amount of the volume of	the quantity of	
비율	the percentage of the ratio of the rate of the proportion of		the figure for

7) '사람들'을 나타내는 표현

주어진 정보에 Americans라는 단어가 나올 경우 계속 Americans라고 쓰기보다는 다음처럼 동의어를 활용해 보자.

Americans	American people
	people in America
	people in the USA
	people living in the USA
	people in the United States
	inhabitants of the United States
	citizens of the United States

8) '연도'를 나타내는 표현

주어진 기간, 2000년부터 2010년까지를 다음과 같이 다양하게 표현해 보자.

2000 ~ 2010	from 2000 to 2010
	from 2000 until 2010
	from the year 2000 to 2010
	between 2000 and 2010
	over a period of 10 years
	over a period of one decade
	over the period shown
	during a given period
	during the research period
	during the survey period

2-5. 실전 문제

Sample Question : Task 1

You should spend about 20 minutes on this task.

The graph below shows the percentage of US teenagers who have used the Internet by gender from 2000 until the present.

Write a report for a university lecturer describing the information in the graph below.

Write at least 150 words.

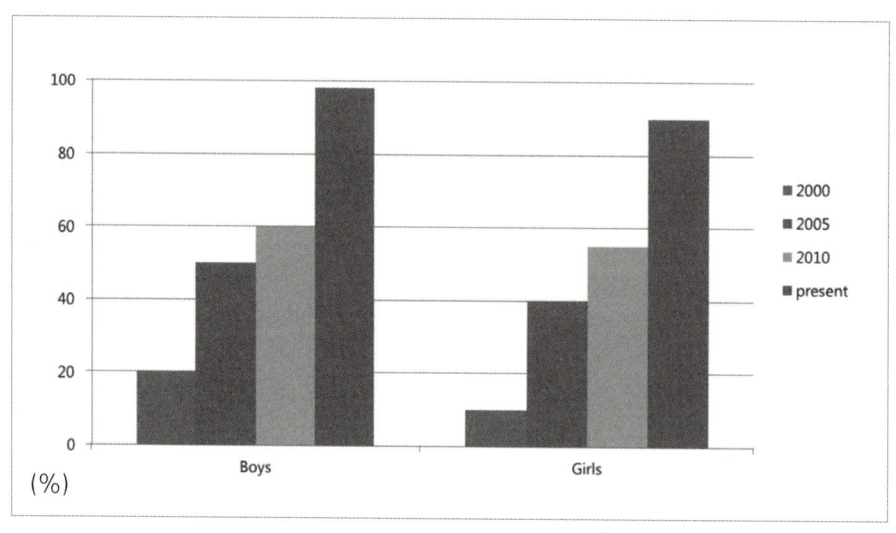

[Internet usage of American boys and girls]

Task 1. 단락 나누기 및 시간 분배

Task 1은 총 4단락으로 나눈다. Task 1을 20분 간 효율적으로 작성하기 위해서 각 단락을 5분 이내로 작성한다.

1. 서론 (Introduction) Paraphrasing	0 ~ 5분	주어진 문제와 내용은 같아도, 문제에서 사용한 단어가 아닌 다른 동의어를 활용해서 쓴다. 모든 단어를 바꿀 필요는 없고 3~4개 정도면 충분하다. 문제에 단위가 있으면 서론에서 단위를 언급해 준다. **한 문장으로 적는다.**
2. 일반적 경향 (General Trend) Summary	6 ~ 10분	Task 1에서 결론을 대신하는 단락이다. Task 1은 Task 2와는 달리 결론 단락이 따로 없다. 이 그래프에서 나타내고자 하는 가장 중요한 내용을 두 번째 단락에 적는다. **두 문장으로 적는다.**
3. 본론1 (Body 1) Detailed Information	11 ~ 15분	주어진 그래프를 중요한 특징이나 연도 순 등으로 상세하게 기술한다. 내용이나 연도, 그래프 등이 바뀔 때 단락을 나눠준다. **각 Body는 3~5문장 정도로 적는다.**
4. 본론 2 (Body 2) Detailed Information	16 ~ 20분	

1 단계   서론 (0 ~ 5분) : 주어진 문제를 한 문장으로 paraphrasing 한다.

서론 작성시 문제를 paraphrasing 하기 전에 시제와 단위를 확인한다.
- 시제 : **현재 완료**(has pp), 2000년부터 지금까지
- 단위 : percent, per cent, % 세 가지 모두 맞고 단, 하나로 통일해서 작성하자.

앞에서 공부한 표현들을 바탕으로 문제를 한 문장으로 paraphrasing 한다.

Question	Introduction
The graph below shows	The given bar chart compares
the percentage	in the percentage scale
US teenagers who have used the Internet by gender	the Internet usage of American boys and girls
from 2000 until the present	since 2000 in a five-year interval

Introduction

The given bar chart compares the Internet usage of American boys and girls since 2000 in a five-year interval in the percentage scale.

불법 포인트

- The given bar chart compares : 이 주어진 바 차트는 비교한다. 서론 시작할 때 쓰는 template 파이차트가 3개 나왔다면 The given three pie charts compare, 바 그래프와 테이블이 하나씩 나왔다면 The given bar graph and table compare라고 쓰면 된다.
- American boys and girls : US teenagers와 by gender라는 표현의 동의어
- in a five - year interval : 5년의 간격으로
  2000년, 2005년, 2010년 그리고 현재는 정확하게 알 수 없지만 이 그래프로 미루어 봤을 때, 2015년쯤으로 예상된다. 만약 현재가 2015년이 아니라 하더라도 앞의 3개의 연도가 5년 간격이기 때문에 크게 상관없다. Task 1의 목적은 다양한 영어 표현 구사 능력이지 수학 실력이 아니다.
- in the percentage scale : 서론에서는 단위를 명시해 준다.

우리말 해석
이 주어진 바 차트는 퍼센테이지의 단위로 2000년 이래로 5년간의 간격으로 미국 남녀 학생들의 인터넷 사용을 비교한다.

> **2단계**　일반적 경향 (General Trend) (5 ~ 10분) : 그래프에서 가장 중요한 내용을 두 문장으로 요약한다.

일반적 경향에서는 이 그래프를 왜 만들었을까? 이 그래프를 통해서 얻고자 하는 정보는 무엇인가를 생각해야 한다. Task 1을 잘 배워두면 나중에 유학 가서 프레젠테이션을 상당히 잘할 수 있다. 실제로 필자의 학생들은 현지 교수님들로부터 프레젠테이션 후 많은 칭찬을 받았다는 소식을 전해오곤 한다.

주 / 요 / 특 / 징

- 남학생의 인터넷 사용률이 항상 여학생보다 높았지만, 여학생의 사용률은 남학생보다 훨씬 더 빠르게 증가함.
- 남녀 모두 인터넷 사용률이 눈에 띄게 증가함.

General Trend

It is clear that the ratio of boys using the Internet has always been higher than that of girls, but the rate of girls' usage has grown much faster than in the boys' group. **In general**, Internet usage in both genders has risen significantly and consistently during the whole research period until the present day.

It is clear that : 이것은 분명하다. 일반적 경향 첫 번째 문장 시작할 때 쓰는 template
ratio : = percentage 동의어
has always been : 현재완료. 빈도부사(always)의 위치 확인!
that of girls : 여기서 that은 the ratio를 말한다. the ratio of girls보다는 that of girls가 훨씬 더 좋은 표현이다.
rate : 앞에서 언급한 ratio와 동의어, 반복을 피하기 위해 사용
has grown : 현재완료
much faster : 훨씬 빠른, 비교급 앞에 even / much / still / far / a lot 이런 단어들이 오면 '훨씬' 이라는 비교급 강조의 뜻
In general : 일반적 경향 두 번째 문장 시작할 때 쓰는 template
has risen : 현재완료
during the whole research period until the present day : 반복되는 연도(숫자) 언급을 피하기 위한 표현

우리말 해석

분명하게 드러나는 것은 인터넷을 사용한 남학생의 비율은 여학생보다 항상 높았지만, 여학생의 사용률이 남학생 그룹에서 보다 훨씬 더 빠르게 상승했다는 것이다. 일반적으로 남녀 학생의 인터넷 사용은 현재까지 전체 조사 기간 동안에 눈에 띄게 그리고 꾸준히 증가했다.

3 단계 본문 1 (Body 1) (10 ~15분) : 남학생의 인터넷 사용률 변화에 대해 구체적으로 묘사한다.

본문은 두 단락으로 나눈다. 어떻게 나눌 것인지 기준을 세워야 하는데, 이 그래프에서는 남학생 그래프를 Body 1에, 여학생 그래프를 Body 2에 설명하는 것이 빠르게 작성하는 데 좋다. 이 그래프를 연도로 나누기에는 두 그래프 모두 연도에 상관없이 꾸준하게 상승하고 있기 때문에 다양한 표현을 사용하기가 어렵다. 본문을 나누는 기준이 딱히 정해져 있지 않기 때문에 문제에 따라 연도나 카테고리, 그래프 등을 기준으로 쉽고 빠르게 그리고 이 책에서 제시한 표현들을 가능한 한 많이 작성할 수 있는 방법을 고심한다.

주 / 요 / 특 / 징

- 증가 동향 : 20% ▶ 50% ▶ 60% ▶ 98% : 숫자뿐만 아니라 **분수와 다양한 표현으로 작성**하는 것이 중요

Body 1

When it comes to the boys' pattern, only a fifth of them knew how to use the Internet at the start of the study. However, over the five years that figure increased almost 2.5 times and kept rising to include 60 percent of boys by 2010. At present, using the Internet is popular among most male students.

When it comes to : = as for = in terms of ~에 관해서 (말하자면), Body 1 첫 번째 문장 시작할 때 쓰는 template

only a fifth : 단지 5분의 1, 20%를 분수로 표현, 가장 작은 수이기 때문에 only라고 강조했다.

at the start of the study : 연구를 처음 시작할 때 2000년을 의미 처음 시작 연도는 이렇게 쓰자!

over the five years : 5년 동안 2005년을 의미

almost 2.5 times : 20%보다 2.5배 오른 약 50% 의미

popular among most male students : 대부분의 남학생들 사이에 인기 있는, 약 98%의 남학생들이 인터넷을 사용하고 있기 때문에 most라고 썼고 특히 popular라고 쓴 것을 눈여겨 자!

우리말 해석

남학생들의 패턴에 관해서 말하자면, 처음 연구를 시작했을 때에는 오직 그들의 5분의 1만이 인터넷 사용 방법을 알았다. 그러나 5년 동안 이 수치는 거의 2.5배 상승했고 2010년까지 남학생들의 60%(를 포함하는 데)까지 계속 상승했다. 현재 인터넷 사용은 대부분의 남학생들 사이에 인기가 있다.

4 단계 본문 2 (Body 2) (15 ~ 20분) : 여학생의 인터넷 사용률 변화에 대해 구체적으로 묘사한다.

주 / 요 / 특 / 징

- 증가 동향 : 10% ▶ 40% ▶ 55% ▶ 90% : 숫자뿐만 아니라 **분수와 다양한 표현으로 작성**하는 것이 중요

Body 2

In terms of female users, just one in ten girls was merely interested in accessing the Internet in 2000. Surprisingly, four times as many girls were using the Internet in 2005 compared to the previous survey year. The rate continued to increase to around 55 percent and then 90 percent in 2010 and at present respectively.

In terms of : ~ 에 관해서 (말하자면), Body 2 첫 번째 문장 시작할 때 쓰는 template
just one in ten : 단지 10명 중의 1명, 10%, a tenth 대신에 썼다.
merely : 단지, 단순히
four times : 네 배, 40%, two fifths 대신에 썼다.
compared to : ~과 비교해서
the previous survey year : 2000년도 대신에 썼다.
respectively : 각각. 55%는 2010년, 90%는 현재의 수치를 의미함. Task 1의 필수 단어!

우리말 해석

여성 사용자들에 관해서 말하자면, 2000년에는 여학생들의 10명 중의 1명만이 단지 인터넷 접속에 관심이 있었다. 놀랍게도 지난 조사 연도와 비교해서 2005년에는 네 배나 많은 여학생들이 인터넷을 사용했다. 이 비율은 2010년도와 오늘날 각각 55퍼센트와 90퍼센트로 꾸준히 상승했다.

Sample Answer

The graph below shows the percentage of US teenagers who have used the Internet by gender from 2000 until the present.

[Internet usage of American boys and girls]

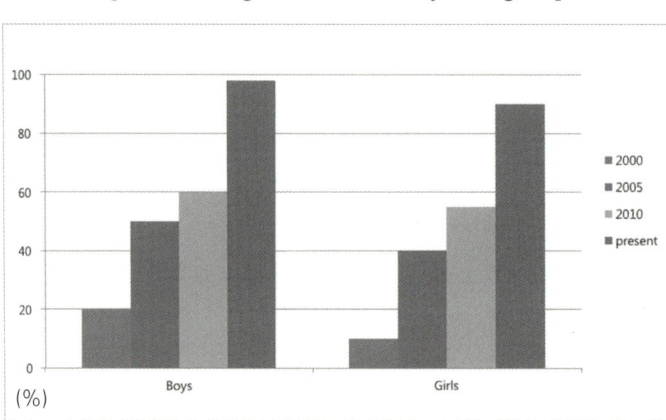

The given bar chart compares the Internet usage of American boys and girls since 2000 in a five-year interval in the percentage scale.

It is clear that the ratio of boys using the Internet has always been higher than that of girls, but the rate of girls' usage has grown much faster than in the boys' group. In general, Internet usage in both genders has risen significantly and consistently during the whole research period until the present day.

When it comes to the boys' pattern, only a fifth of them knew how to use the Internet at the start of the study. However, over the five years that figure increased almost 2.5 times and kept rising to include 60 percent of boys by 2010. At present, using the Internet is popular among most male students.

In terms of female users, just one in ten girls was merely interested in accessing the Internet in 2000. Surprisingly, four times as many girls were using the Internet in 2005 compared to the previous survey year. The rate continued to increase to around 55 percent and then 90 percent in 2010 and at present respectively.

word counts : 190 words

우리말 해석

이 주어진 바 차트는 퍼센테이지의 단위로 2000년 이래로 5년 간의 간격으로 미국 남녀 학생들의 인터넷 사용을 비교한다.

인터넷을 사용한 남학생의 비율은 여학생보다 항상 높았지만, 여학생의 사용률이 남학생 그룹에서보다 훨씬 더 빠르게 상승했다는 것은 분명하다. 일반적으로 남녀 학생의 인터넷 사용은 현재까지 전체 조사기간 동안에 눈에 띄게 그리고 꾸준히 증가했다.

남학생들의 패턴에 관해서 말하자면, 처음 연구를 시작했을 때에는 오직 그들의 5분의 1만이 인터넷 사용 방법을 알았다. 그러나 5년 동안 이 수치는 거의 2.5배 상승했고 2010년까지 남학생들의 60%(를 포함하는 데)까지 계속 상승했다. 현재 인터넷 사용은 대부분의 남학생들 사이에 인기가 있다.

여성 사용자들에 관해서 말하자면, 2000년에는 여학생들의 10명 중의 1명만이 단지 인터넷 접속에 관심이 있었다. 놀랍게도 지난 조사 연도와 비교해서 2005년에는 네 배나 많은 여학생들이 인터넷을 사용했다. 이 비율은 2010년도와 오늘날 각각 55퍼센트와 90퍼센트로 꾸준히 상승했다.

3
Writing Task 2

IELTS Writing Task 2는 주어진 토픽에 대한 에세이를 연필이나 샤프로 40분 이내에 250 단어 이상으로 작성하는 시험이다.

at least 250 words라는 뜻은 최소한 250 단어를 의미하기 때문에 270 단어에서 300 단어 사이의 분량으로 작성하는 것이 좋다. 만약 완성된 글이 250 단어 미만일 경우에는 큰 감점 요인이 된다. 따라서 평소 에세이 작성 후 단어 개수를 세어 보고 대략 두 번째 페이지의 어느 정도까지 써야 단어 수를 충족시킬 수 있는지 확인해야 한다. 이렇게 하면 시험장에서 일일이 단어 개수를 세어 보는 데 드는 시간을 낭비하지 않을 수 있다. 컴퓨터에 익숙한 요즘 학생들은 연필이나 샤프로 영어를 쓰는 것에 익숙하지 않을 수도 있다. 그러므로 IELTS 시험 준비 기간 동안에는 반드시 연필이나 샤프로 답안을 작성하고 이것에 익숙해져야 한다.

Task 2는 우리 주변에서 일어나고 있는 사회적 이슈에 대한 본인의 생각을 아카데믹한 단어를 사용하여 논리적으로 기술하는 시험이다. 일반적으로 총 4단락, 서론, 본론 1, 본론 2, 결론으로 작성한다. 서론에서는 Task 1과 마찬가지로 문제의 토픽을 paraphrasing 하고, 본론 1과 본론 2에서는 문제 유형에 따라서 그 내용과 분량을 달리하며, 결론에서는 본론에서 주장한 핵심 내용을 짧게 요약한다.

단어 수는 결론〈 서론〈 본론 1 ≤ 본론 2 순으로 결론이 가장 짧아야 한다.

NB
한국 학생들은 결론 작성 시, 본론에서 언급하지 않은 어떠한 대안을 제시하려는 경향이 있다. 이것은 한국식 에세이 작성이지 아이엘츠식 에세이 작성은 아니다. 예를 들어, '인터넷의 장단점에 대해 논하라' 라는 주제의 결론을 일반적인 한국 학생들은 '인터넷의 장단점을 보완해서 건강한 인터넷 사용에 힘쓰자.' 라는 식으로 작성할 것이다. 하지만 이것은 아이엘츠 에세이에서 원하는 결론이 아니다. '인터넷은 삶의 질 향상과 업무의 효율성이라는 성과를 가져왔지만 인간소외라는 심각한 부작용을 낳고 있다.' 라는 식으로 새로운 내용이나 합의점을 찾는 내용이 아닌 본론에서 언급한 내용을 다시 한 번 요약하면서 더욱 강력히 주장하는 기능을 해야 한다. Conclusion = Restatement 라는 것을 잊지 말자!

> ※ 이 책, 줄리정불법아이엘츠는 단기간에 아이엘츠 시험에서 고득점을 맞기 위한 학습법을 알려주는 아이엘츠 학습서이다. 따라서 Writing Chapter의 목적 또한 아이엘츠 Writing Task 2에서 원하는 서론, 본론, 결론 작성하는 방법과 유형별로 에세이 작성하는 방법을 공부하는 것이므로 실전 문제를 제외하곤 완성된 에세이는 수록하지 않았다. 완성된 에세이는 '줄리정불법아이엘츠라이팅' 에서 공부하자!

3-1. 각 유형별 전략

Task 2에는 크게 3가지 문제 유형이 있다.

Agree or Disagree	Advantage or Disadvantage	Reason(Problem) and Solution
찬성 혹은 반대	장점 혹은 단점	이유(문제점)와 해결책
문제의 토픽에 동의하는지 동의하지 않는지를 논하는 유형	문제의 토픽에 장점이 많은지 단점이 많은지를 논하는 유형	문제의 토픽에 대한 이유(문제점)를 논하고 해결책을 제시하는 유형

1) Agree or Disagree

가장 자주 출제되는 문제 유형이다. 문제의 토픽에 대한 응시자의 의견을 묻는 문제로, 응시자는 논리적 일관성을 가지고 본인의 주장을 진술해야 한다. 이 유형에는 본인의 의견만 제시해도 되는 문제가 있고(1-1), 반드시 상대방의 의견(counter argument)도 포함시켜야 하는 문제가 있다(1-2).

(1-1) Do you agree or disagree? 당신은 동의하는가? 동의하지 않는가?

> In modern society traditional food is being replaced by fast food. This trend has a negative impact on both individuals and society. Do you agree or disagree with this statement?
>
> 현대 사회에서 전통 음식이 패스트푸드에 의해 대체되고 있다. 이러한 경향은 개인과 사회에 모두 부정적인 영향을 미친다. 당신은 이 말에 동의하는가? 동의하지 않는가?

토픽 (topic) : In modern society traditional food is being replaced by fast food. This trend has a negative impact on both individuals and society.

질문 (question) : Do you agree or disagree with this statement?

이 문제 유형은 다음과 같이 A, B 두 가지 타입으로 에세이를 작성할 수 있다. (Agree일 경우)

	A type : Agree + Agree	B type : Disagree + Agree
Introduction	두 문장 : Paraphrasing + Answering 1. 전통 음식이 패스트푸드에 의해 대체되고 있는 경향은 개인과 사회에 부정적인 영향을 미친다. 2. 나는 이 의견에 동의한다.	두 문장 : Paraphrasing + Answering 1. 전통 음식이 패스트푸드에 의해 대체되고 있는 경향은 개인과 사회에 부정적인 영향을 미친다. 2. 긍정적이라고 말하는 사람도 있지만, 나는 이 의견에 동의한다.
Body 1	**Agree 1** 부정적인 영향 1 - 개인에게 미치는 부정적인 영향	**Disagree** 긍정적인 영향 : 개인과 사회에 미치는 긍정적인 영향 (나와 다른 의견도 어느 정도 인정함.) Body 2 보다 짧게 작성
Body 2	**Agree 2** 부정적인 영향 2 - 사회에 미치는 부정적인 영향	**Agree** 부정적인 영향 : 개인과 사회에 미치는 부정적인 영향 그럼에도 불구하고 부정적인 영향이 더 크다. (내 의견을 강력하게 주장함.) Body 1보다 1.5배 정도 길게 작성
Conclusion	**Restatement** 전통 음식이 패스트푸드에 의해 대체되고 있는 경향은 개인과 사회에 부정적인 영향을 미친다는 의견에 동의한다. : Body 1 + 2의 내용을 요약하며 내 주장을 다시 한 번 강조	**Restatement** 전통 음식이 패스트푸드에 의해 대체되고 있는 경향은 개인과 사회에 긍정적인 면도 있지만, 부정적인 영향이 더 크다는 의견에 동의한다. : Body 1 + 2의 내용을 요약하며 내 주장을 다시 한 번 강조

이 에세이에서는 Agree의 경우가 '전통 음식이 패스트푸드에 의해 대체되고 있는 경향이 **부정적이다**' 라는 의견에 동의하는 것이다. 만약 긍정적이라고 생각하면 내 의견은 Disagree가 되어야 한다. 또한 개인과 사회에 미치는 영향 모두를 언급해야 한다.

A, B 두 가지 타입 중 어떤 것을 선택하더라도 점수와는 큰 관련이 없다. Agree에 대한 아이디어만 있을 경우에는 A type, Agree에 대한 아이디어도 Disagree에 대한 아이디어도 있을 경우에는 B type을 선택하는 것이 250자 이상 작성하는 데 도움이 된다. A type으로 작성할 때, 자칫 글자 수가 모자라는 경우도 발생하기 때문이다. B type으로 작성할 때 주의해야 할 사항은 간혹 상대방 의견인 Body 1이 나의 의견인 Body 2보다 길어지는 경우가 있다. 이 경우 본인의 주장이 명료하게 전달되지 않을 수 있기 때문에 Body 1은 Body 2보다 짧게 작성한다. **(Introduction + Body 1 〈 120 단어)**

결론에는 본론에서 언급한 내용을 요약해서 내 의견을 다시 한 번 강력하게 주장한다(Restatement).

* Agree or Disagree 유형에서 내 의견은 어떻게 정할까?

Agree or Disagree 유형에서 어느 쪽을 지지해야 더 높은 점수를 받을 수 있을지 고민되는 응시자가 있을 것이다.

1-1 문제를 예로 들어 보자.

> In modern society traditional food is being replaced by fast food. This trend has a negative impact on both individuals and society. Do you agree or disagree with this statement?
>
> 현대 사회에서 전통 음식이 패스트푸드에 의해 대체되고 있다. 이러한 경향은 개인과 사회에 모두 부정적인 영향을 미친다. 당신은 이 말에 동의하는가? 동의하지 않는가?

대부분의 응시자들은 개인적인 생각이나 순간적인 느낌만으로 Agree나 Disagree를 결정할지도 모른다. 하지만 이 경우, 상당수의 응시자들은 아이디어가 제한적이기 때문에 본론은 몇 줄 쓰지 못하고 글쓰기를 멈출 수 있다. 또한 B type으로 에세이를 작성할 경우, Body 1이 Body 2보다 훨씬 더 길어지는 경우도 발생한다. 이렇게 내 의견보다는 상대방의 의견을 더 많이 작성하면 글의 논지가 흐려져서 감점 요인이 될 수 있다.

따라서 먼저 브레인스토밍을 거친 후에 영어로 더 많은 내용을 작성할 수 있는 쪽으로 내 의견을 정해야 한다.

Brainstorming Note

다음 빈칸에 '전통음식이 패스트푸드에 의해 대체되고 있는 경향은 개인과 사회에 부정적인 영향을 미친다.' 라는 주장에 대한 본인의 의견을 영어로 작성해 보자.

Agree	Disagree
전통 음식이 패스트푸드에 의해 대체되고 있는 경향은 개인과 사회에 **부정적인** 영향을 미친다.	전통 음식이 패스트푸드에 의해 대체되고 있는 경향은 개인과 사회에 **긍정적인** 영향을 미친다.
- 개인	- 개인
- 사회	- 사회

Agree에 대한 아이디어가 많으면 내 의견은 Agree, Disagree에 대한 아이디어가 많으면 내 의견은 Disagree가 된다. 만약 아이디어의 개수가 같을 경우에는 부연 설명을 영어로 더 잘할 수 있는 쪽으로 내 의견으로 정하면 된다.

Agree로 내 의견을 정했다면 A type으로 작성할 경우 Body 1은 개인, Body 2는 사회에 미치는 부정적 영향에 대해 작성하고, B type으로 작성할 경우 Body 1에는 개인과 사회에 미치는 긍정적인 영향, Body 2에는 개인과 사회에 미치는 부정적인 영향을 Body 1보다 길게 작성한다.

Translation

다음 우리말을 영작해 보자.

Agree	Disagree
전통 음식이 패스트푸드에 의해 대체되고 있는 경향은 개인과 사회에 **부정적인** 영향을 미친다.	전통 음식이 패스트푸드에 의해 대체되고 있는 경향은 개인과 사회에 **긍정적인** 영향을 미친다.
1. 개인 : 나쁜 건강 상태 나쁜 건강 상태라는 형태로 지불해야 하는 패스트푸드의 대가는 더 크다. 나쁜 건강 상태 : poor health 매우 큰 : significant 지불해야 하는 대가 : cost	1. 개인 : 현대인들의 성급함을 반영 제한된 시간 내에 먹고 장시간 기다리는 것을 피하고자 하는 욕구는 일이나 다른 취미에 시간을 쓰는 데 서두르는 현대인들의 성급함을 반영한다. 제한된 시간 내에 : within a limited period 취미 : pursuits (*pursuit가 복수일 경우, pastime, hobby와 동의어로 캠브리지 아이엘츠에 자주 나온다. 꼭 기억할 것!) 현대인들의 성급함 : the impatience of modern people
2. 사회 : 전통 문화를 위협 패스트푸드의 세계화가 있는데, 이것은 전통 문화를 위협한다. 패스트푸드 음식의 세계화 : the globalisation of fast food 위협하다 : threaten 전통 문화 : traditional culture	2. 사회 : 상대적으로 저렴한 비용 패스트푸드의 상대적으로 저렴한 비용 또한 저소득 사람들에게 호소력이 있어서 더 적은 사람들이 배고픔으로 고통을 겪는다. 상대적으로 저렴한 비용 : the relatively cheap cost 저소득 사람들 : lower - income individuals

Answer

Agree	Disagree
전통 음식이 패스트푸드에 의해 대체되고 있는 경향은 개인과 사회에 **부정적인** 영향을 미친다.	전통 음식이 패스트푸드에 의해 대체되고 있는 경향은 개인과 사회에 **긍정적인** 영향을 미친다.
- 개인 The greater cost of fast food in the form of poor health is significant.	- 개인 The desire to eat within a limited period and to avoid waiting too long reflects the impatience of modern people who rush to spend time on work or other pursuits.
- 사회 There is the globalisation of fast food, which threatens traditional culture.	- 사회 The relatively cheap cost of fast food also has an appeal for lower-income individuals and so fewer members of society suffer from hunger.

※ 완성된 에세이는 줄리정 불법 Writing Task Ⅱ Day 3(p.97) 참고!

(1-2) Discuss both views and give your own opinion. 두 가지 의견을 논하고 본인의 의견을 제시하시오.

> Some people think governments should spend as much money as possible exploring outer space. Others argue they should spend the money for poor people. Discuss both views and give your own opinion.
>
> 어떤 사람들은 정부가 가능한 많은 돈을 우주 탐험에 써야 한다고 생각한다. 다른 사람들은 정부가 가난한 사람들을 위해 그 돈을 써야 한다고 주장한다. 양쪽의 견해를 논하고 당신의 주장을 제시하라.

토픽 (topic) : Some people think governments should spend as much money as possible exploring outer space. Others argue they should spend the money for poor people.
질문 (question) : Discuss both views and give your own opinion.

이 문제 유형은 다음과 같은 구조로 작성할 수 있다. (Others의 의견에 동의할 경우)

Introduction	**두 문장 : Paraphrasing + Answering** 1. 어떤 사람들은 정부가 가능한 많은 돈을 우주 탐험에 써야 한다고 생각하지만, 다른 사람들은 정부가 가난한 사람들을 위해 그 돈을 써야 한다고 주장한다. 2. 우주 탐험도 중요하지만 나는 정부가 가난한 사람들을 위해 그 돈을 써야 한다는 의견에 동의한다.
Body 1	**Some people의 의견** 어떤 사람들은 정부가 가능한 많은 돈을 우주 탐험에 써야 한다고 생각한다. : Body 2보다 짧게 작성
Body 2	**내 의견 (=Others의 의견)** 하지만 나는 정부가 가난한 사람들을 위해 그 돈을 써야 한다고 생각한다. : Body 1보다 1.5배 정도 길게 작성
Conclusion	**Restatement** 정부가 가능한 많은 돈을 우주 탐험에 써야 한다고 생각하는 사람도 있지만, 나는 정부가 가난한 사람들을 위해 그 돈을 써야 한다고 생각한다. : Body 1 + 2의 내용을 요약하며 내 주장을 다시 한 번 강조

Discuss both views는 양측 의견을 모두 제시하라는 말이다. 따라서 some people과 others의 입장에 대해 각각 브레인스토밍을 한 후, give your own opinion, 영어로 더 많은 아이디어를 적을 수 있는 쪽을 내 의견으로 삼고 상대방의 의견은 Body 1에, 내 의견은 Body 2에 적는다.

간혹 '양쪽의 견해를 논하고 당신의 주장을 제시하라.' 라는 지시문 때문에 먼저 양쪽 입장을 하나씩 Body 1과 Body 2에 각각 논하고 Body 3나 Conclusion에 내 의견을 제시하는 학생들이 있다. 하지만 이런 경우 내가 others 의견에 동의한다고 가정했을 때, Body 3 혹은 Conclusion에 Body 2에 작성한 아이디어를 반복하게 됨으로 삼가야 한다.

1-1. Do you agree or disagree? 유형에서는 내 의견만 제시하는 A type으로 에세이를 작성해도 무방하지만, 1-2유형처럼 Discuss both views가 문제에 제시된 경우에는 문제에서 양쪽 견해를 모두 논하라고 했기 때문에 반드시 1-1의 B type으로 양쪽 의견을 모두 작성해야 한다. 결론에는 본론에서 언급한 내용을 요약해서 내 의견을 다시 한 번 강력하게 주장한다(Restatement).

Brainstorming Note

다음 빈칸에 '정부는 많은 돈을 우주 탐험에 써야 하는지 가난한 사람들을 위해 써야 하는지'에 대한 본인의 의견을 영어로 작성해 보자.

Some people	Others
정부는 가능한 많은 돈을 우주 탐험에 써야 한다.	정부는 가난한 사람들을 위해 그 돈을 써야 한다.
1.	1.
2.	2.

Translation

다음 우리말을 영작해 보자.

Some people	Others
정부는 가능한 많은 돈을 우주 탐험에 써야 한다.	정부는 가난한 사람들을 위해 그 돈을 써야 한다.
1. 가장 미스터리하고 매력적인 주제 이 분야보다 더 미스터리하고 매력적인 주제는 거의 없다. 매력적인 : fascinating 거의 없는 : few	1. 빈부격차 해소가 더 중요함 우주 탐사보다 더 분명하게 빈부격차를 강조하는 시도는 거의 없다. 시도 : endeavour 빈부격차 : the gap between the rich and the poor 강조하다 : highlight
2. 인류의 장기간 생존 보장 우주 탐사는 인류의 장기간 생존을 보장할 수 있다. 우주 탐사 : space exploration 보장하다 : ensure 장기간 생존 : the long-term survival 인류 : humanity	2. 삶의 근본적 개선이 더 큰 의미 우리가 사랑하는 사람들의 삶을 근본적으로 개선하도록 대신 그 돈을 사용할 수 있다면, 우리 중 누가 천문 행성 간의 연구에 돈을 쓰기를 선택할 것인지 의구심이 든다. 천문 행성 간의 연구 : inter-planetary pursuits(여기에서 pursuits은 일이라는 뜻으로 연구로 의역했다.) 의구심이 든다 : it seems doubtful

Answer

Some people	Others
정부는 가능한 많은 돈을 우주 탐험에 써야 한다.	정부는 가난한 사람들을 위해 그 돈을 써야 한다.
1. There are few subjects more mysterious and fascinating than this field.	1. There are few endeavours that highlight the gap between the rich and the poor more clearly than space exploration.
2. Space exploration could ensure the long-term survival of humanity.	2. It seems doubtful that any of us would choose to spend money on inter-planetary pursuits if we could instead use it to drastically improve the lives of our loved ones.

※ 완성된 에세이는 줄리정 불법 Writing Task Ⅱ Day 10(p.223) 참고!

2) Advantage or Disadvantage (Positive or Negative Development)

문제의 토픽에 대한 장점이나 단점(혹은 긍정적인 발전인지 부정적인 발전인지)을 논하는 유형이다. 이 유형에는 장점이나 단점만 제시해도 되는 문제가 있고(2-1), 반드시 장점과 단점을 모두 제시해야 하는 문제가 있다(2-2).

(2-1) Is it a positive or negative development? 이것은 긍정적인 발전인가? 부정적인 발전인가?

> Young people are strongly influenced by fashion, such as clothing or hairstyle. Is it a positive or negative development?
>
> 젊은 사람들은 옷이나 머리스타일 같은 패션으로부터 영향을 크게 받는다. 이것은 긍정적인 발전인가? 부정적인 발전인가?

토픽 (topic) : Young people are strongly influenced by fashion, such as clothing or hairstyle.
질문 (question) : Is it a positive or negative development?

이 문제 유형은 다음과 같이 A, B 두 가지 타입으로 에세이를 작성할 수 있다. (Negative일 경우)

	A type : Negative + Negative	B type : Positive + Negative
Introduction	두 문장 : Paraphrasing + Answering 1. 젊은 사람들은 옷이나 머리스타일 같은 패션으로부터 영향을 크게 받는다. 2. 나는 부정적이라고 생각한다.	두 문장 : Paraphrasing + Answering 1. 젊은 사람들은 옷이나 머리스타일 같은 패션으로부터 영향을 크게 받는다. 2. 긍정적인 면도 있지만, 나는 부정적인 면이 더 크다고 생각한다.
Body 1	**Negative Development 1** 부정적인 영향 1	**Positive Development** 긍정적인 영향 : 나와 다른 의견도 어느 정도 인정함. Body 2보다 짧게 작성
Body 2	**Negative Development 2** 부정적인 영향 2	**Negative Development** 부정적인 영향 그럼에도 불구하고 부정적인 영향이 더 크다. : 내 의견을 강력하게 주장함. Body 1보다 1.5배 정도 길게 작성
Conclusion	**Restatement** 젊은 사람들이 옷이나 머리스타일 같은 패션으로부터 영향을 크게 받는 것은 부정적이다. : Body 1 + 2의 내용을 요약하며 부정적인 면을 다시 한 번 강조	**Restatement** 젊은 사람들이 옷이나 머리스타일 같은 패션으로부터 영향을 크게 받는 것은 긍정적인 면도 있지만, 부정적인 면이 더 크다. : Body 1 + 2의 내용을 요약하며 내 주장을 다시 한 번 강조

2-1 유형은 1-1 유형과 구조가 같다. 1-1이 어떤 의견에 대해 동의하는지 동의하지 않는지를 물어보는 유형이었다면 2-1은 어떤 현상에 대해 장점이 많은지 단점이 많은지(혹은 긍정적인 발전인지 부정적인 발전인지)를 기술하는 문제이다.

2-1은 Do advantages of 'TOPIC' outweigh negative effects? (문제의 '토픽'에 대한 장점은 단점을 능가합니까?) 와 같은 유형이고, 최근에는 'Is it a positive or negative development?' 라고 물어보는 문제가 더욱 자주 출제된다.

간혹 'Is it a positive or negative development?' 유형의 에세이를 쓸 때, development라는 단어 때문에 막히는 학생들이 종종 있다. '긍정적인 발전? 부정적인 발전이 뭐지?' 라는 고민에 빠져 시간을 낭비하게 되고, '내가 지금 제대로 논점에 맞게 쓰고 있는 건가' 라는 의구심을 가지며 애를 먹기도 한다. 하지만 여기서 development라는 단어는 전혀 중요하지 않다. 'Is it positive or negative?' (긍정적인가? 부정적인가?)라고 단순하게 생각하고 에세이를 작성하자.

결론에는 본론에서 언급한 내용을 요약해서 내 의견을 다시 한 번 강력하게 주장한다(Restatement).

Brainstorming Note

다음 빈칸에 '젊은 사람들이 옷이나 머리스타일 같은 패션으로부터 영향을 크게 받는 것이 긍정적인 발전인지 부정적인 발전인지'에 대한 의견을 영어로 작성해 보자.

Positive Development	Nagative Development
젊은 사람들이 옷이나 머리스타일 같은 패션으로부터 영향을 크게 받는 것은 긍정적이다.	젊은 사람들이 옷이나 머리스타일 같은 패션으로부터 영향을 크게 받는 것은 부정적이다.
1.	1.
2.	2.

Translation

다음 우리말을 영작해 보자.

Positive Development	Negative Development
젊은 사람들이 옷이나 머리스타일 같은 패션으로부터 영향을 크게 받는 것은 긍정적이다.	젊은 사람들이 옷이나 머리스타일 같은 패션으로부터 영향을 크게 받는 것은 부정적이다.
1. 매력적인 외모 최신 유행을 따르며 자신들의 외모에 관심을 갖는 젊은이들은 매력적으로 보일 가능성이 더 많다. 최신 유행을 따르며 : by following the latest fashions 외모 : appearance	1. 멋지게 보이고자 하는 강박관념 자신의 외모에 건강한 관심을 갖는 것과는 반대로, 패셔니스타와 유명인사들에게 강하게 영향을 받는 젊은이들은 타인의 눈에 멋지게 보이고자 하는 강박관념을 가지게 될 위험성이 있다. 건강한 관심을 갖다 : take a healthy interest in 반대로 : as opposed to 패셔니스타와 유명인사들 : fashionistas and celebrities 강박관념을 가지게 되다 : become obsessed with 타인의 눈에 멋지게 보이다 : look good in the eyes of others
2. 사회에 귀속감을 갖게 됨 유행은 문화의 표현이며 따라서 이는 젊은이들이 더욱 사회에 귀속감을 가지도록 할 수 있을 것이다. 문화의 표현 : an expression of culture 귀속감을 갖다 : be engaged in	2. 윤리의식 저해 젊은 사람들은 친구들을 따라잡기 위해 윤리와 타협할지도 모른다. 친구들을 따라잡다 : keep up with their peers (그들의) 윤리와 타협하다 : compromise their ethics

Answer

Positive Development	Negative Development
젊은 사람들이 옷이나 머리스타일 같은 패션으로부터 영향을 크게 받는 것은 긍정적이다.	젊은 사람들이 옷이나 머리스타일 같은 패션으로부터 영향을 크게 받는 것은 부정적이다.
1. People who take an interest in their appearance by following the latest fashions are more likely to look attractive.	1. Young people who are strongly influenced by fashionistas and celebrities, as opposed to taking a healthy interest in their appearance, are at risk of becoming obsessed with looking good in the eyes of others.
2. Fashion is an expression of culture and so it can encourage younger people to be more engaged in society.	2. Young people might even find themselves compromising their ethics in order to keep up with their peers.

※ 완성된 에세이는 줄리정 불법 Writing Task Ⅱ Day 13(p.277) 참고!

(2-2) Discuss the advantages and disadvantages of 'TOPIC'. 토픽의 장점과 단점에 대해 논하라.

> Tourism is becoming a good source of revenue for many countries. Discuss the advantages and the disadvantages of developing this industry.
>
> 관광산업은 많은 나라들의 좋은 수입원이 되고 있다. 이러한 산업을 발달시키는 것의 장단점을 논하라.

토픽 (topic) : Tourism is becoming a good source of revenue for many countries.
질문 (question) : Discuss the advantages and the disadvantages of developing this industry.

이 문제 유형은 다음과 같은 구조로 에세이를 작성할 수 있다.

Introduction	**두 문장 : Paraphrasing + Answering** 1. 관광산업은 많은 나라들의 좋은 수입원이 되고 있다. 2. 이러한 산업을 발달시키는 것에는 장점도 있고 단점도 있다.
Body 1	**Advantage 1 + 2** 관광산업을 발달시키는 것의 장점들 : 분량 Body1 = Body 2 　반드시 2개 이상 (문제에 advantages라고 복수로 제시)
Body 2	**Disadvantage 1 + 2** 관광산업을 발달시키는 것의 단점들 : 분량 Body1 = Body 2 　반드시 2개 이상 (문제에 disadvantages라고 복수로 제시)
Conclusion	**Restatement** 관광산업을 발달시키는 것에는 장점도 있고 단점도 있다. : Body 1 + 2의 내용을 요약

Discuss the advantages and disadvantages 유형에서 응시자들은 반드시 토픽에 대한 장점과 단점을 모두 논해야 한다. Body 1과 Body 2에 각각 장점과 단점을 논하고 분량은 비슷하게 작성한다. 특히 문제에 advantages and disadvantages, '복수' 인 것을 확인해서 장점과 단점을 두 개 이상씩 적는다. 일반적으로 2~3개 정도 제시하면 270자에서 300자 사이의 에세이를 작성할 수 있다.

결론은 장점도 있지만 단점도 있다는 식으로 본론에서 언급한 내용을 균형감 있게 간단히 요약한다. 장점을 살리고 단점을 보완해서 더 좋게 발전시켜야 한다라는 식으로 대안을 제시하거나, 장점이 많다 혹은 단점이 많다고 2-1처럼 작성해서는 안 된다.

Brainstorming Note

다음 빈칸에 '관광산업을 발달시키는 것의 장점과 단점'을 영어로 작성해 보자.

Advantages	Disadvantages
관광산업을 발달시키는 것의 장점들	관광산업을 발달시키는 것의 단점들
1.	1.
2.	2.

Translation

다음 우리말을 영작해 보자.

Advantages	Disadvantages
관광산업을 발달시키는 것의 장점들	관광산업을 발달시키는 것의 단점들
1. 국내 총 생산 증가 어떤 나라들은 국가의 국내 총 생산의 상당 부분을 차지하는 관광산업에 의존한다. 국내 총 생산 : gross domestic product(GDP) 의존하다 : rely on	1. 환경(지역) 파괴 이 산업은 그림 같은 지역 혹은 외딴 지역을 파괴할 가능성이 있다. 그림 같은 : picturesque 외딴 지역 : remote areas 가능성이 있다 : be likely to
2. 국가 이미지 향상 심지어 이런 종류의 수입에 의존하지 않는 국가에서도, 관광산업의 개발로 국제 무대에서 국가 이미지를 높인다. 관광산업의 개발 : the development of tourism 국제 무대 : the world stage	2. 대도시 혼잡 가중 대도시에 사는 사람들은 종종 관광객 수의 증가가 혼잡을 가중시킨다고 불평한다. 대도시에 사는 사람들 : people who live in big cities 관광객 수의 증가 : an increase in the number of tourists 혼잡을 가중시키다 : exacerbate congestion

Answer

Advantages	Disadvantages
관광산업을 발달시키는 것의 장점들	관광산업을 발달시키는 것의 단점들
1. Some countries rely on tourism to make up a significant portion of their gross domestic product.	1. This industry is likely to destruct picturesque or remote areas.
2. Even in countries that do not rely on this kind of income, the development of tourism improves their image on the world stage.	2. People who live in big cities often complain that an increase in the number of tourists exacerbates congestion.

※ 완성된 에세이는 줄리정 불법 Writing Task Ⅱ Day 7(p.169) 참고!

3) Reason (Problem) and Solution

문제의 토픽에 대한 이유와 해결책(3-1) 혹은 문제점과 해결책(3-2)을 제시하는 유형이다.

(3-1) Reasons and Solutions (이유들과 해결책들)

> Nowadays many species of animals and plants are in danger of becoming extinct. What do you think the reasons are? What can you suggest as a solution?
>
> 요즘 많은 동식물들이 멸종 위기에 처해 있다. 이유는 무엇이라고 생각하는가? 해결책으로 무엇을 제시할 수 있는가?

토픽 (topic) : Nowadays many species of animals and plants are in danger of becoming extinct.
질문 (question) : What do you think the reasons are? What can you suggest as a solution?

이 문제 유형은 다음과 같은 구조로 에세이를 작성할 수 있다.

Introduction	**두 문장 : Paraphrasing + Answering** 1. 요즘 많은 동식물들이 멸종 위기에 처해 있다. 2. 이 에세이에서는 많은 동식물들이 멸종 위기에 처한 이유와 이에 대한 해결책을 제시하겠다.
Body 1	**Reason A + B** 많은 동식물들이 멸종 위기에 처한 이유들 : 분량 Body 1 = Body 2 　반드시 2개 이상의 이유 제시 (문제에 reasons라고 복수로 제시)
Body 2	**Solution A' + B'** 많은 동식물들의 멸종을 막기 위한 해결책들 : 분량 Body 1 = Body 2 　반드시 2개 이상의 해결책 제시 　* 문제에서 a solution의 의미는 하나의 해결책이 아닌, 해결책 전체를 통칭한다. 　* Body 1에서 제시한 두 개의 이유에 대한 각각의 해결책을 제시하는 것이 좋다.
Conclusion	**Restatement** 많은 동식물들이 멸종 위기에 처한 이유는 A + B이고 이에 대한 해결책은 A' + B'이다. : Body 1 + 2의 내용을 요약하며 다시 한 번 강조

Reason and Solution 유형에서 응시자들은 토픽에 대한 이유와 해결책 모두를 제시해야 한다. Body 1에는 이유를, Body 2에는 해결책을 제시하고 분량은 비슷하게 작성한다. 특히 3-1의 문제에서 reasons의 복수를 확인해서 반드시 이유는 2개 이상, 해결책도 각각의 이유에 대해서 하나씩 제시하는 것이 좋다(이유 2개: 해결책 2개, 이유 3개: 해결책 3개). 이유를 A라고 제시했는데, A를 해결할 수 있는 아이디어가 없다면 혹은 그 해결책을 영어로 작성할 수 없다면, 다른 이유를 제시해야 한다. 이유와 해결책은 세트다! 결론에는 본론에서 작성한 이유와 해결책에 대해 간단히 요약하며 강조한다.

간혹 reason(이유) 대신에 cause(원인)을 물어보는 유형도 있는데, 같은 구조로 작성하면 된다.

Brainstorming Note
다음 빈칸에 '요즘 많은 동식물들이 멸종 위기에 처한 이유와 이에 대한 해결책'을 영어로 작성해 보자.

Reasons	Solutions
많은 동식물들이 멸종 위기에 처한 이유들	많은 동식물들의 멸종을 막기 위한 해결책들
1.	1.
2.	2.

Translation

다음 우리말을 영작해 보자.

Reasons	Solutions
많은 동식물들이 멸종 위기에 처한 이유들	많은 동식물들의 멸종을 막기 위한 해결책들
1. 환경 악화와 오염 가장 심각한 이유는 아마도 환경 악화와 오염일 것이다. 가장 심각한 이유 : the most serious reason (최상급) 환경 악화 : environmental degradation (degradation은 질이 떨어지는 뜻) 오염 : pollution	1. 도시 개발과 자연보호 사이의 균형 도시 개발과 자연보호 사이의 균형을 맞추는 것이 그 첫 번째 조치가 될 것이다. 도시 개발 : urban development 자연보호 : nature conservation 균형을 맞추다 : strike a balance 첫 번째 조치 : the first action
2. 밀렵 성행 아프리카의 코끼리를 포함해 밀렵은 세계 일부 지역에서 특정 종에게 가장 중대한 위협이 되고 있다. 밀렵 : poaching 세계 일부 지역에서 : in some parts of the world 가장 중대한 위협 : a major threat	2. 밀렵과 장기 밀매 금지 밀렵 문제를 처리하는 것은 더 간단해 보이는데, 왜냐하면 우리는 멸종위기에 처한 종들을 사냥하는 것을 멈추고 희귀 동물의 장기를 사는 것을 피하기만 되기 때문이다. 처리하다 : deal with 멸종위기에 처한 종들 : endangered species 사냥하는 것을 멈추다 : stop hunting 희귀 동물의 장기 : rare animal organs 우리는 ~하기만 하면 된다 : all we have to do is

Answer

Reasons	Solutions
많은 동식물들이 멸종 위기에 처한 이유들	많은 동식물들의 멸종을 막기 위한 해결책들
1. The most serious reason is probably environmental degradation and pollution.	1. Striking a balance between urban development and nature conservation would be the first action.
2. Poaching continues to be a major threat to certain species in some parts of the world, including elephants in Africa.	2. Dealing with poaching might seem simpler because all we have to do is stop hunting endangered species and avoid buying rare animal organs.

※ 완성된 에세이는 줄리정 불법 Writing Task Ⅱ Day 9(p.205) 참고!

(3-2) Problems and Solutions (문제점들과 해결책들)

> In the 21st century, the average life expectancy is increasing. What problems will this cause for individuals and society? Suggest some solutions that could be taken to reduce the effect of aging populations.
>
> 21세기 평균 기대수명은 증가하고 있다. 이러한 현상이 개인과 사회에 어떤 문제들을 일으킬 수 있는가? 인구 노령화의 영향을 줄이기 위해서 취할 수 있는 해결책들을 제시하라.

토픽 (topic) : In the 21st century, the average life expectancy is increasing.
질문 (question) : What problems will this cause for individuals and society? Suggest some solutions that could be taken to reduce the effect of aging populations.

이 문제 유형은 다음과 같은 구조로 에세이를 작성할 수 있다.

Introduction	**두 문장 : Paraphrasing + Answering** 1. 21세기 평균 기대수명은 증가하고 있다. 2. 이 에세이에서는 인구 노령화가 개인과 사회에 미치는 문제들을 논하고, 이에 대한 영향을 줄일 수 있는 해결책을 제시하겠다.
Body 1	**Problem A (개인) + B (사회)** 인구 노령화가 개인들과 사회에 미치는 문제점들 : 분량 Body 1 = Body 2 반드시 개인들과 사회에 미치는 문제점 각각 1개 이상씩 제시 (총 2개 이상)
Body 2	**Solution A' + B'** 인구 노령화의 영향을 줄일 수 있는 해결책들 : 분량 Body 1 = Body 2 반드시 2개 이상의 해결책 제시 * Body 1에서 제시한 두 개의 문제점에 대한 각각의 해결책을 제시하는 것이 좋다.
Conclusion	**Restatement** 인구 노령화가 개인들과 사회에 미치는 문제점은 A와 B이고, 이에 대한 영향을 줄일 수 있는 해결책들은 각각 A' 와 B' 이다. : Body 1 + 2의 내용을 요약하며 다시 한 번 강조

Problem and Solution 유형에서 응시자들은 토픽에 대한 문제점과 해결책을 모두 제시해야 한다. Body 1에는 문제점을, Body 2에는 해결책을 제시하고 분량은 비슷하게 작성한다. 특히 3-2의 문제에서는 문제점을 제시할 때, 각각 individuals와 society에 미치는 문제점에 대해 제시해야 한다. 여기서 society란 government와 같은 개념으로 볼 수 있다. Body 2에는 solutions의 복수에 주의해서 Body 1에서 언급한 문제점에 대한 각각의 해결책을 제시해야 한다. 일반적으로 2~3개 정도 제시하는 것이 무난하다. 결론에는 본론에서 작성한 문제점과 해결책에 대해 간단히 요약하며 강조한다.

Brainstorming Note

다음 빈칸에 '인구 노령화가 개인과 사회에 일으키는 문제들과 이에 대한 영향을 줄일 수 있는 해결책'을 영어로 작성해 보자.

Problems	Solutions
인구 노령화가 개인과 사회에 미치는 문제들	인구 노령화의 영향을 줄일 수 있는 해결책들
1.	1.
2.	2.

Translation

다음 우리말을 영작해 보자.

Problems	Solutions
인구 노령화가 개인과 사회에 미치는 문제들	인구 노령화의 영향을 줄일 수 있는 해결책들
1. 개인 : 건강 상의 문제 노인들은 질병으로부터 고통 받는 것을 피할 수 있는 가능성이 낮다(피하기 어렵다.). 노인들 : aged people = the elderly 피하다 : avoid 가능성이 낮다 : be less likely to	1. 개인 : 규칙적인 운동과 균형 잡힌 식사 권장 노인들에게 규칙적인 운동을 하고 균형 잡힌 식사를 하도록 권장하는 것이 근본적인 일일 것이고, 그 다음이 의료 부분 개선일 것이다. 규칙적인 운동을 하다 : do regular exercise 균형 잡힌 식사를 하다 : eat a well-balanced diet 권장하다 : encourage 의료 부분을 개선하다 : improve the medical sector 근본적인 : fundamental
2. 사회 : 세제 수입의 안정성 확보 문제 경제 활동 인구 수가 줄어듦에 따라, 정부가 세제 수입의 안정성을 확보하는 데 차질이 예상된다. 경제 활동 인구 수 : the number of economically active people 세제 수입 : tax revenue 차질 : setback	2. 사회 : 연금과 퇴직 체계 재조정 우리는 또한 국세의 부족을 방지하기 위해 고령사회의 특성을 반영할 수 있도록 연금과 퇴직 체계를 재조정할 수 있을 것이다. 국세 부족 : the shortage of national taxes 방지하다 : prevent 연금 : pension 퇴직 체계 : retirement system 재조정하다 : re-assess

Answer

Problems	Solutions
인구 노령화가 개인과 사회에 미치는 문제들	인구 노령화의 영향을 줄일 수 있는 해결책들
1. Aged people are less likely to avoid suffering from diseases.	1. Encouraging the elderly both doing regular exercise and eating a well-balanced diet would be fundamental followed by improving the medical sector.
2. As the number of economically active people decreases, the government is expecting a setback in securing tax revenue.	2. We could also re-assess our pension and retirement systems to reflect an aging society to prevent in the shortage of national taxes.

※ 완성된 에세이는 줄리정 불법 Writing Task II Day 2(p.79) 참고!

3-2. Task 2 서론, 본론, 결론 작성 공식

    IELTS Writing Task 2, 에세이 작성의 기본인 서론, 본론, 결론 작성 공식에 대해 알아보자. 대부분의 응시자들에게 영어로 글을 쓴다는 것 자체가 상당히 부담스럽고 막막한 일일 것이다. 또한 응시자들 대부분이 수능 시험을 위한 교육을 받았기 때문에 한글로도 논술을 작성한 경험이 없어 공포스럽기까지 하다. 이러한 이유들로 IELTS 시험에서 특히 Writing Task 2 에세이 작성은 객관식 영어 시험에 익숙한 한국 응시자들에겐 가장 큰 난관일 것이다.

    하지만 Task 2 작성에는 일종의 공식, 틀이 있다. 다음에 나오는 서론, 본론, 결론 작성 공식을 익히면 생각보다 쉽고 빠르게 에세이를 작성할 수 있다. Writing 기초 틀을 익히고 각각의 주제에 대한 브레인스토밍을 마친 후, 제한된 시간 내에 글을 작성하는 연습을 꾸준히 한다면 Writing은 단시간에 가장 빨리 점수를 올릴 수 있는 과목이 된다. 필자의 학생들 중에는 한두 달 만에 Writing 점수가 5.0에서 6.5로 오른 경우도 적지 않다. 또한 처음에 가장 두려웠던 Writing이 어느새 가장 재미있고 성취감이 느껴지는 과목으로 변했다는 학생들도 많다.

    Y대 경영학과를 졸업하고 신문기자를 하던 30대 후반 학생보다 내신 8등급이었던 스무 살 학생의 Writing 점수가 더 높았다는 걸 믿을 수 있을까? Writing, 절대 포기하지 말자! Writing은 쓴 만큼 점수가 나온다.

1) 서론 (Introduction)

서론은 두 문장으로 작성한다. (Paraphrasing + Answering)

서론 Introduction	첫 번째 문장	Paraphrasing	문제의 토픽(topic)을 본인의 표현으로 다시 작성
	두 번째 문장	Answering	주어진 질문에 대한 응시자의 간단한 대답

서론의 목적은 에세이의 주제를 제시하고, 주어진 질문에 대한 응시자의 대답을 간단하게 작성하는 것이다. 따라서 많은 시간과 분량을 할애하지 말고, 위와 같이 두 가지 문장으로만 명료하고 빠르게 작성해야 한다. 단, 문제를 paraphrasing 하지 않고 그대로 옮겨 적으면 감점이 된다. 대략 50단어 내외로 작성하는 것이 좋다.

Question	
	Some people think governments should spend as much money as possible exploring outer space. Others argue they should spend the money for poor people. Discuss both views and give your own opinion. 어떤 사람들은 정부가 가능한 한 많은 돈을 우주 탐험에 써야 한다고 생각한다. 다른 사람들은 정부는 가난한 사람들을 위해 그 돈을 써야 한다고 주장한다. 양쪽의 견해를 논하고 당신의 주장을 제시하라. 1-2) Discuss both views and give your own opinion. 유형

서론 작성

단계	Question	서론 작성
1단계 Paraphrasing	토픽: Some people think governments should spend as much money as possible exploring outer space. Others argue they should spend the money for poor people.	**Paraphrasing:** When it comes to considering billions of US dollars spent on space exploration by countries worldwide, there is a growing debate over whether we should aim to resolve issues like poverty before focusing too much on this space race.
2단계 Answering	질문: Discuss both views and give your own opinion.	**Answering : Disagree일 경우** Although broadening our horizons is important, ultimately the people of our own planet should be our priority.

Introduction
When it comes to considering billions of US dollars spent on space exploration by countries worldwide, there is a growing debate over whether we should aim to resolve issues like poverty before focusing too much on this space race. Although broadening our horizons is important, ultimately the people of our own planet should be our priority.

Template
When it comes to + 키워드(considering billions of US dollars spent on space exploration by countries worldwide), **there is a growing debate over whether + 에세이에서 논란이 되는 주제**(we should aim to resolve issues like poverty before focusing too much on this space race.) **Although + 상대방 의견, 내 의견** (broadening our horizons is important, ultimately the people of our own planet should be our priority.)

※ 이 템플릿은 Task 2 작성이 막막한 학생들을 위한 참고 자료이다. 1-1, 1-2, 2-1 유형에 적용하면 서론을 쉽고 빠르게 작성할 수 있다. 하지만 억지로 이 템플릿에 맞춰 작성할 필요는 없다.

when it comes to + 키워드 (명사 / 명사구)
: ~관해서 (말하자면), in terms of, as for와 동의어. 키워드를 강조하기 위해 키워드 앞에 쓴다. 뒤에 동사나 문장이 아닌 명사나 명사구를 써야 한다.

there is a growing debate over whether + 에세이에서 논란이 되는 주제 (문장=S+V)
: ~인지 아닌지에 대한 논쟁이 커지고 있다. 찬반이나 장단점 등 의견이 양쪽으로 갈리는 주제 앞에 써주면 좋다. whether 다음에는 문장이 온다.

although + 상대방 의견, 내 의견
: although A, B = 비록 A이지만, B이다. 강조하는 의견을 B에다 작성한다. 반드시 A다음에 콤마(,)를 쓸 것!

우리말 해석

전 세계 국가들에 의해 수십억 미국 달러가 우주 탐사에 쓰여지는 것에 관해서 말하자면, 이 우주 개발 경쟁에 지나치게 집중하기 전에 빈곤과 같은 문제들을 해결하는 것을 목표로 해야 할지 여부에 대한 논쟁이 커지고 있다. 우리의 시야를 넓히는 것도 중요하지만, 궁극적으로 우리(자신의) 행성 사람들이 우선시 되어야 한다.

서론 작성시에는 문제의 토픽을 paraphrasing하는 것이 중요하다. 이 문제의 키워드인 money, exploring outer space 등의 동의어를 다양하게 사용해 보자.

billions of : 수십억의
US dollars : 미국 달러, money와 동의어
space exploration : 우주 탐사, 문제의 exploring outer space와 동의어
a growing debate : 커지는 논쟁
resolve issues : 문제들을 해결하다, issue라는 단어 앞에는 solve가 아닌 resolve를 쓴다.
poverty : 빈곤
space race : 우주 개발 경쟁, 문제의 exploring outer space와 동의어
broaden one's horizons : 시야를 넓히다
priority : 우선순위

※ 완성된 에세이는 줄리정 불법 Writing Task II Day 10(p.223) 참고!

2) 본론 (Body)

본론은 3단계로 작성한다. (Topic Sentence + Supporting Sentence + Specific Example)

본론 Body	1단계	Topic Sentence (TS)	본론의 주제문
	2단계	Supporting Sentence (SS)	Topic Sentence를 뒷받침하는 근거 왜냐하면 (because)의 느낌으로 작성
	3단계	Specific Example (SE)	Supporting Sentence를 설명해주는 구체적인 예 주로 예를 들면 (for example)의 느낌으로 작성

본문은 에세이에서 가장 중요한 부분이고, 가장 높은 점수를 차지한다. 따라서 본문에 가장 많은 시간과 분량을 할애해야 한다. 본론은 주제문인 Topic Sentence를 명료하게 제시한 후 Supporting Sentence로 주제문을 뒷받침하는 근거를 들고 Specific Example로 이 근거를 예를 들어 구체적으로 설명한다.

Task 2 Body에는 주제문을 뒷받침하는 근거를 두 가지씩 제시하는 것이 좋다. 한 가지를 제시할 경우에는 글자 수가 부족해서 감점 당할 수도 있고, 세 가지 이상을 제시할 경우에는 너무 많아져서 시간 내에 글을 완성하기 어렵기 때문이다.

Question	Young people are strongly influenced by fashion, such as clothing or hairstyle. Is it a positive or negative development? 젊은 사람들은 옷이나 머리스타일 같은 패션으로부터 영향을 크게 받는다. 이것은 긍정적인 발전인가? 부정적인 발전인가? 2-1) Is it a positive or negative development? 유형

Body 1과 Body 2를 작성하는 공식은 같다. 여기에서는 Body 1 작성을 예로 들어보자. 내 주장이 negative이고 상대방의 의견도 언급하는 B type으로 작성할 경우, Body 1에서는 내 의견과 반대인 positive에 대한 내용(젊은이들이 패션에 매료되는 것은 긍정적이다.)을 작성한다.

Brainstorming Note

브레인스토밍을 할 때는 Topic Sentence에 대한 두 가지 근거(Supporting Sentence) A와 B를 들고 각각의 근거에 대한 예시(Specific Example)까지도 함께 생각해야 한다. Supporting Sentence만 적고 Specific Example를 적지 않는다면, 설득력이 떨어져서 낮은 점수를 받게 된다. 만약 Specific Example이 생각나지 않는다면, 아예 다른 Supporting Sentence로 바꿔야 한다. **Supporting Sentence와 Specific Example은 세트다!**

아이엘츠를 처음 시작하는 단계라면, 먼저 한글로 브레인스토밍을 하고 사전 등을 찾아가면서 영어로 번역하는 것도 좋지만 시험을 2주 앞둔 학생이라면 반드시 **영어로 직접 브레인스토밍** 해야 한다. 시험장에서 영어로 쓸 수 없는 단어를 한글로 브레인스토밍 하는 것은 무의미하다.

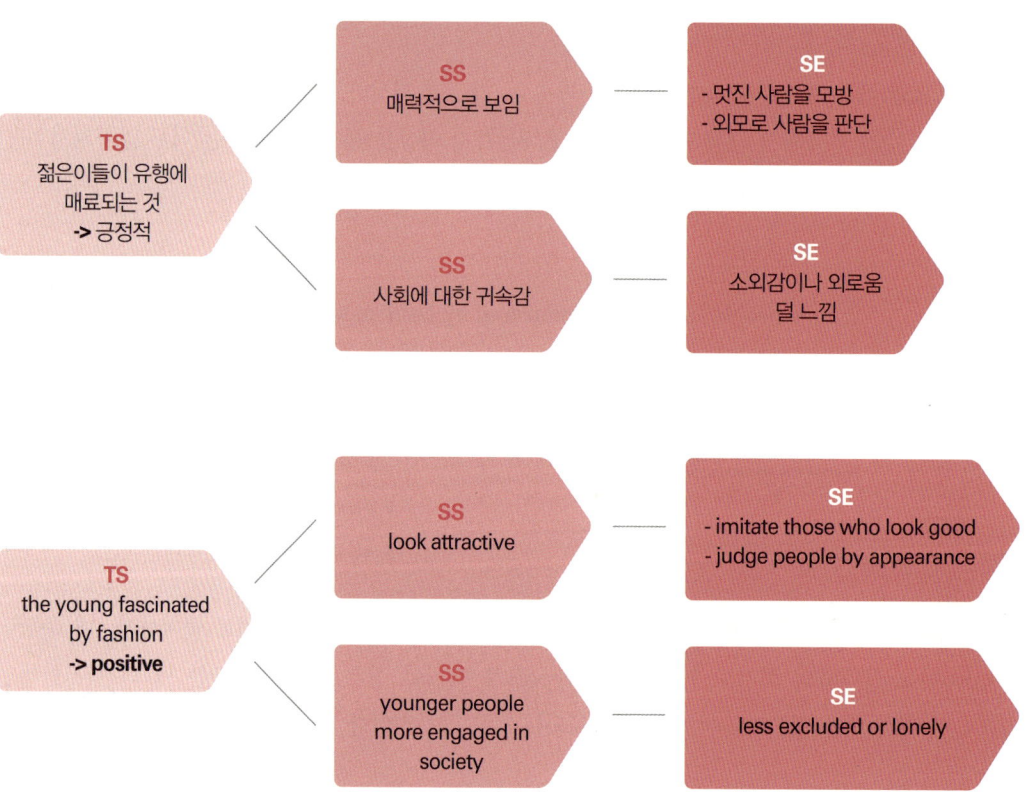

Body 작성

위의 Brainstorming Note를 바탕으로 다음과 같이 본문을 작성한다.

1단계	Topic Sentence	It seems positive that the young are fascinated by fashion.
2단계 (A)	Supporting Sentence (A)	First of all, young people who take an interest in their appearance by following the latest fashions are more likely to look attractive.
3단계 (A)	Specific Example (A)	This is because people are naturally inclined to imitate those who look good, and most of us judge people by appearance to a certain extent whether we like to admit it or not.
2단계 (B)	Supporting Sentence (B)	In addition, fashion is an expression of culture and so it can encourage younger people to be more engaged in society.
3단계 (B)	Specific Example (B)	By being interested in new trends they are less likely to feel excluded or lonely and that is a positive effect.

Body 1
It seems positive that the young are fascinated by fashion. First of all, young people who take an interest in their appearance by following the latest fashions are more likely to look attractive. This is because people are naturally inclined to imitate those who look good, and most of us judge people by appearance to a certain extent whether we like to admit it or not. In addition, fashion is an expression of culture and so it can encourage younger people to be more engaged in society. By being interested in new trends they are less likely to feel excluded or lonely and that is a positive effect.

Template
It seems positive that + 토픽(the young are fascinated by fashion). **First of all,** + 첫 번째 근거, **SS**(young people who take an interest in their appearance by following the latest fashions are more likely to look attractive.) **This is because** + 구체적인 예시, **SE**(people are naturally inclined to imitate those who look good, and most of us judge people by appearance to a certain extent whether we like to admit it or not). **In addition,** + 두 번째 근거, **SS**(fashion is an expression of culture and so it can encourage younger people to be more engaged in society.) **By being** + 구체적 예시, **SE**(interested in new trends they are less likely to feel excluded or lonely and that is a positive effect.)

※ 이 템플릿은 Task 2 작성이 막막한 학생들을 위한 참고 자료이다. 1-1, 1-2, 2-1 유형에서 상대방의 의견을 제시하는 Body 1 에 적용하면 좀 더 쉽고 빠르게 작성할 수 있다. 하지만 억지로 이 템플릿에 맞춰 작성할 필요는 없다.

it seems positive that + 토픽 (문장 = S + V)
: 토픽이 긍정적인 것처럼 보인다. seem이라는 단어는 자기가 말하는 내용의 강도를 약하게 하기 위해 쓰는 동사로 내 주장이 아닌 상대방의 주장을 언급하는 Body 1에 잘 어울린다.

first of all, + 첫 번째 근거, SS (문장 = S + V)
: 첫 번째 근거를 들 때 쓰는 표현

this is because + 구체적인 예시, SE (문장 = S + V)
: this is because = 이것은 ~때문입니다.

in addition, + 두 번째 근거, SS (문장 = S + V)
: 두 번째 근거를 들 때 쓰는 표현 = secondly (second of all이라는 표현은 없다!)

by ~ing + 구체적 예시, SE
: by ~ing = ~함으로써 구체적인 예시를 들 때 사용하면 좋은 표현이다.

우리말 해석

젊은이들이 유행에 매료되는 것은 긍정적으로 보인다. 무엇보다도 최신 유행을 따르며 자신들의 외모에 관심을 갖는 젊은이들은 매력적으로 보일 가능성이 더 많다. 이것은 사람들은 자연히 멋지게 보이는 사람들을 모방하는 경향이 있고 또 우리 대부분이 인정하고 싶어하든 아니든 어느 정도 외모로 판단하기 때문이다. 게다가 유행은 문화의 표현이며, 따라서 이는 젊은이들이 더욱 사회에 귀속감을 가지도록 할 수 있을 것이다. 새로운 유행에 대해 관심을 가짐으로써 그들은 소외감이나 외로움을 덜 느끼게 될 것이고 그것은 긍정적인 면이 될 것이다.

be fascinated by : ~에 매료되다

take[have] an interest in : ~에 흥미를 갖다 = be interested in

the latest fashion : 최신 유행

be more[less] likely to : ~할 가능성이 더 높다[낮다], 최신 유행을 따르는 사람들이 대체적으로 매력적으로 보이지만, 그 중에도 매력적으로 보이지는 않는 사람들도 있기 때문에 단정짓기보다는 ~할 가능성이 더 높다고 표현하는 것이 논리적이다.

incline : ~쪽으로 (마음이) 기울다

imitate : 모방하다 = copy, mimic

to a certain extent : 어느 정도

admit : 인정하다

be engaged in : 참가하다, 속하다, 직업과 관련하여 종사하다의 뜻으로 많이 사용된다.

feel excluded : 소외감을 느끼다 = feel isolated

※ 완성된 에세이는 줄리정 불법 Writing Task Ⅱ Day 13(p.277) 참고!

3) 결론 (Conclusion)

결론은 다음에 나오는 Conclusion Template을 문제 유형별로 이용해서 작성한다.

결론은 본론에서 언급한 내용을 요약해서 내 의견을 다시 한 번 강력하게 주장하는 단락이다 (Restatement). 따라서 결론에는 본론에서 언급하지 않은 새로운 아이디어를 제시해서는 안 된다. 또한 분량이 너무 길거나 for example 등 예를 드는 표현이나 문장이 등장하는 것은 적절하지 않다. 결론은 가장 짧은 요약 단락이라는 것을 기억하자. 대략 40단어 내외로 작성하는 것이 좋다.

시험장에서 결론 작성 시, 대부분의 응시자들은 시간적 여유가 없어서 결론을 아예 작성하지 못하거나 혹은 다급한 나머지 서론에는 '동의한다' 라고 주장했지만 결론에는 '동의하지 않는다' 라는 내용을 작성하기도 한다. 이러한 용두사미 식의 에세이는 결코 높은 점수를 받을 수 없다. 그러므로 다음에 나오는 각 문제 유형별 결론 상용어구(template)를 익혀서 빠르고 정확하게 결론을 작성할 수 있도록 하자. 또한 결론을 작성하기 전에 주어진 문제를 다시 한 번 읽어서 논점에서 벗어나는 일을 막도록 하자!

서론과 본론에서는 template을 본인의 판단에 따라 적용 여부를 결정해도 되지만 결론에서는 template을 적용하는 것이 좋다. 서론과 본론에서는 창의력이 중요하지만 결론에서는 일관성과 스피드 그리고 글을 완성하는 것이 더욱 중요하기 때문이다.

다음 template은 처음부터 외울 필요는 없다. 에세이를 작성할때마다 이 부분을 펴놓고 참고해서 쓴다면, 어느새 자연스럽게 외워질 것이다.

* **Conclusion Template**

1. Agree or Disagree	1-1) Do you agree or disagree?	For the reasons mentioned above, I totally agree(disagree) with the opinion because ... 본론에 제시한 내 주장 간단히 요약 위에서 언급한 이유들 때문에, 나는 이 의견에 완전히 동의한다(동의하지 않는다). 왜냐하면...
	1-2) Discuss both views and give your own opinion.	In conclusion, there are convincing arguments both for and against... (토픽), but I am convinced that... 본론에 제시한 내 주장 간단히 요약 결론적으로 (토픽)에 대해 찬성과 반대를 하는 설득력 있는 주장들이 있지만, 나는 확신한다 that 이하를...
2. Advantages or Disadvantages	2-1) Is it a positive or negative development?	For the reasons mentioned above, I would argue that the benefits(drawbacks) of... (토픽) outweigh its drawbacks(benefits) because... 본론에 제시한 장점(단점) 간략히 요약 위에서 언급한 이유들 때문에, 나는 (토픽)의 장점(단점)들이 단점(장점)들을 능가한다고 주장한다. 왜냐하면...
	2-2) Discuss the advantages and disadvantages of 토픽.	In conclusion, although there are benefits(drawbacks) of ... (토픽), its drawbacks(benefits) also should not be ignored because... 본론에 제시한 장점과 단점 간략히 요약 결론적으로 비록 (토픽)에 대한 장점(단점)들이 있지만, 이것의 단점(장점)들도 무시되어서는 안 된다. 왜냐하면...
3. Reason (Problem) and Solution	3-1) Reasons and Solutions	In conclusion, it is clear that there are various reasons for... (토픽), and steps* are needed to tackle this phenomenon. * steps에 본론에서 제시한 해결책 간단히 요약 결론적으로 (토픽)에 대해 다양한 이유들이 있는 것은 분명하다. 이러한 현상을 방지하기 위해서는 (어떠한)조치들이 요구된다.
	3-2) Problems and Solutions	In conclusion, it is clear that there are various problems for... (토픽), and steps* are needed to tackle this phenomenon. * steps에 본론에서 제시한 해결책 간단히 요약 결론적으로 (토픽)에 대해 다양한 문제점들이 있는 것은 분명하다. 이러한 현상을 방지하기 위해서는 (어떠한)조치들이 요구된다.

Question	Nowadays many species of animals and plants are in danger of becoming extinct. What do you think the reasons are? What can you suggest as a solution? 요즘 많은 동식물들이 멸종 위기에 처해 있다. 이유는 무엇이라고 생각하는가? 해결책으로 무엇을 제시할 수 있는가?

3-1) Reasons and Solutions 유형

결론 작성 시에는 먼저 문제 유형을 파악한 후, 'Conclusion Template'의 표현을 인용한다.

결론 Conclusion	문제 유형 파악	3-1) Reasons and Solutions
	Conclusion Template 인용	In conclusion, it is clear that there are various reasons for...(토픽), and steps are needed to tackle this phenomenon.

Conclusion

In conclusion, it is clear that there are various reasons for the threat of extinction faced by various species of animals and plants, **and** both individual and government efforts **are needed to tackle this phenomenon**.

NB

steps에 해당하는 내용이 both individual and government efforts이다.

이 결론은 Body 1에는 멸종 위기에 처한 동물들이 증가하는 이유를, Body 2에는 멸종 위기에 처한 동물들을 구하기 위한 개인과 정부의 노력이 언급된 경우다. steps에 '개인은 밀렵 행위를 하지 말고, 정부는 도시 개발과 자연보호 사이의 균형을 맞추자.' 라고 좀 더 구체적으로 작성할 수도 있지만 이럴 경우, 자칫 같은 표현이 반복되고 결론이 너무 길어질 수 있다.

점수를 결정짓는 단락은 본론이다. 결론에서는 서론과 본론에서 언급한 내 주장을 일관성 있게 다시 한 번 강조하고 글을 끝맺는 것이 가장 중요하다. 아무리 잘 쓴 글도 결론을 끝맺지 못하면 높은 점수를 기대할 수 없다.

우리말 해석

결론적으로 동물과 식물의 다양한 종들이 직면한 멸종위기에는 다양한 이유가 있으며 개인과 정부 양쪽의 노력이 이런 현상을 해결하기 위해 필요하다는 것은 명백하다.

the threat of extinction : 멸종 위기 (위협)
tackle : (힘든 문제 · 상황을 해결하려고) 씨름하다
phenomenon : 현상

※ 완성된 에세이는 줄리정 불법 Writing Task Ⅱ Day 9(p.205) 참고!

3-3. 실전 문제

Sample Question : Task 2

You should spend about 40 minutes on this task.

Write about the following topic :

> Some people think studying history has little value in modern society.
> Do you agree or disagree with this opinion?

Give reasons for your answer and include any relevant examples from your own knowledge or experience.

Write at least 250 words.

Task 2. 작성 단계

Task 2는 네 단락(서론, 본론 1, 본론 2, 결론)으로 나누지만 총 6단계로 작성한다. 반드시 1단계와 6단계를 고려해야 한다.

1단계 문제 정독 문제 유형 파악 브레인스토밍	0 ~ 5분	가장 중요한 시간이다. 긴장한 일부 응시자들은 문제도 제대로 파악하지 못한 채 서론부터 쓰기 시작한다. 이 경우 논점을 벗어나는 걷잡을 수 없는 사태가 발생하므로 반드시 문제를 한 단어도 빠뜨리지 말고, 정확하게 읽는다. 문제 파악 후에는 문제 유형을 분석하고, 브레인스토밍에서 나온 아이디어를 영어로 작성한다.
2 단계 서론 (Introduction)	6 ~ 10분	서론은 두 문장으로 간결하게 작성한다. 반드시 문제의 토픽과 본인 의견을 제시해야 한다. 세 문장 이상이 되면 논점에서 벗어나기 쉽고 서론+본론이 된다.
3 단계 본론 1 (Body 1)	11 ~ 20분	1 단계에서 생각한 브레인스토밍에 맞춰 본론을 작성한다.
4 단계 본론 2 (Body 2)	21 ~ 30분	1 단계에서 생각한 브레인스토밍에 맞춰 본론을 작성한다.
5 단계 결론 (Conclusion)	31 ~ 35분	결론을 작성하기 전, 우선 주어진 문제와 지금까지 작성한 내용을 쭉 훑어본 후에 template에 맞춰 일관성 있는 간결한 결론을 완성한다.
6 단계 교정 (Self-Correction)	36 ~ 40분	내용의 일관성과 문법적 오류를 확인한다. 간혹 급한 마음에 'I do not agree.' 라고 쓰려던 문장에서 'not' 을 빼먹고 'I do agree.' 라고 작성하는 경우가 있는데, 이러한 에세이는 논리적 일관성을 잃게 된다. 또한 관사의 여부, 주어와 동사와의 매칭, 대소문자, 문장 부호(쉼표와 마침표) 등은 대부분의 응시자들이 범하는 실수이므로 반드시 검토해야 한다.

1단계 문제 정독, 문제 유형 파악, 브레인스토밍 (0 ~ 5분)

Question	Some people think studying history has little value in modern society. Do you agree or disagree with this opinion?

문제 정독
어떤 사람들은 현대 사회에서 역사를 연구하는 것이 거의 가치가 없다고 생각한다. 당신은 이 의견에 동의하는가? 동의하지 않는가?

필자가 이 문제를 선택한 이유는 세 가지다.

첫 번째는 little이라는 단어 때문이다. little에 대해서는 이미 Reading에서도 강조했듯이 무조건 '거의 없다' 라고 부정적으로 해석해야 의미가 정확해진다. 간혹 이 문장을 '역사를 연구하는 것은 가치가 있다.' 라고 해석하는 학생들도 있는데 이렇게 정반대로 해석을 하고 글을 쓸 경우, 아주 낮은 점수를 받게 된다. 따라서 문제를 해석할 때는 한 단어도 빠뜨리지 말고 정확하게 꼼꼼히 해석하는 습관을 기르자!

두 번째는 Some people의 주장이 부정문이기 때문이다. 따라서 Agree에 대한 의견은 '역사를 연구하는 것은 가치가 거의 없다' 가 되고 Disagree인 경우에는 '역사를 연구하는 것은 가치가 있다' 가 된다. 둘을 혼동하지 말 것!

마지막 이유는 이 문제의 주제인 history 때문이다. 사회가 너무 급성장하다 보니 스마트한 세대일수록 역사에 대한 관심과 지식이 아날로그 세대에 비해 높지 않다는 것을 수업시간에 느끼곤 한다. 물론 아주 일부일 수도 있지만 모짜르트가 누구인지, 안중근 의사가 누구인지를 모르는 학생들을 만날 때면 당황하게 되는 건 사실이다. 필자의 학생들이 가장 어려워했던 주제가 역사이다. 이 주제가 나오면, 아무리 영어를 잘하는 학생이라 하더라도 아이디어가 없어서 글을 전개해 나가지 못하는 경우가 많았다. Writing Task 2는 주제에 따라 점수가 결정되기도 하기 때문에 평소에 내가 잘 모르는 분야부터 에세이를 작성해 보는 것도 좋은 방법이다!

문제 유형 파악

1-1. Do you agree or disagree? 유형

브레인스토밍

Agree : 현대 사회에서 역사를 연구하는 것은 거의 가치가 없다.	Disagree : 현대 사회에서 역사를 연구하는 것은 가치가 있다.
1. 역사책에 적힌 일부 잘못된 정보들 some wrong information written in the history books ▶ 역사는 늘 승자의 편에서 작성됨. 　history always written by winners	1. 우리 선조들이 세운 좋은 선례들의 가치 the value of the examples set by our ancestors ▶ 세계대전 같은 이전세대의 공포들 　the horrors of previous ages like the World War 2. 이전 문명의 발전 지속 continue the progress of previous civilisations ▶ 우리가 즐기는 모든 것이 과거의 산물 　enjoy today is the product of the past

Disagree에 대한 브레인스토밍이 더 많으므로 내 대답은 '동의하지 않는다'로 정한다.

1-1 유형은 내 의견만 쓰는 A type과 상대방의 의견은 Body 1에 적고 내 의견은 Body 2에 더 길고 강력하게 적는 B type이 있는데, 여기에서는 양쪽 의견 모두에 대한 아이디어가 있기 때문에 B type으로 작성해 보자.

2단계   서론 (Introduction) (6 ~ 10분) : 두 문장으로 작성

Question	Some people think studying history has little value in modern society. Do you agree or disagree with this opinion?

단계	Question	서론 작성
1단계 Paraphrasing	**토픽 :** Some people think studying history has little value in modern society.	**Paraphrasing :** When it comes to studying history, there is a growing debate over whether we are wasting our time and resources examining the past when we could focus on the present and future.
2단계 Answering	**질문 :** Do you agree or disagree with this opinion?	**Answering : Disagree 일 경우** Although current events deserve our attention, I believe we should place a strong emphasis on history if we do not want to repeat past tragedies.

Introduction

When it comes to studying history, **there is a growing debate over whether** we are wasting our time and resources examining the past when we could focus on the present and future. **Although** current events deserve our attention, I believe we should place a strong emphasis on history if we do not want to repeat past tragedies.

* 서론에서 설명한 템플릿을 적용해서 작성했다.

examine : = study, 조사 검토하다
deserve one's attention : 누구의 관심을 받을 가치가 있다
place a strong emphasis on : ~에 중점을 두다
tragedies : tragedy 비극들

우리말 해석

역사 연구에 관해서 말하자면, 우리가 현재와 미래에 집중할 수 있을 때 과거를 연구하느라 시간과 자원을 낭비하고 있는 것인지 아닌지에 대한 논쟁이 커지고 있다. 비록 현재의 사건들이 우리의 관심을 받아야 하지만 나는 우리가 과거의 비극을 되풀이하기 원치 않는다면, 역사에 중점을 두어야 한다고 믿는다.

3단계 본론 1 (Body 1) (11 ~ 20분) : 나와 다른 의견 (현대 사회에서 역사를 연구하는 것은 거의 가치가 없다.)

Question	Some people think studying history has little value in modern society. Do you agree or disagree with this opinion?

Body 1은 1단계에서 브레인스토밍한 내용을 바탕으로 작성한다.

1단계	Topic Sentence	There is an opinion that being knowledgeable in a history of a certain country or the world does not have a significant impact on today's life.
2단계 (A)	Supporting Sentence (A)	*some wrong information, written in the history books* Some amount of information written in the history books can be wrong, because no one throughout the world knows exactly when some special events have happened.
3단계 (A)	Specific Example (A)	*history always written by winners* History is always written by winners, therefore, those people could write invalid information in order to leave their own names in history forever.

Body 1

There is an opinion that being knowledgeable in a history of a certain country or the world does not have a significant impact on today's life. Some amount of information written in the history books can be wrong, because no one throughout the world knows exactly when some special events have happened. History is always written by winners, therefore, those people could write invalid information in order to leave their own names in history forever.

knowledgeable : 아는 것이 많은, 정통한
have a significant impact on : ~ 에 중대한 영향력을 미치다
no one : 아무도, 부정어로 시작되는 문장을 반드시 써볼 것!
invalid information : 근거 없는 정보, information은 셀 수 없는 명사인 것을 다시 한 번 기억하자!
leave their own names in history : leave one's own name in history 역사에 이름을 남기다

우리말 해석

어떤 한 나라나 혹은 세계의 역사에 정통하다는 것이 오늘날의 생활에 중요한 영향력을 행사하지 못 한다는 의견이 있다. 역사 책에 적힌 어떤 정보들은 잘못된 것일 수 있는데 왜냐하면 전 세계의 어느 누구도 어떤 특별한 사건들이 일어난 때를 정확히 알지 못하기 때문이다. 역사는 항상 승자의 편에서 쓰여졌고 따라서 그런 사람들은 영원히 자신들의 이름을 남기고자 근거가 없는 정보를 썼을 가능성이 있다.

4단계 본론 2 (Body 2) (21 ~ 30분) : 내 의견 (현대 사회에서 역사를 연구하는 것은 가치가 있다.)

Question	Some people think studying history has little value in modern society. Do you agree or disagree with this opinion?

Body 2는 1단계에서 브레인스토밍한 내용을 바탕으로 작성한다.

1단계	Topic Sentence	Although some peripheral records can be fabricated, studying our past is still valuable in contemporary society. An accurate understanding of history not only helps save us from further tragic events(A) but also allows us to prosper in our lives(B). * Topic Sentence에서 앞으로 전개할 Supporting Sentence A와 B에 대해 간략하게 설명하는 것도 좋다.
2단계 (A)	Supporting Sentence (A)	*the value of the examples set by our ancestors* Those who claim it is irrelevant to concentrate on events of the past ignore the value of the examples set for us by our ancestors.
3단계 (A)	Specific Example (A)	*the horrors of previous ages like the World War* If we do not study those lessons then we risk going through some of the horrors of previous ages like the World War all over again.
2단계 (B)	Supporting Sentence (B)	*continue the progress of previous civilisations* Equally, we can continue the progress of previous civilisations if we find out how they advanced themselves.
3단계 (B)	Specific Example (B)	*enjoy today is the product of the past* Everything we enjoy today is the product of the past, and we should maintain that trend in as positive a way as possible.

Body 2

Although some peripheral records can be fabricated, studying our past is still valuable in contemporary society. An accurate understanding of history not only helps save us from further tragic events but also allows us to prosper in our lives. Those who claim it is irrelevant to concentrate on events of the past ignore the value of the examples set for us by our ancestors. If we do not study those lessons then we risk going through some of the horrors of previous ages like the World War all over again. Equally, we can continue the progress of previous civilisations if we find out how they advanced themselves. Everything we enjoy today is the product of the past, and we should maintain that trend in as positive a way as possible.

peripheral : 지엽적인(부수적이고 중요하지 않은)
fabricated : 조작된, 날조의
contemporary society : 동시대 사회, 현재 사회
not only A but also B : A뿐만 아니라 B도
allow A to B : A로 하여금 B하게 하다
prosper : 번영하다
irrelevant : 중요하지 않은, 상관없는
ancestor : 조상, 선조
previous civilisations : 이전 문명들

우리말 해석

어떤 지엽적 기록은 조작된 것일 수 있지만, 우리의 과거를 연구하는 것은 현대 사회에서 여전히 가치 있는 일이다. 역사에 대한 정확한 이해는 추가적인 비극적 사건들로부터 우리를 구원하는 데 도움을 주는 것뿐만 아니라 우리의 번영된 삶을 가능하게 해준다. 과거의 사건에 집중하는 것이 중요하지 않다고 주장하는 사람들은 우리 선조들이 세운 좋은 선례들의 가치를 무시하는 것이다. 만일 우리가 그러한 교훈들을 연구하지 않는다면 우리는 세계대전처럼 이전 세대의 공포들을 다시 반복해서 겪을 위험이 있다. 동시에 우리가 선조들이 그들 스스로를 진보시킨 방법을 알아낼 수 있다면 이전 문명의 발전을 지속할 수 있을 것이다. 오늘날 우리가 즐기는 모든 것이 과거의 산물이며 또한 우리는 최대한 긍정적인 방법으로 그러한 추세를 보존해야 한다.

5단계 결론 (Conclusion) (31~35분) : 본문에 제시한 내 주장 요약하며 다시 한 번 강조

| Question | Some people think studying history has little value in modern society. Do you agree or disagree with this opinion? |

결론 작성 시에는 먼저 문제 유형을 파악한 후, 'Conclusion Template'의 표현을 인용한다.

문제 유형 파악	1-1) Do you agree or disagree?
Conclusion Template 인용	For the reasons mentioned above, I totally agree(disagree) with the opinion because … 본문에 제시한 내 주장 간단히 요약

Conclusion

For the reasons mentioned above, I totally disagree with the opinion that studying history is worthless **because** through reflecting our past we could prevent horrific conflicts and boost our civilisation.

* 서론과 본문 2에 disagree라고 했는지 다시 한 번 확인하자!

prevent horrific conflicts = help save us from further tragic events
boost our civilisation = allow us to prosper in our lives
 : prevent horrific conflicts와 boost our civilisation은 Body 2의 내 주장을 요약한 것으로 Body 2 Topic Sentence에서 제시한 help save us from further tragic events, allow us to prosper in our lives와 각각 같은 표현이다.
worthless : = valueless, useless, unimportant 가치 없는

우리말 해석
위에서 언급한 이유들 때문에 나는 역사 연구가 가치 없다는 주장에 전적으로 동의하지 않는다. 왜냐하면 우리의 과거를 반성함으로써 끔찍한 갈등을 막을 수 있고 문명을 번영시킬 수 있기 때문이다.

6단계 교정 (Self-Correction) (36 ~ 40분) : 내용의 일관성 및 문법 검토

글을 다 완성한 후, 반드시 스스로 교정할 수 있는 시간 5분을 남겨두어야 한다. 간신히 시간 안에 Task 1과 2를 모두 완성했더라도, 교정하지 않고 답안지를 제출한다면 내용의 일관성과 문법에서 점수를 잃을 수 있다. 최소 0.5~1.0점을 올릴 수 있는 마지막 필살기!

다음 Body 1의 내용을 교정해 보자. 틀린 부분은 총 몇 개일까?

교정 전 (직접 문장 부호를 이용하여, 틀린 부분을 교정해 보자.)

---

there are a opinion that being knowledge in a history of certain country or world do not

have a significant impact to today's life.

Some amount of informations, written in the history books can be wrong, because no one

throughout the world know exactly when some special events has happened. History is

always written by winners, therefore, those person could write invalid informations in order

to leave their own names on history forever

교정

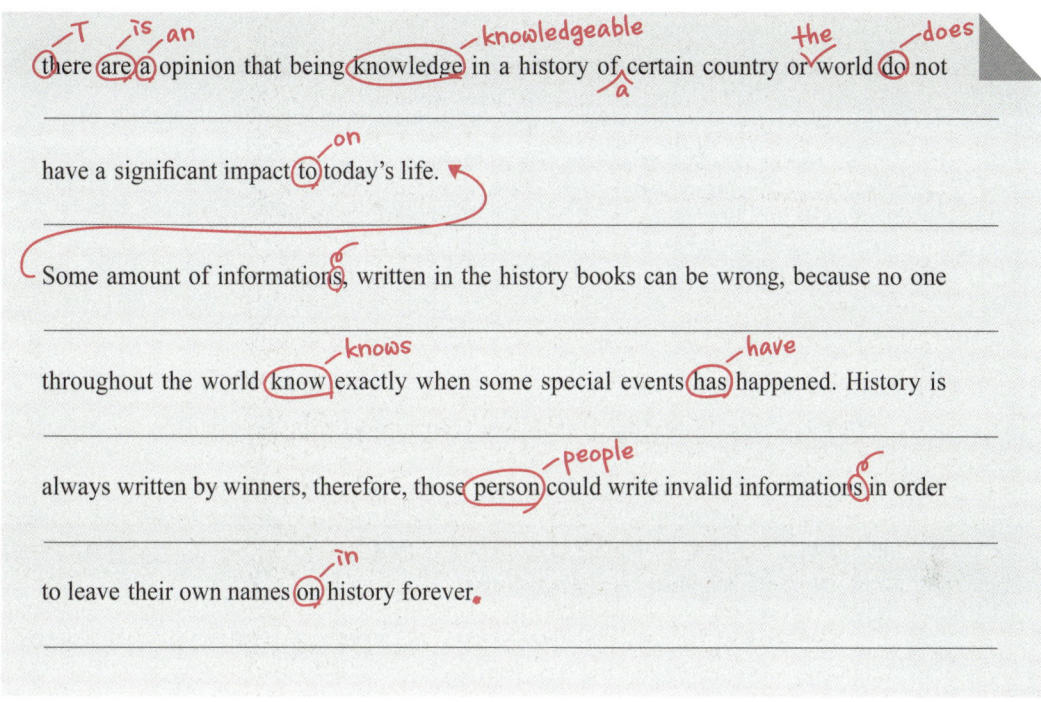

1. t → T : 문장의 첫 글자는 반드시 대문자로 시작한다.
2. are → is : opinion이 복수다.
3. a → an : 모음(a / i / u / e / o)으로 발음이 시작되는 단어 opinion 앞에는 a가 아닌 an으로 쓰고 말한다.
4. knowledge → knowledgeable : 앞에 be동사가 있고, 지식이 되는 것이 아닌 정통하게 되는 것이라고 해야 맞다.
5. a 삽입 : certain country에서 country는 셀 수 있는 단수 명사이므로 관사 a 삽입
6. the 삽입 : world 앞에는 관사 the를 쓴다.
7. do → does : 주어는 being, 동명사는 3인칭 단수로 취급한다.
8. to → on : have an impact on '~에 영향을 주다' 라는 뜻의 숙어다.
9. 붙여쓰기 : 위의 글은 Body 1단락이다. 단락이 바뀌지 않는 한, 줄을 바꿔 쓰지 않는다.
10. informations → information : 은 셀 수 없는 명사이기 때문에 s를 붙일 수 없다.
11. know → knows : 주어는 no one, 3인칭 단수
12. has → have : 주어는 some special events, 3인칭 복수
13. person → people : those 다음에는 복수 명사, 앞에서 나온 winners를 받는 말
14. informations → information : 은 셀 수 없는 명사이기 때문에 s를 붙일 수 없다.
15. on → in : leave one's name in history '역사에 이름을 남기다' 라는 뜻의 숙어
16. ' . ' 마침표 삽입 : 문장을 마칠 때는 반드시 마침표를 찍는다.

틀린 개수 : 총 16개

교정 후

There is an opinion that being knowledgeable in a history of a certain country or the world does not have a significant impact on today's life. Some amount of information, written in the history books can be wrong, because no one throughout the world knows exactly when some special events have happened. History is always written by winners, therefore, those people could write invalid information in order to leave their own names in history forever.

당신은 틀린 부분을 몇 개 찾아냈나요?

5개 이하	문법을 거의 공부한 적이 없군요. 문법 기초부터 시작하세요. 문법을 모르면 글을 쓰는 것 자체가 공포예요!
6 ~ 10개 사이	문법 공부를 하긴 했는데 공부한 지 오래되었군요. 배운 기억은 나는데 정확하게 알고 있지 못하네요. 6.0 이상 맞고 싶다면 문법 공부 다시 시작하세요.
11 ~ 13개 사이	오호 ~ 문법을 조금 아시는군요? 하지만 정확하게 알지 못하는 부분이 있어요. 자꾸 틀리는 부분, 헷갈리는 부분 위주로 공부해 보세요.
14 ~ 15개 사이	이야 ~ 고수시네요. 하지만 7.0 이상이 목표라면 문법은 완벽해야 한답니다. 조금 더 매의 눈으로 틀린 부분을 찾는 연습을 해보세요.
16개	100점! 짝짝짝!!! 참 잘했어요! 당신을 아이엘츠 문법의 달인으로 임명합니다. 반드시 실제 시험에도 문법 실력 발휘해 주실거죠?

Sample Answer

Question	Some people think studying history has little value in modern society. Do you agree or disagree with this opinion?

When it comes to studying history, there is a growing debate over whether we are wasting our time and resources examining the past when we could focus on the present and future. Although current events deserve our attention, I believe we should place a strong emphasis on history if we do not want to repeat past tragedies.

There is an opinion that being knowledgeable in a history of a certain country or the world does not have a significant impact on today's life. Some amount of information written in the history books can be wrong, because no one throughout the world knows exactly when some special events have happened. History is always written by winners, therefore, those people could write invalid information in order to leave their own names in history forever.

Although some peripheral records can be fabricated, studying our past is still valuable in contemporary society. An accurate understanding of history not only helps save us from further tragic events but also allows us to prosper in our lives. Those who claim it is irrelevant to concentrate on events of the past ignore the value of the examples set for us by our ancestors. If we do not study those lessons then we risk going through some of the horrors of previous ages like the World War all over again. Equally, we can continue the progress of previous civilisations if we find out how they advanced themselves. Everything we enjoy today is the product of the past, and we should maintain that trend in as positive a way as possible.

For the reasons mentioned above, I totally disagree with the opinion that studying history is worthless because through reflecting our past we could prevent horrific conflicts and boost our civilisation.

word counts : 292 words

우리말 해석

역사 연구에 관해서 말하자면, 우리가 현재와 미래에 집중할 수 있을 때 과거를 연구하느라 시간과 자원을 낭비하고 있는 것인지 아닌지에 대한 논쟁이 커지고 있다. 비록 현재의 사건들이 우리의 관심을 받아야 하지만 나는 우리가 과거의 비극을 되풀이하기 원치 않는다면 역사에 중점을 두어야 한다고 믿는다.

어떤 한 나라나 혹은 세계의 역사에 정통하다는 것이 오늘날의 생활에 중요한 영향력을 행사하지 못한다는 의견이 있다. 역사 책에 적힌 어떤 정보들은 잘못된 것일 수 있는데, 왜냐하면 전세계의 어느 누구도 어떤 특별한 사건들이 일어났을 때를 정확히 알지 못하기 때문이다. 역사는 항상 승자의 편에서 쓰여졌고 따라서 그런 사람들은 영원히 자신들의 이름을 남기고 자 근거가 없는 정보를 썼을 가능성이 있다.

어떤 지엽적 기록은 조작된 것일 수 있지만, 우리의 과거를 연구하는 것은 현대 사회에서 여전히 가치 있는 일이다. 역사에 대한 정확한 이해는 추가적인 비극적 사건들로부터 우리를 구원하는 데 도움을 주는 것뿐만 아니라 우리의 번영된 삶을 가능하게 해준다. 과거의 사건에 집중하는 것이 중요하지 않다고 주장하는 사람들은 우리 선조들이 세운 좋은 선례들의 가치를 무시하는 것이다. 만일 우리가 그러한 교훈들을 연구하지 않는다면 우리는 세계대전처럼 이전 세대의 공포들을 다시 반복해서 겪을 위험이 있다. 동시에 우리가 선조들이 그들 스스로를 진보시킨 방법을 알아낼 수 있다면 이전 문명의 발전을 지속할 수 있을 것이다. 오늘날 우리가 즐기는 모든 것이 과거의 산물이며 또한 우리는 최대한 긍정적인 방법으로 그러한 추세를 보존해야 한다.

위에서 언급한 이유들 때문에 나는 역사 연구가 가치 없다는 주장에 전적으로 동의하지 않는다. 왜냐하면 우리의 과거를 반성함으로써 끔찍한 갈등을 막을 수 있고 문명을 번영시킬 수 있기 때문이다.

Writing Task 2, 좀 더 잘 쓰고 싶다면?

Task 2를 효율적으로 준비하기 위해서는 평소 기출 문제와 관련한 꾸준한 브레인스토밍과 단어와 숙어 암기, 영작 연습 등이 필요하지만 가장 중요한 것은 40분 동안 에세이를 완성하고 본인 스스로 교정을 마친 후, 전문가에게 첨삭을 받는 것이다. 영어권에서 오랫동안 교육을 받았다 하더라도 아이엘츠 식으로 에세이를 작성하는 틀을 모른다면 높은 점수를 받기 어렵기 때문이다.

Writing, 쓴 만큼 점수가 나오는 과목이라고 앞에서 강조했지만 절대로 무턱대고 혼자서 많이 쓰는 것을 의미하는 것이 아니다. 책, 인터넷 강의, 학원 등을 통해 직·간접적으로 전문가의 조언이나 첨삭을 받고 아이엘츠 시험에 맞게 많이 써보는 것이 중요하다.

또한 전문가에게 첨삭을 받는 것에 그치지 않고 첨삭 받은 내용을 바탕으로 그 에세이를 최소한 본인의 목표 점수 수준으로 다시 한 번 작성하는 노력이 더욱 중요하다. 이러한 노력이 없으면 아무리 훌륭한 전문가에게 첨삭을 받는다 하더라도 점수는 제자리 걸음이다.

틀린 부분은 또 틀리기 마련이다. 실수는 본인이 고쳐야 한다. 첨삭을 여러 번 받아도 계속 같은 부분을 틀린다면 그건 실수가 아니고 모르는 것이다.

Chapter
05

MP3 다운 받는 방법

 BBC 앵커 출신 알렉스 젠슨이
녹음한 MP3 파일 무료 제공
sunnysunday.co.kr

 콜롬북스 모바일 앱
모바일 앱을 다운 받고 '줄리정' 검색
콜롬북스 PC
columbooks.com에서 '줄리정' 검색

Speaking

- 총 3 Part : Part 1, Part 2, Part 3
- 총 소요시간 : 11 ~ 14분
- 시험 방법 : 원어민 Examiner와 1 : 1 대화

▶▶ NEW줄리정불법아이엘츠 Speaking 학습법

Speaking 시험에서 높은 점수를 받기 위한 가장 중요한 요소는 무엇일까? 흔히들 발음이나 유창함이 Speaking 점수를 결정짓는다고 생각할지 모른다. 하지만 학생들의 실제 시험 점수를 분석해 본 결과, '아이디어와 어휘력'이 뛰어난 학생들이 높은 점수를 받았다. 영어 발음에 사투리가 섞인 부산 출신 학생도, 일본어 발음이 섞인 50대 만학도도, 말의 속도가 아주 느렸던 '고옹~~~~ 구~울~러~가~유~~~~~~~~~~~' 식의 영어를 구사했던 학생도, 모두 높은 수준의 아이디어와 어휘력으로 6.5 이상을 받았다. 반면 영어권 나라에서 어린 시절부터 5 ~ 10년 이상을 보내고 원어민에 가까운 발음을 구사하는 학생들 중에도 '아이디어와 어휘력' 부족으로 Speaking에서 생각보다 높지 않은 점수(5.5 ~ 6.0)를 받는 경우도 종종 있다.

Speaking 시험은 영어 면접처럼 시험관을 취업하고자 하는 회사의 사장님으로 생각하고 주어진 질문에 대답해야 높은 점수를 받을 수 있다. 또한 part 2, 1 ~ 2분 프리젠테이션은 응시자 스스로가 CNN 앵커가 된 느낌으로 유창하고 논리적으로 본인의 의견을 전달하는 것이 중요하다.

IELTS Speaking에는 한국말로도 논리적으로 답변하기 어려운 까다로운 질문들이 많다. 따라서 평소 예상문제 위주로 꾸준하게 브레인스토밍을 하고 유용한 단어와 표현들을 외워서 미리 예상 답변을 마련해 두어야 한다. 예상 문제와 답변을 적은 본인만의 'Speaking Note'를 만들어서 시험 당일 Speaking 차례를 기다리면서 다시 한 번 챙겨 보는 것도 좋은 방법이다.

▶▶ NEW줄리정불법아이엘츠 Speaking 공부 순서

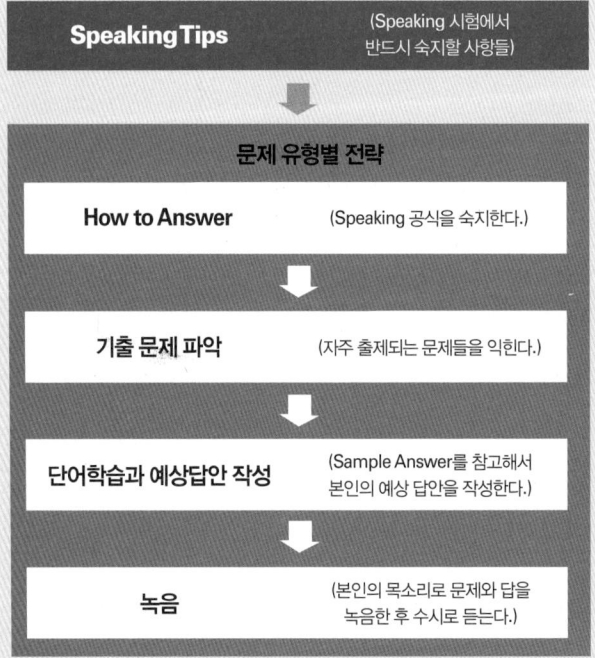

1
Speaking Tips!

1-1. Speaking 시험 주의사항

Speaking 시험은 시험이 끝난 후, 약간의 휴식 시간을 갖은 뒤 12시 40분 부터 진행되고 각 응시자는 원어민 시험관과 1대 1로 11~14분 간 한 방에서 시험을 치른다. 모든 대화는 녹음된다.

1) 일반적인 주의사항

1. 20분 전 대기	Speaking 시험 20분 전에 대기실에 도착한다. 예를 들어 2시에 Speaking 시험을 치른다면 1시 40분까지 대기실에 도착해야 한다.
2. 단정한 복장	반바지와 슬리퍼 차림으로는 좋은 인상을 주기 어렵다. 정장까지는 아니더라도 최대한 단정한 복장으로 신뢰감을 주자.
3. Knock on the Door	시험관이 있는 Speaking 고사장 들어가기 전에 반드시 노크한다. 시험관이 직접 문을 열고 들어오라고 말하는 경우도 있다.
4. 신분증 지참	오전에 치르는 시험뿐만 아니라 오후에 치르는 Speaking 시험에도 신분증이 필요하다. 시험관이 신분증을 보여 달라고 시험 초반부에 요청한다.
5. 자신감 있는 분명한 말투	너무 작거나 기어들어가는 목소리로 대답하면 알아듣기가 어려워서 평가 자체가 어렵고, 추후 재채점 요구 시에도 음질이 떨어져서 평가를 높게 받지 못할 수 있다. 자신감 있는 분명한 목소리로 약간 크게 대답한다.
6. 자연스러운 몸동작	영어권 사람들은 body language 사용에 익숙하다. 너무 경직된 자세보다는 자연스러운 손동작 등을 사용하는 것이 좋다.
7. Eye Contact	시험관의 눈을 보고 대답해야 한다. 간혹 천장, 책상, 창문 등을 보는 학생들이 있는데 이러한 시선처리는 상당히 어색하고 자신감 없어 보이며 무례해 보이기까지 하다. 만약 눈을 보고 말하는 것이 어색하다면 미간, 입, 턱, 목 등에 자연스럽게 시선을 둔다.

8. 문장으로 대답	아무리 간단한 질문이라도 절대로 단답형으로 말하지 않는다. 예를 들어 'What's your name?' 이라고했을때, '정진희' 라고 단답형으로 대답하지 않고, 'My name is 진희정, you can feel free to call me Juli, that's my English name.' 이라고 문장으로 상세하게 대답한다.
9. 한국어 사용 금지	IELTS는 영어 시험이다. 고유명사(영화제목, 한국음식, 도시명...) 등 한국어를 부득이하게 사용할 경우에는 한국어 뒤에 영어로 간단히 설명을 덧붙여 주는 것이 좋다. 예를 들어 '부산' 이라고만 말하기 보다는, '부산, the second biggest city in South Korea' 라고 영어로 설명을 가미한다.
10. 문제 변경 요청 금지	Part 2에서 단 한 번도 생각해보지 못한 어려운 문제를 받았을 때, 간혹 문제를 바꿔달라고 요청하는 응시자들이 있다. 실제로 시험관이 문제를 바꿔준 경우도 있었지만 이 경우, 높은 점수를 받은 학생은 없었다. 초등학교 때부터 수많은 시험을 치렀지만 시험 문제를 바꿔준 경우가 있었는지를 생각해 보자.
11. 시험관에게 질문금지	'다시 한 번 말씀해 주시겠어요?', '잠깐 생각할 시간을 주시겠어요?' 등과 같이 시험진행과 관련된 질문을 제외한 어떠한 질문도 시험관에게 해서는 안 된다. 예를 들어, '내 취미는 야구이고, 두산 팬인데, 당신도 두산 팬이냐?' 이런 식의 질문은 곤란하다. 또한 시험이 끝나고, '내 점수가 몇 점이냐?' 는 질문도 절대 해서는 안 된다.
12. 말을 중단시켜도 당황하지 말 것.	응시자가 대답하는 도중 시험관이 말하는 것을 중단시키는 일이 종종 있다. 이것은 시험관이 시험 시간을 관리하려는 것이지, 응시자의 점수와는 관련이 없다. 당황하지 말자.
13. 지나친 겸손 금지	우리나라에서 겸손은 미덕일 것이다. 하지만 영어권 국가에서 지나친 겸손은 오히려 무능해 보이기까지 하다. 예를 들어, 시험도중 ' Sorry, I can't speak English very well.' 이라고 대답하는 학생들이 간혹 있다. 금물이다! IELTS Speaking Test는 응시자의 실제 영어 실력 보다 100배 이상을 보여 줘야 하는 시험이다. 겸손보다는 오히려 잘난 척을 하는 것이 점수에는 이득이다.
14. White Lies are OK.	학생들이 자주하는 질문 중의 하나가 '거짓말을 해도 되나요?' 이다. 필자의 답변은 항상 'OK' 다. 하지만 어디까지나 논리적이어야 한다. 예를 들어 운전면허 취득 자격이 안되는 17세 학생이 본인이 가장 좋아하는 교통 수단을 '자가용' 이라고 말한다면, 논리에 맞지 않다. 하지만 평소 취미는 독서인데, 독서보다는 영화 관련 영어 표현을 더 많이 알고 있다면 내 취미는 영화라고 대답해야 유리하다. 본인이 영어로 많이 알고 있는 분야로 대답을 이끌어가는 것이 고득점 비법이다. 시험관은 경찰관이 아니다!
15. 퇴실 시 인사	시험이 끝나면 'Thank you very much!' 라고 간단한 인사와 함께 퇴실한다. 끝까지 매너있는 모습을 보여주는 것을 잊지 말자.

2) 말할 때 주의사항

1. 국어책 읽기 금지	한 단어씩 또박또박 발음하는 것은 금물이다. 예를 들어 'I would like to have a large house in the future.' 라고 말할 때, '아이 우드 라이크 투 해브 어 라지 하우스 인 더 퓨쳐.' 처럼 한 단어씩 발음을 한다면, 시험관이 알아들을 수 없다. 우리가 Listening을 어려워하는 이유는 영어권 사람들은 한 단어씩 발음하지 않고 연음으로 한꺼번에 발음하기 때문이다. 따라서 '아이드라이크해버 / 라-알지하우스 / 인더퓨-쳐.' 라고 말해야 한다. 특히 large와 future는 각각 [láːrdʒ], [fjúːʃər] 소리가 긴 것(장음)에 유의하자.
2. 축약형으로 말하기	Writing 시험에서 축약형 사용은 금물이지만, Speaking 시험에서는 축약해서 말하는 것이 더 자연스럽다.
3. 주의해야 할 발음	하루 아침에 원어민처럼 영어 발음을 구사할 수는 없지만, 어느 정도 흉내내는 것은 가능하다. 오늘날 영어는 단순한 English가 아닌 Globish(Global + English의 합성어, 영어는 단순한 특정 국가의 언어를 뛰어넘어 세계인의 언어로 사용되고 있음을 나타내는 신조어)로 자리를 잡았기 때문에, 더 이상 특정 국가의 발음을 기준으로 영어를 구사하는 것은 크게 중요하지 않다. 하지만 정확한 입 모양과 혀의 위치 등을 기억해서 연습하는 것은 필수이다. 특히 한국 사람들은 /f/, /r/, /l/ 발음에 서툴다. /f/는 윗니로 아랫입술을 깨물면서 소리 내고, /r/은 혀를 동그랗게 말되 혀 끝이 입 천정에 닿아서는 안 되며, /l/은 혀가 앞니 뒤에 붙어서 소리가 나야 한다. 발음에 자신 없는 학생이라면, 알파벳 발음부터 다시 연습해야 한다. 시험관이 알아들을 수 있는 영어를 구사하자.
4. 리드미컬한 억양	대다수의 학생들은 본인의 영어 발음이 취약한 것은 알고 있지만, 발음보다 억양(intonation)의 문제가 더 심각하다는 사실은 잘 모르고 있다. 억양이란 한 문장이 의미에 따라 소리가 올라갔다가 내려갔다가 하는 것을 말한다. 대부분의 한국 학생들은 독해와 문법 위주로 영어를 배우기 때문에 원어민의 억양을 듣고 직접 입으로 소리 내서 말할 기회가 거의 없다. 그래서 갓 고등학교를 졸업한 학생들과 Speaking 모의 고사를 치를 때면, 그들의 단조롭거나 어색한 억양에 웃지 않을 수가 없다. 리드미컬한 억양은 의미를 정확하게 전달하는 데 가장 중요한 요건이다. 잘못된 억양은 오히려 오해와 반감을 살 수도 있다. 따라서 시험뿐만 아니라 실제 영어 사용 시에도 주의를 기울여야 한다. 리드미컬한 억양으로 자연스럽게 말하기 위해서는 많이 들어야 한다. Cambridge IELTS Listening 스크립트를 보면서 (안 보면 더 좋다!) 성우의 억양에 맞춰 반복적으로 소리 내서 읽는 것도 좋은 방법이다.

5. Be Talkative!	Speaking 시험 시간은 11 ~ 14분. 영어 실력을 뽐내기엔 빠듯한 시간이다. 따라서 응시자들은 주어진 시간 안에 최대한 높은 점수를 딸 수 있는 말을 많이 해야 한다. 그러기 위해서는 다양한 아이디어와 말의 속도가 관건인데, Cambridge IELTS 수준의 내용과 성우 정도의 말하기 속도라면 더할 나위가 없다. 풍부한 아이디어를 바탕으로 속도감 있는 대답을 하기 위해선, 평소 Speaking 예상 문제들에 대한 논리적인 답변을 잘 준비해서 어느 정도 입에 붙을 때까지 수십번 반복해야 한다. 원어민 수준의 영어를 구사하는 사람이라 해도 사전 준비 없이는 부족한 아이디어 때문에 Speaking에서 높은 점수를 받기 어렵다.
6. 시제에 맞는 대답	Speaking에서 높은 점수를 받고 싶다면, 올바른 시제 활용에 주의해야 한다. 현재 / 과거 / 미래뿐만 아니라 진행형과 완료형도 적절히 활용해서 상황에 맞게 대답해야 한다. 특히 현재완료를 적절히 사용하면, 높은 점수를 받을 수 있다. 그러기 위해서는 먼저 시험관의 질문이 어떤 시제인지를 정확하게 듣고, 그 대답에 맞는 시제를 선택해서 대답해야 한다. 과거의 경험을 물어본 질문에 대해 현재나 미래 시제를 써서 대답한다면 높은 점수를 기대할 수 없다.
7. No Slang!	wanna, gonna 등의 슬랭을 사용하지 않는다. wanna는 want to나 would like to로 gonna는 going to로 바꿔서 사용한다. 또한 습관적으로 윤호윤호(you know, you know)를 외치거나, thing, something like that, so on 등의 단어들도 가급적 사용하지 않는 것이 좋다. 친구들과의 대화에서 사용하는 말이 아닌, 가급적 공식적이고 격식 있는 말을 사용하자.

요즘 국내 대기업 입사 지원 시, 한국어로 진행하는 면접에도 많은 대학생들은 취업 스터디를 수개월 간 준비한다. 회사에 대한 기본적인 정보, 면접 예상질문 등을 함께 공유하고 모의 인터뷰도 진행한다. 그들이 과연 한국어를 못해서일까? 아무리 모국어라 하더라도 평소 생각해보지 않았던 질문에 대해서는 면접 시험에 통과할 만큼 논리적으로 대답하기 어렵기 때문이다. 그렇기 때문에 외국인 시험관과 영어로 진행하는 IELTS Speaking에는 더 많은, 더 오랜 준비가 필요한 것은 당연하다. 필자가 EBS 프로그램 통역을 할 때 사회자의 cue card를 본 적이 있다. 한국말이라면 자신 있을 그 아나운서의 cue card '안녕하세요. ××× 프로그램 사회자 ○○○ 입니다.' 라고 적힌 것을 보고 깜짝 놀란 적이 있다. 설마 그 아나운서가 '안녕하세요.' 라는 말을 몰라서, 프로그램 이름을 까먹을까 봐, 본인 이름이 생각나지 않아서 적어둔 것은 아닐 것이다. 좀 더 프로페셔널한 자세를 가지고 만에 하나 있을지도 모르는 실수에 대비하고자 만반의 준비를 갖춘 것이다.

1-2. 상황별 필수 표현

1) Say Yes!

질문을 잘못 알아듣거나, 어떻게 답해야 할지 모를 때	1. Could you repeat the question please? 2. Beg your pardon please?
대답이 생각보다 일찍 끝났을 때	1. That's all from me, thank you for your attention. 2. Would you like me to tell you more about it?
질문에 대해 생각할 시간이 필요할 때	1. If you don't mind, could I have a few seconds to think about the question?

    Speaking 시험의 examiner는 영국, 호주, 남아공, 미국, 캐나다 등에서 온 native English Speaker이고 백인만 있는 것이 아니라 흑인, 동양인, 혼혈인 등으로 다양하기 때문에 각 시험관마다 발음과 억양에 다소 차이가 있다. 따라서 만약 영국식 발음에만 익숙한 응시자가 미국인 시험관을 만났다면, 처음에는 당황스럽고 질문을 잘 알아듣지 못하는 경우가 발생할 수 있다. 이 경우 침묵하거나(가장 나쁜 태도!) 본인이 잘못 이해한대로 문제와 상관없는 대답을 한다면 감점 요인이 된다.

    따라서 정확히 알아듣지 못한 경우에는 반드시 'Could you repeat the question please?' 이나, 'Beg your pardon please?' 등의 공손하고 완벽한 문장으로 다시 한 번 말해줄 것을 요청해야 한다. 물론 너무 자주 이런 질문을 한다면 이 또한 감점이 될 수 있다. 하지만 정확한 영어 표현으로 한두 번 물어보는 것은 오히려 표현력에서 플러스가 될 수 있다. 여기서 중요한 것은 공손하고 완벽한 문장이다. 만약 'Sorry?' 나 'Pardon?' 이라고 물어본다면 감점까지는 아니더라도 플러스는 될 수 없다. 왜냐하면 위의 표현들은 일단 문장이 아니고 상대방에게 요청 시, 의미를 공손하게 전달하는 Could나 Please를 포함하지 않고 있기 때문이다.

    예전에 함께 일하던 글로벌 기업의 호주인 임원은 'Please' 는 불가능을 가능하게 해주는 'magic word' 라고 말했던 적이 있다. 앞으로 상대방에게 어떤 부탁을 할 때, 문장의 앞이나 뒤에 please를 사용하는 것을 잊지 말자!

2) Say No!

내 생각으로는	In my opinion / In my perspective / It seems to me that / I think / As far as I'm concerned / I believe
	er.... / um... (음...생각할 때 나타내는 소리)

　　Speaking 시험에서 본인의 의견을 말하는 것은 당연하다. 따라서 위와 같은 표현들은 '사족' (뱀의 다리를 그리는 것, 불필요한 부분)으로 간주된다. 한두 번 정도 사용하는 것은 괜찮지만 습관처럼 매번 대답할 때마다 사용한다면 감점이 될 수 있다. 위의 사족없이 질문에 바로 답하는 연습을 하자.

1-3. Speaking 필수 문법

1) 현재완료 (have + pp)
현재완료의 질문에는 어떤 시제를 사용해서 대답해야 할까?

앞에서 언급한 바와 같이 Speaking 시험은 시제에 맞춰 대답하는 것이 상당히 중요하다. 시험관이 과거로 물어봤으면 과거로, 현재로 물어봤으면 현재로, 미래로 물어봤으면 미래로 대답해야 하는 것은 잘 알고 있을 것이다. 하지만, 현재완료로 물어봤을 땐 어떻게 대답해야 할까?

현재완료란, 과거에서부터 현재까지 연속된 시간을 의미하고 조동사 have/has와 동사의 과거완료형 pp를 결합해서 나타낸다.

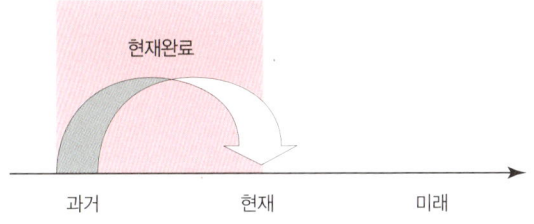

현재완료로 물어본 질문은 그 의도를 잘 파악해서 적절한 시제로 대답해야 한다. 다음 예를 통해 확인해 보자.

> **Have** you ever **received** any training at work?

위의 질문은 have + received, 현재완료 시제를 사용했다. 이에 대해 다음과 같이 대답할 수 있는데

A : Yes, I have. I've been trained how to give a presentation to my clients. (현재완료)

B : Yes, I have. I was trained how to give a presentation to my clients when I first started this job. (과거)

현재완료로 물어본 질문에 대해 현재완료로 대답한 경우는 A이고, 과거로 대답한 경우는 B이다. 얼핏 보면 A가 질문과 시제를 똑같이 맞추었기 때문에 더 좋은 대답이라고 생각할지 모르나 사실상 올바른 대답은 B이다. 시험관의 의도는 직업 훈련을 받은 적이 있는지, 있다면 언제 받았는지를 물어보고자 한 것이기 때문이다.

2) would

would에는 여러가지 용법이 있다. 특히 Speaking은 시험관이 'would you~' 라고 물어보는 질문에 주의해서 대답해야 한다. 'would you ~' 는 'will you' 의 과거형이 아닌, '~ 해주시겠습니까?' 라는 완곡하고 공손한 현재형이다.

> **Would** you say children should be encouraged to do more outdoor activities?

위의 질문은 'Do you think children should be encouraged to do more outdoor activities?' 와 의미가 같고 좀 더 완곡하게 표현한 것이다. 이에 대한 대답은 'Would you' 로 물어봤기 때문에

Yes, I would. They should ~ (긍정)
No, I wouldn't. / Not really. They shouldn't ~ (부정)

라고 'would' 로 대답한다.

다른 예를 살펴보자.

> What **would you** suggest travelers to your hometown see and do?

위의 질문도 마찬가지로 'What do you suggest travelers to your hometown see and do?' 를 완곡하게 표현한 것이다. 이에 대한 대답도 would you로 물어봤기 때문에

I'd suggest they visit the Han River and ~
I'd suggest visiting the Han River and~
I'd recommend they visit the Han River and ~
I'd recommend visiting the Han River and~
I'd encourage them to visit the Han River and ~
* I'd = I would

라고 'would' 로 대답한다.

3) 축약형

Writing 시험에서 축약형 사용은 금물이지만 Speaking 시험에서는 축약해서 말하는 것이 더 자연스럽다. 다음 축약형을 올바르게 발음하도록 하자.

(1) 주어 + be 동사 / 주어 + 조동사의 축약형

주어	be 동사 (am, is, are)	have 조동사 (have, has)	will	would
I	I'm	I've	I'll	I'd
you	you're	you've	you'll	you'd
he	he's	he's	he'll	he'd
she	she's	she's	she'll	she'd
it	it's	it's	it'll	it'd
we	we're	we've	we'll	we'd
they	they're	they've	they'll	they'd

(2) be 동사 + not / 조동사 + not의 축약형

be 동사 (is / was / are / were)	have 조동사 (have, has)	do 조동사 (do, does, did)	will / would can / could should / must
is not = isn't are not = aren't was not = wasn't were not = weren't	have not = haven't has not = hasn't	do not = don't does not = doesn't did not = didn't	will not = won't would not = wouldn't can not (cannot) = can't could not = couldn't should not = shouldn't must not = mustn't

4) 성별에 맞는 대명사 사용

성별에 맞는 대명사를 사용하는 것에 주의하자. 이론적으로는 잘 알고 있으면서도 막상 말로 하면 정말 많은 학생들이 실수를 저지른다. 예를 들어 영어 실력이 상당히 뛰어남에도 불구하고 자신의 부인을 어머니를 he라고 일컫는 경우가 종종 있다. 계속 교정을 해주어도 스스로 신경 써서 고치지 않으면 절대로 극복할 수 없는 부분이다. 사소한 실수로 보일지 모르지만 성별이 수시로 뒤바뀌는 것은 시험관에게 큰 혼란을 줄 수 있다.

다음 문장에서 틀린 곳을 찾아 교정해 보자.

> From now on, I'd like to describe about my mother. He is a middle-aged, extroverted and positive man. In terms of his appearance, he is quite small, about 5 feet and a bit chubby. I always appreciate him because he has devoted his life to take care of me. (x)

mother 는 여자이므로 he → she / man → woman / him → her / his → her 로 바꿔야 한다.

> From now on, I'd like to describe about my mother. **She** is a middle-aged, extroverted and positive **woman**. In terms of **her** appearance, **she** is quite small, about 5 feet and a bit chubby. I always appreciate **her** because **she** has devoted **her** life to take care of me. (O)

middle-aged : 중년의, extroverted : 외향적인 (<-> introverted : 내성적인), positive : 긍정적인
in terms of : ~에 면에서는, 관해서는, appearance : 외모, chubby : 통통한, appreciate : 감사하다
has devoted : 헌신해 왔다 (현재완료), take care of : 돌보다 (= care = look after)

5) 조동사 활용

6.0 이상의 Speaking 점수를 받고 싶다면 조동사의 의미를 정확히 파악하고 적절하게 활용해야 한다. 특히 should have / might have / could have / would have와 같은 완료형 조동사들 다음에 과거완료(pp)가 오는 가정법 과거완료 사용이 중요하다.

가정법 과거완료는 특히 의미 해석에 유의해야 한다. should have pp는 과거에 했다는 것이 아니라, '했어야 했는데'의 뜻으로 not이 없지만 결과적으로는 '안 했다'는 뜻이고, shouldn't have pp는 과거에 하지 않았다는 것이 아니라 '하지 말았어야 했는데'의 뜻으로 not이 있지만 결과적으로는 '했다'는 뜻이다. 이러한 표현을 잘 활용해서 대답하면 문법과 의미전달 면에서 높은 점수를 받을 수 있다.

(1) should : must 보다 완곡한 표현으로 격식 있는 영어에는 must 대신 should를 많이 쓴다.

should	해야 한다 : 해야 한다고 권유	I should go to the movies. 나는 영화 보러 가야 해.
should not	하면 안 된다 : 하면 안 된다고 권유	I shouldn't go to the movies. 나는 영화 보러 가면 안 돼.
should have pp	했어야 했는데(안 했다) : 하지 못한 것에 대한 후회 가정법 과거완료	I should have gone to the movies. 나는 영화를 보러 갔어야 했어. : 영화 보러 가지 않은 것을 후회
should not have pp	하지 말았어야 했는데(했다) : 한 것에 대한 후회 가정법 과거완료	I shouldn't have gone to the movies. 나는 영화를 보러 가지 말았어야 했어. : 영화 보러 간 것을 후회

(2) might : may의 과거이지만, 과거의 의미보다 may의 완곡한 표현으로 더 자주 사용한다.

might	일지도 모른다	I might go to the movies. 나 영화 보러 갈지도 몰라.
might not	아닐지도 모른다	I mightn't go to the movies. 나 영화 보러 가지 않을지도 몰라.
might have pp	했을지도 몰라(안 했다) : 가정법 과거완료	I might have gone to the movies. 나 영화 보러 갔을지도 몰라.
might not have pp	하지 않았을지도 몰라(했다) : 가정법 과거완료	I mightn't have gone to the movies. 나 영화 보러 가지 않았을지도 몰라.

(3) could : can의 과거이지만, 과거의 의미보다는 can의 완곡한 표현으로 더 자주 쓰인다.

could	할 수 있다.	I could go to the movies. 나 영화 보러 갈 수 있어.
could not	할 수 없다.	I couldn't go to the movies. 나 영화 보러 갈 수 없어.
could have pp	할 수 있었을지도 몰라(못했다). : 가정법 과거완료	I could have gone to the movies. 나 영화 보러 갈 수 있었을지도 몰라.
could not have pp	할 수 없었을지도 몰라(했다). : 가정법 과거완료	I couldn't have gone to the movies. 나 영화 보러 갈 수 없었을지도 몰라.

(4) would : will의 과거이지만, 과거의 의미보다 will의 완곡한 표현으로 더 자주 쓰인다.

would	할 것이다.	I would go to the movies. 나 영화 보러 갈 거야.
would not	하지 않을 것이다.	I wouldn't go to the movies. 나 영화 보러 가지 않을 거야.
would have pp	했을 텐데(안 했다). : 가정법 과거완료	I would have gone to the movies. 나 영화 보러 갔었을 텐데.
would not have pp	하지 않았을 텐데(했다). : 가정법 과거완료	I wouldn't have gone to the movies. 나 영화 보러 가지 않았을 텐데.

1-4. 주제별 Vocabulary + Useful Sentence

시험에 자주 나오는 다음 세 가지 주제에 대한 단어와 유용한 문장을 참고해서 Speaking 답변을 준비해 보자. Speaking 6.5 이상을 달성하기 위한 필수 표현들이다.

1) Hometown / City / Life Style

생활비	the cost of living	The cost of living in my hometown is fairly reasonable compared to other cities.
삶의 속도	the pace of life	As my city has developed remarkably nowadays, the increasingly rapid pace of life has created more problems than it has solved.
치열한 경쟁	the rat race	I've just moved to the countryside because I wanted to get out of the rat race.
현대적 편의시설	modern amenities	One of the best points about living in my town is that it has a lot of modern amenities.
공동체 의식	a sense of community	A sense of community is an intangible yet vital component of a healthy community.
주거용 지역	a residential area	I live in Bundang which is a residential area on the outskirts of Seoul.
상업용 지역	an industrial zone	In my town, fortunately there is no industrial zone, so the pollution isn't too bad.
교외	the suburbs	I prefer to live in the suburbs because it's generally safer and cleaner.
변두리	the outskirts	I live on the outskirts of Busan.
도심지역	the inner city	In my country, most of the inner-city areas are quite safe but some of them can be dangerous late at night.
도심	the heart of the city	I'd like to recommend the Seoul Tower which is located in the heart of the city to overseas visitors.
활기찬	lively bustling vibrant	The younger generation prefers to live in the city center because that area is always bustling until late at night.

2) Transport

대중교통수단	public transport = public transportation	My favorite public transport is the subway because it always arrives on time.
교통수단	transport = transportation	Although there're various forms of transport, I still prefer to travel on foot.
혼잡통행료	a congestion charge	In my perspective, there are a couple of benefits associated with imposing a congestion charge to tackle traffic jams.
교통 혼잡	traffic jams	I used to get annoyed by traffic jams, but now I'm used to them.
사람들이 너무 많아 혼잡한	overcrowded	The buses and subways in my town are usually overcrowded.
버스 노선	a bus route	Fortunately, I live near a convenient bus route.
출퇴근 하다 통학하다	commute	I need my own car to commute to work because I'm tired of other passengers.
출퇴근 시간	the rush hours	I travel during the rush hours, so there is quite a lot of traffic.
왕복하다	to and from	I probably spend about one and a half hours travelling to and from work per day.

3) Environment / wildlife

이산화탄소 배출	carbon dioxide emissions CO2 emissions	According to the journal, Nature, if carbon dioxide emissions are halved by 2050 compared to 1990, global warming can be stabilized below two degrees.
지구 온난화	global warming	
환경 문제들	environmental issues	There are a few environmental issues which can be solved by the individuals.
온실 효과	the greenhouse effect	A lot of scientists agree that human's activities are making the natural greenhouse effect stronger.
환경세를 부과하다	impose green taxes on impose environmental taxes on	The government should impose green taxes on heavy polluters to preserve our environment.
환경 친화적인	environment-friendly eco-friendly environmentally friendly	Environmentally friendly packaging designs could help to reduce the amount of waste.
대체 에너지	alternative energy	The government needs to develop alternative energy resources such as wind power, solar energy and wave energy.
야생 동식물 보존	wildlife conservation	Wildlife conservation could be the most important role of a zoo.
멸종위기에 처한 동물	endangered animals	Plans to help endangered animals should be developed without delay.
동물 애호가	animal lover	I'm an animal lover so I always try to look after them.

2
Speaking Part 1

2-1. 어떻게 대답할 것인가? (How to Answer)

Part 1은 Part 2(1~2분), Part 3(30초)와는 달리 비교적 간단하게 대답한다. 그렇다고 너무 짧게 대답하거나 단답형은 피해야 한다. **1~2 문장 정도, 5초 내외**가 좋다.

> Direct Answer + Additional Information

Part 1의 대부분의 답변은 직접적인 대답(Direct Answer)과 추가 정보 제시(Additional Information) 두 부분으로 이루어진다. 직접적인 대답은 시험관이 물어보는 질문 자체에 대한 답변을 하는 것이고, 추가 정보 제시는 본인의 답변에 대해 상세한 정보를 추가하는 것이다.

예를 들어 'Do you play any games?' 이라는 질문에 대해 'I'm so busy because of my work commitment. I'd like to find more time to enjoy them.' 이라는 대답은 어떨까? 얼핏 보면 괜찮아 보여도 질문에 대한 직접적인 대답 'No' 가 빠져있기 때문에 완벽한 대답은 아니다.

한편 Direct Answer만 대답한 경우에도 좋은 점수를 받기 어렵다. 만약 'No, I don't usually play any games.' 라고 대답하고 아무런 추가적인 정보를 덧붙이지 않는다면 잘 받아야 5.0이다.

Question		Do you play any games?
Answer	Direction Answer	No, I don't usually play any games
	Additional Information	because of my work commitment. I'd like to find more time to enjoy them.

Q : Do you play any games?
A : No, I don't usually play any games because of my work commitment. I'd like to find more time to enjoy them.

game : 여기서 게임의 뜻은 컴퓨터 게임뿐만 아니라, 스포츠 등 여러 분야의 즐길 수 있는 오락거리를 말한다.
work commitment : 업무

우리말 해석
Q : 게임 하는 게 있나요?
A : 아니요. 업무 때문에 평상 시 어떠한 게임도 하지 않습니다. 게임을 즐길 수 있는 시간이 좀 더 있었으면 좋겠습니다.

* **녹음하기**

Speaking은 눈으로만 읽어서는 안되고, 반드시 입으로 소리 내서 말하고 자연스러워질 때까지 반복해야 한다. 그리고 어느 정도 자신감이 붙으면 녹음을 시작하는데, 이 때 답뿐만 아니라 문제까지도 녹음하는 것이 좋다. 실전과 유사한 문제를 많이 접할수록 실제 시험에서 시험관의 질문에 긴장하거나 당황하는 일을 최대한 막을 수 있다. 이 녹음 파일들은 평소 출퇴근할 때나 Speaking 시험 대기할 때 들으면 정말 큰 도움이 된다.

녹음을 해야 하는 또 다른 이유는 'Speed' 때문이다.

> No, I don't usually play any games because of my work commitment. I'd like to find more time to enjoy them.

위의 대답을 본인의 목소리로 녹음해 보자. 몇 초가 소요되었는가?

5 ~ 6초	7.5 이상	원어민 스피드다.
7 ~ 9초	6.0 ~ 7.0	고득점을 맞기에 충분한 스피드
10 ~ 13초	5.0 ~ 6.0	약간 느리다. 좀 더 자연스럽게 빨리 말하는 연습을 계속한다면 충분히 고득점을 맞을 수 있는 가능성이 있다.
14초 이상	5.0 미만	너무 느리다. 시험관을 졸게 만들 수도 있다. (간혹 실제 시험에서 졸고 있는 시험관도 있다고 한다.)

만약 10초 이상이 걸린 학생이라면, Sample Answer를 그대로 전부 외우지 말고 다음과 같이 간추려서 말한다.

No, I don't usually play any games because of my work commitment.

이 정도 대답만 해도 충분히 좋은 점수를 받는다.

스피드는 유창성(fluency) 평가 항목에도 중요하지만 스피드가 빠르면 같은 주어진 시간 내에 더 많은 말을 할 수 있기 때문에 모든 평가 항목에 영향을 미친다. 특히 Part 1에서는 말을 너무 느리게 하면 열심히 준비해 온 답을 반도 말하지 못한 채 다음 문제로 넘어가게 된다. 시험관은 주어진 시간 내에 최대한 준비된 모든 문제를 물어봐야 하기 때문에 학생들의 답을 끝까지 경청할 시간이 없다.

2-2. 실전문제

 **BBC 앵커 출신 알렉스 젠슨이**
녹음한 MP3 파일 무료 제공
sunnysunday.co.kr

 **콜롬북스 모바일 앱**
모바일 앱을 다운 받고 '줄리정' 검색
콜롬북스 PC
columbooks.com에서 '줄리정' 검색

Speaking은 리딩이 아닌, 리스닝이다.

문제를 먼저 눈으로 읽는 습관을 들이면 절대로 안 들린다. Speaking이 어려운 이유는 시험관이 뭐라고 말하는지 정확하게 알아듣지 못해서이기도 하다. 본인은 열심히 대답했지만 점수가 참담하게 나오는 경우는 동문서답을 했기 때문이다.

Part 1 질문에 대해서는 한두 문장으로 간단하게 답하더라도 그 속에 시험관의 귀를 즐겁게 할만한 아카데믹한 단어나 표현을 1~2개를 사용해야 높은 점수를 받는다. 필자는 Sample Answer에 최대한 '줄리정불법아이엘츠VOCA'에서 설명한 단어를 적용하였다. VOCA 책을 열심히 공부한 학생이라면 반가운 단어들을 자주 접할 수 있다.

다음 Speaking Part 1 실전 문제를 MP3로 반드시 먼저 듣고 아직 준비가 덜 되었다 하더라도 일단 짧게라도 대답해 본 후에 필자의 답과 비교해 보자. 이 때 질문과 답을 함께 녹음한 후, 1~2달 후 다시 들어본다면 본인이 그 동안 얼마나 열심히 공부했는지도 알 수 있을 것이다.

'Your answer'란에 Sample Answer를 변형해서 본인 상황에 맞게 답을 작성할 때도 불법 포인트에서 언급한 표현들은 반드시 살리도록 하자.

Part 1

1) Where are you from?
2) Do you like the place where you live?
3) Do you work or are you a student?
4) Do you like walking?
5) Do you think walking is important?
6) Do you think walking in the countryside is better than walking in the city?
7) What could be done to improve the experience of walking in cities?

* 문제와 문제 사이는 5초 간격으로 구성했다. 실제 시험에서도 약 5초 정도 대답하는 것이 좋다.

1) Where are you from? 어디에 사세요?

Question		Where are you from?
Answer	Direction Answer	I am from Seoul.
	Additional Information	My neighbourhood is very close to Mount Namsan, which is one of the iconic landmarks in my city.

Q : Where are you from?
A : I am from Seoul. My neighbourhood is very close to Mount Namsan, which is one of the iconic landmarks in my city.

문법포인트

neighbourhood : 지역, 동네

close [kləʊs] : 가까운, close가 '가까운' 이라는 형용사로 쓰일 때는 [kləʊs] [클러쓰], '닫다' 라는 동사로 쓰일 때는 [kləʊz] [클러즈], 발음을 반드시 구분해서 말한다.

one of the iconic landmarks : 상징적 명소들 중의 하나, one of the + 복수명사, landmark 명소

NB 내가 제주도에 살든 부산에 살든 그것은 아이엘츠 Speaking에서 전혀 중요하지 않다. 영어로 잘 설명할 수 있는 도시를 떠올릴 것!

우리말 해석
Q : 어디에 사세요?
A : 저는 서울 출신입니다. 제가 사는 동네는 남산과 매우 가깝습니다. 그곳은 내가 사는 도시의 상징적 명소들 중 하나입니다.

Your Answer

Question		Where are you from?
Answer	Direction Answer	
	Additional Information	

2) Do you like the place where you live? 사는 곳을 좋아하세요?

Question		Do you like the place where you live?
Answer	Direction Answer	Yes, I absolutely love living in Seoul.
	Additional Information	There are just so many things to do in the city from morning until night!

Q : Do you like the place where you live?
A : Yes, I absolutely love living in Seoul. There are just so many things to do in the city from morning until night!

like → love : 문제의 like를 love로 바꿔서 표현
so many things to do : 할 게 정말 많은
from morning until night : 아침부터 밤까지

NB Yes인지 No인지를 반드시 대답할 것! 하지만 대답하기 전에 Additional Information을 영어로 대답할 수 있는 쪽이 어느 쪽인지를 먼저 생각해야 한다.

우리말 해석	Q : 사는 곳을 좋아하세요? A : 네. 저는 정말로 서울에서 사는 것을 좋아합니다. 서울에는 아침부터 밤까지 정말 할 게 많습니다.

Your Answer

Question		Do you like the place where you live?
Answer	Direction Answer	
	Additional Information	

3) Do you work or are you a student? 일하고 있어요, 아니면 학생이에요?

Question		Do you work or are you a student?
Answer	Direction Answer	I'm a student at Seoul National University.
	Additional Information	It's one of the most prestigious institutions in Korea and so it's also very difficult to get a place there.

Q : Do you work or are you a student?
A : I'm a student at Seoul National University. It's one of the most prestigious institutions in Korea and so it's also very difficult to get a place there.

불법 포인트

at : 대학교 앞에 전치사 at을 쓴다.
one of the most prestigious institutions : 최고 일류대학들 중 하나, one of the + 복수명사, prestigious 일류의
get a place : 입학하다, 일자리를 얻다, 여기서 place는 '자리' 라는 뜻으로 대학의 자리니까 get a place는 '입학하다' 의 의미다.

NB 만약 현재 소속된 곳이 없다면 어떨까? 고등학교를 졸업하고 아이엘츠를 준비하거나 혹은 직장을 그만두고 아이엘츠를 준비하는 상황이라면 뭐라고 대답해야 할까? 필자의 대답은 한결같다. 영어로 잘 설명할 수 있는 직업을 떠올릴 것! 열아홉 살 응시생도 직장에 다닌다고 대답해도 되고, 40대 응시생도 Sample Answer처럼 서울대 다니는 학생이다라고 대답해도 된다. 생각의 틀을 깨자! 필자가 영국에서 대학원 다닐 때, 같은 과 동기는 필자의 어머니보다 연상이었다.

우리말 해석

Q : 일하고 있어요, 아니면 학생이에요?
A : 저는 서울대학교에 다니는 학생입니다. 서울대는 한국에서 최고 일류 대학들 중 하나이고 들어가기가 정말 힘든 곳입니다.

Your Answer

Question		Do you work or are you a student?
Answer	Direction Answer	
	Additional Information	

4) Do you like walking? 걷기 좋아하세요?  MP3

Question		Do you like walking?
Answer	Direction Answer	No. I'm not a big fan of walking.
	Additional Information	For me it's mostly a case of getting from A to B.

Q : Do you like walking?
A : No. I'm not a big fan of walking. For me it's mostly a case of getting from A to B.

a big fan of : ~의 큰 팬, ~를 아주 좋아하는 사람

NB 필자가 이 문제를 선택한 이유는 walking 때문이다. walking [wɔ́:kiŋ] [워-킹]과 working [wə́:rkiŋ] [워얼-킹]을 구분하지 못하는 학생들이 상당히 많다. 만약 working으로 잘못 알아듣고 대답한다면 4번부터 7번까지 모든 문제에 대해 동문서답을 하는 참사가 발생한다. 이 경우, 아무리 대답을 유창하게 한다 하더라도 논점에 맞지 않기 때문에 낮은 점수를 받게 된다. 짜장면 시켰는데 짬뽕이 나온 경우라고 할까?
r 발음이 안 들리면 '걷기'의 뜻이다. MP3로 다시 한 번 확인하자.

우리말 해석
Q : 걷기 좋아하세요?
A : 아니요. 저는 걷기를 아주 좋아하는 사람은 아닙니다. 제 경우는 대체로 A부터 B까지 (간신히) 걸어가는 경우에 해당합니다.

Your Answer

Question		Do you like walking?
Answer	Direction Answer	
	Additional Information	

5) Do you think walking is important? 걷는 것이 중요하다고 생각하세요?

Question		Do you think walking is important?
Answer	Direction Answer	I would say yes.
	Additional Information	It's important to keep fit, and brisk walking is one way to stay active.

Q : Do you think walking is important?
A : I would say yes. It's important to keep fit, and brisk walking is one way to stay active.

keep fit : 건강을 유지하다
brisk walking : 활기찬 보행, 빠르게 걷기

우리말 해석	저는 '예' 라고 말하고 싶습니다. 건강을 유지하는 것은 중요하며, 활기차게 걷는 것은 활력을 유지하는 한 방법입니다.

Your Answer

Question		Do you think walking is important?
Answer	Direction Answer	
	Additional Information	

6) Do you think walking in the countryside is better than walking in the city?
도시에서 걷는 것보다 시골에서 걷는 것이 더 좋다고 생각하세요?

Question		Do you think walking in the countryside is better than walking in the city?
Answer	Direction Answer	Yes, I definitely agree with that
	Additional Information	because cities are usually polluted and busy. If I lived closer to the countryside I might enjoy walking more thanks to the fresh air and beautiful scenery.

Q : Do you think walking in the countryside is better than walking in the city?
A : Yes, I definitely agree with that because cities are usually polluted and busy. If I lived closer to the countryside I might enjoy walking more thanks to the fresh air and beautiful scenery.

the countryside : 시골, 관용적으로 the를 쓴다.

thanks to : ~의 덕택으로

NB 비교급으로 물어본 질문에는 비교급을 이용해서 대답하는 것이 좋다. 이 때 비교급을 만들 수 있는 형용사 앞에 more를 쓰지 않도록 하자! more closer는 잘못된 문법이다.

우리말 해석	Q : 도시에서 걷는 것보다 시골에서 걷는 것이 더 좋다고 생각하세요? A : 예. 도시들이 대개 오염돼 있고 분주하기 때문에 저는 확실히 그 의견에 동의합니다. 만일 제가 시골에서 가까운 곳에 산다면, 저는 맑은 공기와 아름다운 경치 덕분에 더욱 걷기를 즐길 것 같습니다.

Your Answer

Question		Do you think walking in the countryside is better than walking in the city?
Answer	Direction Answer	
	Additional Information	

7) What could be done to improve the experience of walking in cities?
도시에서 걷기 체험을 증진하기 위해 무엇이 실행 가능할까요?

Question		What could be done to improve the experience of walking in cities?
Answer	Direction Answer	City planners need to incorporate as many green spaces and natural features as possible.
	Additional Information	In fact Seoul now has a stream flowing through its centre, which really encourages people to take a stroll nearby.

Q : What could be done to improve the experience of walking in cities?
A : City planners need to incorporate as many green spaces and natural features as possible. In fact Seoul now has a stream flowing through its centre, which really encourages people to take a stroll nearby.

incorporate : 결합하다, 포함하다
stream : 작은 강, 천
take a stroll : 산책하다
as many as possible : 되도록 많이
encourage A to B : A로 하여금 B하게 하다

NB 최근에는 Part 1에서도 Part 3와 같이 대책이나 대안을 물어보는 질문이 1 ~ 2개 출제되기도 한다.

우리말 해석
Q : 도시에서 걷기 체험을 증진하기 위해 무엇이 실행 가능할까요?
A : 도시 설계자들은 가능한 많은 녹지 공간과 자연지형을 최대한 포함해야 합니다. 실제로 서울에는 현재 도시 중심부를 흐르는 하천이 있으며, 이는 정말로 사람들이 가까이에서 산책을 즐길 수 있도록 장려하고 있습니다.

Your Answer

Question		What could be done to improve the experience of walking in cities?
Answer	Direction Answer	
	Additional Information	

2-3. 주제별 빈출 질문

스포츠	Do you play any sports? Which sports do you play? Do you prefer to play sports or watch them? Do you think children should be encouraged to play sports? Which sports do people most like to watch in your country? Do men and women play different sports in your country?
음식	What is your favourite meal? Who cooks in your family? What do you usually eat for breakfast? What is the most important meal of the day, in your opinion? Do you prefer cooking at home or eating out? What should we eat to stay healthy?
꽃	Do you like flowers? Why? When was the last occasion that you bought flowers for someone? On what occasions do you use flowers in your country? What is the meaning of flowers in your country? Are flowers associated with a particular tradition in your country?
숫자	Do you have a favourite number or a number that is special to you? Do any numbers have special importance in your country? Are you good at remembering numbers? Why / why not? What are the most important numbers that someone should remember?
동물	Do you like animals? Do you have a pet? Which are the common animals that are made pets in your home country? Which wild animal in your country are you afraid of?

미술	Do you think art is important in life, like paintings and sculptures? Did you draw anything when you were at school? Are there any art galleries and museums in your hometown?
음악	Have you ever been at a concert? Who was the star in this concert? Did you like him / her? Why? What kind of musical concerts are popular in your area? Do you go to the musical concerts? Why?
집	Talk about the place you live in. What do you like or dislike about your home? What is your favorite room / why? Are there any possible improvements that can be done in your home?
색깔	What colors did you like as a child? What colors do you dislike? What colors would you apply in your house? Is color important when you buy things? Why? Do you like dark or light colors? Why?
수영	Do children swim in your country? Why do you think they are swimming more or less than the past? What are the benefits of swimming? Do you like swimming? Why do / don't you like it?
이웃	How well do you know your next - door neighbours? How often do you see them? What problems do people sometimes have with their neighbours? Do you think it's necessary (or, important) to know your neighbours? How (well) do you get along with your neighbours?

전화	How often do you make a phone call? Is your cellphone very important to you? Which do you prefer to use, a cellphone or a normal house phone? What are the differences between cell phones and typical house phones? Do you prefer to talk to people by phone or face-to-face? (Why?) Do you think cellphones are important for modern people?
교통수단	How did you get to the test today? Why did you choose that form of transport? Do you often use public transportation? What is your favourite form of transport? (Why?) For you, what are the benefits of using that form of transportation?
컴퓨터	Do you use a computer at work? How important is it for you? Why? When did you see a computer for the first time? When did you use a computer for the first time? Do you think it is good that children are exposed to computers at an early age now? Why?
박물관	Do you like to visit museums? Do you think museums are important? Why? Did you visit museums when you were a child? Do you recommend children to visit museums? Why?
지도	Do you use maps? Do you prefer electronic or paper maps? Did you learn how to use a paper map?

3
Speaking Part 2

3-1. 어떻게 대답해야 할 것인가? (How to Answer)

    Speaking Part 2는 시험관이 말로 물어보지 않고, 문제가 적힌 종이를 응시자에게 직접 건넨다. 문제를 받은 응시자에게는 문제에 대한 답변을 메모할 수 있는 시간 1분과 메모지, 연필이 주어진다. 준비가 끝나면 응시자는 1~2분 간 주어진 문제에 대해 프리젠테이션을 시작한다. 즉석에서 주어지는 주제에 대해 풍부한 아이디어와 높은 수준의 어휘력을 바탕으로 1~2분 간 한국어가 아닌 영어로 말을 한다는 것은 사전 준비 없이는 상당히 힘들다. 주제에 대해 생각할 시간 1분이 주어지기는 하지만 답변을 준비하기에는 상당히 짧은 시간이다. 따라서 평소에 실제 시험처럼 시간을 재고, 가능한 한 많은 예상 문제에 대해 대답하는 연습을 해야 한다. 특히 보이스 레코딩(voice recording) 기능이 있는 휴대전화나 다른 전자기기가 있다면, 수시로 본인의 답변을 녹음해 보고 다시 들어보면서 실수를 줄여가는 것도 좋은 방법이다. 대략 1분 30초 정도의 답변을 준비하는 것이 좋다.

    Part 2는 크게 보면 한 개의 질문이지만, 이 한 개의 질문에는 보통 4개의 하위 질문(sub-question)들이 있다. 짧은 프리젠테이션 형식으로 처음에는 오프닝(opening) 문장으로 무엇에 대해 이야기 할 것인가를 간략하게 언급한 후, 하위 질문 4개에 대해 순서대로 대답한다. 문제에 대한 답변이 끝나면 클로징(closing) 문장으로 프리젠테이션을 마무리 한다.

1) Speaking Part 2 Structure

Opening 시작	From now on, I'd like to describe about ~ From now on, I'm going to talk about~ 지금부터 ~에 대해 이야기 하겠습니다.
Sub-question 1 하위 질문 1	Answer 1
Sub-question 2 하위 질문 2	Answer 2
Sub-question 3 하위 질문 3	Answer 3
Sub-question 4 하위 질문 4	Answer 4
Closing 마무리	That's all from me, thank you very much for your attention. 이상입니다. 경청해 주셔서 감사합니다.

2) 주어지는 1분을 어떻게 사용할 것인가? (How to Use Your 1 Minute Preparation Time)

1분 동안 응시자들은 무엇을 해야 할까? 반드시 피해야 할 사항은 완벽한 문장을 영어로 적는 일이다. 1분은 결코 긴 시간이 아니다. 따라서 1분 동안 말하고자 하는 것을 영작하려고 한다면 2~3줄도 다 적지 못하고 시간이 종료되고 말 것이다.

먼저 문제를 꼼꼼히 읽자! Writing 뿐만 아니라 Speaking에서도 동문서답하는 것은 구슬땀을 흘리며 열심히 정상에 올라갔지만 잘못된 산을 오른 것과 같은 결과를 가져온다. 어떤 주제인지 파악했으면 묘사할 대상을 정하고 하위 질문(sub-questions)에 따라 스토리를 만드는 것이 중요하다. 그 스토리가 사실인지 아닌지는 결코 중요하지 않다. 하위 질문의 개수를 파악하고(보통 4개), 각각에 대한 짧은 답을 메모한다. 여기서 말하는 답은 어떤 이야기를 할 것인가에 해당하는 아이디어를 굳이 영어로 적을 필요 없이 발음 나는 대로 한글로 빨리 적어도 무방하다. 이때 평소 주제별로 외운 아카데믹한 표현들을 떠올린다. 또한 이 질문들에 대한 시제 파악도 중요하다. 현재 시제로 문제가 나와 있어도 과거 혹은 완료형으로 대답해야 하는 경우가 종종 있다. 마지막으로 성별에 따른 인칭 대명사와 명사를 정확하게 사용해야 한다. 여성이면 she, her, mother, woman, lady, girl 등을, 남성이면 he, his, him, father, gentleman, man, boy 등의 단어를 사용한다.

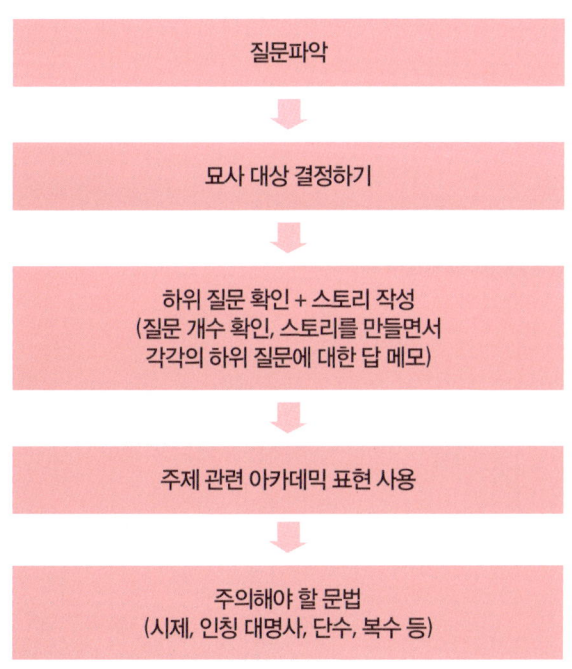

3-2. 실전문제

Someone visited your home.

> Describe an occasion when someone visited your home.
> You should say
>
> > who the person was
> > what the occasion was
> > what you did during the visit
>
> and explain how you felt about this person's visit.

※ occasion, 상황에 대해 설명하라는 문제처럼 보이지만, 내용을 보면 우리 집을 방문한 '사람'에 대해 초점을 맞추는 인물 묘사 문제로 봐야 한다. 상황을 떠올리기보다는 사람을 떠올려야 더 쉽게 대답을 할 수 있다.

인물(a person) 주제에 대한 문제 분석

인물에 대해 묻는 질문은 여러가지 형태로 자주 출제되고 있다. 존경하는 인물, 모험심이 강한 사람, 가족, 친구, 노인 등의 주제가 주로 출제 되는데 이 모든 인물들에 대한 예상 답안을 각각 준비하는 것은 부담이 될 수 있다. 따라서 한두 명의 인물을 정해서 그에 대한 예상 답안을 만든 후, 여기에 사용한 표현들을 상황에 맞춰 적절히 응용하는 것이 요령이다. 예를 들어 어머니를 묘사한 답은 존경하는 인물, 모험심이 강한 인물, 가족, 노인 등을 묻는 질문의 답에도 적용할 수 있다.

인물(a person) 주제에 대한 문제 분석

someone you admire 존경하는 인물	admire, respect, appreciate, applaud, complement works, achievements, results a good example, a role model
an adventurous person 모험심이 강한 사람	adventurous, daring, bold risks, take risks, risky excitement, danger, dangerous extreme sports, rock climbing
one of your family members 가족	a family man, family - oriented men homely atmosphere, a domestic type devotion, dedication, commitment devote oneself, dedicate oneself, be committed to love, care, look after, take care of
one of your friends 친구	a friend, a mate, a school mate friendship, friendliness, fellowship, friendly feelings a lifelong friendship, an everlasting friendship make friends, get on well with, keep in touch with my best friend, my true friend, a close friend
an old person 노인	wisdom, intelligence, prudence, a good sense, advisability wise, prudent, discreet, well - advised, advisable a veteran, a person of broad experience, an experienced man charitable, benevolent, gracious silver citizens, senior citizens, the old, the aged, the elderly

Someone visited your home : 당신의 집을 방문한 사람

> Describe an occasion when someone visited your home.
> 누군가 당신의 집을 방문했을 때의 상황을 이야기하세요.
>
> You should say 반드시 말해야 합니다.
>
> > who the person was 그 사람이 누구였는지
> > what the occasion was 무슨 상황이었는지
> > what you did during the visit 방문 기간 동안에 무엇을 했는지
>
> and explain how you felt about this person's visit. 그리고 그의 방문에 대해 어떻게 느꼈는지 설명하세요.

주어지는 1분을 어떻게 사용할 것인가? (How to Use Your 1 Minute Preparation Time)

1. 질문 파악 인물 묘사에 초점을 맞추는 문제이다.	내가 영어로 잘 설명할 수 있는 사람을 떠올린다.
2. 묘사 대상 결정하기 영어로 가장 자신 있게 묘사할 수 있는 사람을 떠올린다.	평소 연습했던 '인물들' 중에서 영어로 가장 자신있게 묘사할 수 있는 사람이 우리 집을 방문했다고 스토리를 만들자.
3. 하위 질문 확인 + 스토리 작성 하위 질문의 개수를 확인하고, 각각에 대한 답을 적는다.	sub-questions가 세 개처럼 보이지만, 마지막 줄에 있는 'explain how you felt about this person's visit' 를 포함해서 네 개이다. 각각의 질문들에 대해 어떻게 내용을 본인에게 유리하게 이끌어갈 것인지 스토리를 생각한다. 반드시 네 개의 질문에 모두 답하되, 답의 길이는 똑같이 않아도 상관없다.
4. 주제 관련 아카데믹 표현 사용 평소 인물과 관련해서 학습한 아카데믹한 표현들을 떠올린다.	looks quite young for one's age, pretty tall, about six feet, a bit chubby, one's big smile, a sense of humour
5. 주의해야 할 문법 문제의 시제 및 인칭 대명사 등을 확인한다.	문제는 과거형으로 나와 있지만, 내용에 따라 현재나 미래 시제가 답변에 사용될 수도 있다. 또한 할아버지를 선정했다면 Mr. Namkil Kim, my maternal grandfather, he 등 다양하고 적합한 명사와 인칭 대명사 사용에 주의한다.

Brainstorming Note

주어진 1분 동안 절대로 영어로 된 문장을 적으려고 해서는 안 된다. 2~3문장 적다가 시간이 끝나버린다. 각 질문에 대한 키워드만 적는데, 이 때 알파벳으로 적는 것보다 발음 나는 대로 한글로 적는 것도 좋다. 영어든 한글이든 빨리 쓸 수 있는 것으로 택해라. 내가 알아보기만 하면 된다. 연습장에 한글로 적었다고 스펠링 틀렸다고 감점되거나 불이익주지 않으니 걱정하지 말 것!

1. 김남길, 외할아버지, 젊어 보임, 6피트, 체비, 스마일, 유머
2. 지난 가을, 미국에서 살고계심, 땡스기빙, 5년간 못 봄
3. 전주 한옥 빌리지, 비빔밥, 한국전쟁 스토리
4. 전쟁 메달, 크라이, 캘리포니아 갈꺼다

할아버지 -> 남자!!! 시제 -> 과거!!!

Your Brainstorming

Speaking Part 2 Structure

Opening	Template	From now on, I'd like to talk about a situation when someone visited my house.
Sub-question 1 who the person was	김남길, 외할아버지, 젊어 보임, 6피트, 체비, 스마일, 유머	The person who I've chosen is Mr. Namkil Kim, who is my maternal grandfather. In terms of his appearance, he looks quite young for his age and he's pretty tall, about six feet and a bit chubby. I especially love his big smile and sense of humour.
Sub-question 2 what the occasion was	지난 가을, 미국에서 살고 계심, 땡스기빙, 5년간 못 봄	He visited my family home last autumn. He actually lives in the United States now, but he came to stay for the Chuseok holiday, which some people describe as Korea's Thanksgiving. It was the first time I'd seen him in around five years, because during his previous visit I'd been travelling in Europe.
Sub-question 3 what you did during the visit	전주 한옥 빌리지, 비빔밥, 한국전쟁 스토리	In any case, he came to stay with my family in our traditional Korean-style house in Jeonju Hanok Village, and those two weeks were magical! We ate so much delicious food, especially Jeonju Bibimbap, the most representative food of this area. It's made up of rice mixed with various vegetables, sliced beef and chili pepper paste, and it was fantastic! We even went to visit the picturesque small town where my grandfather grew up just outside of the area. Most of all I remember his stories. He taught me a lot about the realities of the Korean War, and how tough it had been for him growing up when the peninsula was still under Japanese control.
Sub-question 4 and explain how you felt about this person's visit	전쟁 메달, 크라이, 캘리포니아 갈꺼다	I felt very honoured because on his last day with us he gave me one of his war medals. When we drove him back to Incheon International Airport, I admit I cried a little. But I also promised that I would visit his house in California after I graduate.
Closing	Template	That's all from me, thank you very much for your attention!

Sample Answer

> Describe an occasion when someone visited your home.
>
> You should say
>
> > who the person was
> > what the occasion was
> > what you did during the visit
>
> and explain how you felt about this person's visit.

From now on, I'd like to talk about a situation when someone visited my house.

The person who I've chosen is Mr. Namkil Kim, who is my maternal grandfather. In terms of his appearance, he looks quite young for his age and he's pretty tall, about six feet and a bit chubby. I especially love his big smile and sense of humour.

He visited my family home last autumn. He actually lives in the United States now, but he came to stay for the Chuseok holiday, which some people describe as Korea's Thanksgiving. It was the first time I'd seen him in around five years, because during his previous visit I'd been travelling in Europe.

In any case, he came to stay with my family in our traditional Korean-style house in Jeonju Hanok Village, and those two weeks were magical! We ate so much delicious food, especially Jeonju Bibimbap, the most representative food of this area. It's made up of rice mixed with various vegetables, sliced beef and chili pepper paste, and it was fantastic! We even went to visit the picturesque small town where my grandfather grew up just outside of the area. Most of all I remember his stories. He taught me a lot about the realities of the Korean War, and how tough it had been for him growing up when the peninsula was still under Japanese control.

I felt very honoured because on his last day with us he gave me one of his war medals. When we drove him back to Incheon International Airport, I admit I cried a little. But I also promised that I would visit his house in California after I graduate.

That's all from me, thank you very much for your attention!

from now on, I'd like to talk about : 지금부터 나는 ~에 대해 이야기 하겠다(하고 싶다).
   Part 2 시작 문장
The person who I've chosen is : 내가 선택한 사람은 ~이다.
   관계대명사, who I've chosen이 the person을 꾸며준다. / 현재 완료 have chosen
maternal grandfather : 외할아버지 <-> paternal grandfather 친할아버지
in terms of : = as for, when it comes to + 명사(구), ~에 관해서
look young for one's age : 나이에 비해 어려 보이다
six feet : 6피트, 182.88cm, 외모를 묘사할 때, 숫자를 활용하자.
chubby : 통통한
a sense of humour : 유머감각
the United States : 미국, 반드시 the를 붙여야 한다.
I'd seen him in around five years : (나는) 약 5년만에 (그를) 처음 만났다.
   과거 완료 : had seen
I'd been travelling : 나는 여행 중이었다.
   과거 완료 진행 : had been –ing
in any case : 어쨌든, 아무튼, 화제를 전환할 때 사용
be made up of : ~로 구성되다
picturesque : 그림 같은
the peninsula : 그 반도, 여기서는 한반도, 우리나라를 의미한다.
under Japanese control : 일제 치하
feel honoured : 영광으로 생각하다

NB

Speaking에서 가장 중요한 문법은 시제이다. 특히 이 문제처럼 과거에 있었던 이야기를 말할 때 과거, 현재, 과거완료, 현재완료 등의 시제를 적절히 사용해야 한다. 하지만 특히 완료형은 중고등학교 수업시간에 여러 번 반복해서 배웠지만, 실제로 말할 때 적용하기란 쉽지 않다. 따라서 여기 Sample Answer에 나온 완료형 표현들을 중점적으로 외워서 비슷한 상황에 적용하는 것이 더욱 효과적이다.

특히 인물을 묘사하는 문제가 나왔을 때는 그 사람을 눈에 그리듯이 상세하게 표현해야 한다. 여기서 묘사한 'In terms of his appearance, he looks quite young for his age and he's pretty tall, about six feet and a bit chubby. I especially love his big smile and sense of humour.' 이 예문은 대부분의 성인 남자를 묘사할 때 적합하다. 외워서 적용하자.

또한 숫자를 포함시켜서 대답하는 데 익숙해져야 한다. 영어권 학생들은 산술적인 표현에 익숙하지만, 대부분의 한국 학생들은 이러한 표현에 낯설고 서툴다. 따라서 가능하면 한 질문과 관련하여 한두 가지 숫자를 사용하는 연습을 해야 하고, 단위가 있을 경우 영어권에서 자주 사용하는 단위로 표현해야 한다.

한국어로 된 우리나라 음식의 이름을 말할 때는, 이 음식에 대한 설명이 뒷받침 되어야 한다. 전주비빔밥에 대한 설명인 'It's made up of rice mixed with various vegetables, sliced beef and chili pepper paste.' 이 문장을 외워서 좋아하는 음식이 나올 때 답으로 응용해도 좋다. 만약 영어로 한국 음식을 설명하기 어렵다면, 아예 영어 이름으로 된 음식들, 스테이크나 피자를 먹었다고 하면 된다.

Part 2는 평소에 공부한 영어 표현에 상상력을 더해서 시험관을 감동시키는 극적인 스토리텔링이다. 솔직하게 말할 필요 전혀 없다. 필자의 외할아버지가 캘리포니아에 살고 있을까? 안타깝게도 외할아버지, 친할아버지 두 분 모두 필자가 태어나기도 전에 돌아가셨다.

한국 전쟁을 소재로 한 건 시험관의 흥미를 유발하기 위해서다. 영어권 사람들은 역사 특히 한국 전쟁에 대해 관심이 의외로 많다. 별 생각 없이 생각나는 대로 말하지 말고, 시험관의 마음을 사로잡는 답변을 준비하자!

우리말 해석

저는 누군가 우리 집을 방문했을 때의 상황을 이야기하고자 합니다.

제가 선택한 사람은 외조부이신 김남길이란 분입니다. 외모에 대해 말하자면, 외할아버지는 나이에 비해 상당히 젊어 보이고 꽤 키가 큰데 180정도 되고 약간 몸집이 있습니다. 저는 특히 외할아버지의 함박웃음과 유머감각을 좋아합니다.

할아버지는 지난 가을에 우리 집을 방문했습니다. 외할아버지는 실제로 미국에 살고 계신데 한국의 추수감사절이라고 표현할 수 있는 추석 명절을 지내기 위해 오셨습니다. 앞서 방문 하셨을 때는 제가 여행 중에 있었기 때문에, 약 5년 만에 처음 뵙는 것이었습니다.

여하튼 할아버지께서는 전주 한옥마을의 전통 한옥에서 우리 가족과 머무셨고, 그 2주간 매혹적인 시간을 보냈습니다! 우리는 매우 맛있는 음식을, 특히 그 지역의 대표 음식인 전주 비빔밥을 맛있게 먹었습니다. 비빔밥은 각종 채소와 얇게 저민 쇠고기와 고추장을 밥과 섞어 비벼먹도록 구성되는데 정말 환상적이었습니다! 우리 일행은 그 지역의 바로 외곽에 있는 외할아버지가 자란 곳인 그림 같은 작은 마을까지 가봤습니다. 무엇보다 저는 할아버지의 이야기가 기억에 남습니다. 외할아버지께서는 한국 전쟁의 실상과 한반도가 일제 치하에 있을 때 얼마나 혹독한 성장기를 보냈는지에 대해 많은 것을 제게 가르쳐 주셨습니다.

저는 우리가 함께 한 마지막 날에 외조부께서 본인의 전쟁 훈장 중 하나를 제게 주셔서 매우 영광스러웠습니다. 우리가 인천공항으로 외조부를 배웅하러 갔을 때, 저는 눈물이 좀 났습니다. 그러나 저는 졸업 후 캘리포니아의 할아버지 댁을 방문하겠다고 약속했습니다.

제 얘기는 여기서 끝맺겠습니다. 경청해 주셔서 감사합니다.

위의 sample answer처럼 한국인 응시자가 Speaking 시험에서 답한다면, 어느 정도 자연스럽게 영어를 구사할 수 있는 경우에는 최소 7.5 이상, 발음 및 억양이 '순수 토종 국내산' 인 경우에도 최소 6.5는 받을 수 있다. 왜냐하면 이 답변은 풍부한 아이디어와 다양한 아카데믹한 단어들로 구성되어 있기 때문이다. 발음과 억양을 고치는 데는 상당히 오랜 시간이 걸릴 뿐만 아니라, 아무리 노력을 한다 하더라도 원어민과 똑같이 구사하기는 사실상 불가능하다. 이에 반해, 풍부한 아이디어와 아카데믹한 단어 실력은 상대적으로 적은 시간을 투자해도 원어민 이상의 실력을 발휘할 수 있다. 따라서 Speaking에서 빠른 점수 향상을 목적으로 하는 응시생이라면 아이디어와 아카데믹한 단어 공부에 좀 더 시간을 투자해야 한다.

3-3. 주제별 빈출 질문

자주 출제되는 인물, 장소, 사물묘사에 대한 질문을 읽고 앞에서 연습한 바와 같이 본인의 예상 답안을 약 1분 30초 정도로 만들어 보자.

1) People : 인물

An adventurous person : 모험심 강한 인물

> Describe an adventurous person who you know.
> You should say :
>
>   Who the person is
>   How you know this person
>   What this person does that is adventurous
>
> and explain why you think this person likes to take risks.
>
> take risks : 위험들을 무릅쓰다

A childhood friend : 어릴 적 친구

> Describe a friend you had when you were a child.
> You should say :
>
>   How you first met
>   How long you were friends
>   What you used to do together
>
> and explain why you liked this person.
>
> 주로 과거시제로 대답하는 것에 주의

An old person : 노인

> Describe an old person you admire.
> You should say :
>
> > Who this person is
> > How long you have known him/her
> > What personality he/she has
>
> and say why you admire him / her.

A good cook : 솜씨 좋은 요리사

> Describe someone you know who is good at cooking.
> You should say :
>
> > Who this person is
> > How you know him or her
> > What kinds of food they cook
>
> and explain why this person is good at cooking.
>
> be good at ~ing : ~을 잘하다

A child : 어린이

> Describe a child that you know.
> You should say :
>
> What he / she looks like
> What your feelings are for him/her
> Who he / she is
>
> and explain why you have chosen this child.

A neighbor : 이웃

> Describe a neighbor that you know well.
> You should say :
>
> Who he / she is
> How you met him / her
> How long you have known him/her
>
> and explain why you like him / her.

2) Places : 장소

A house or apartment : 주택 혹은 아파트

Talk about a house or apartment you would like to live in.
You should say :

　　What it would look like
　　How big it would be
　　Where it would be located

and explain why you would like to live there.

would 가정법 미래, 미래 시제로 대답하는 것에 주의

Travel : 여행

Describe a place that you would like to travel to.
You should say :

　　Where you would like to go
　　How you would go there
　　Who you would go with

and explain why you would like to go to this place.

would 가정법 미래, 미래 시제로 대답하는 것에 주의

A restaurant : 레스토랑

Describe a restaurant you would like to recommend.
You should say :

    Where this restaurant is
    What type of food the restaurant serves
    How often you go to this restaurant

and explain why you would recommend this restaurant.

위의 세 번째 문제는 현재, 마지막 문제는 would 가정법 미래, 미래 시제로 대답하는 것에 주의

A hotel : 호텔

Describe a hotel you would like to recommend.
You should say :

    Where it is
    What facilities it has
    When you stayed there

and say whether you would recommend it to a friend.

위의 두 문제는 현재, 세 번째 문제는 과거, 마지막 문제는 would 가정법 미래, 미래 시제로 대답하는 것에 주의

A garden : 정원

Describe a garden you have visited recently.
You should say :

　　Where it is
　　What it looks like
　　What people do there

and explain why you remember it.

A leisure center : 편의 시설

Describe a leisure center in your town (a park, a cinema, a shopping mall or similar).
You should say :

　　Where it is located
　　What amenities it offers
　　How often you go there

and explain why you like to visit the place.

amenities : 문화 시설들, 편의 시설들

3) Objects : 사물

A letter : 편지

Describe an important letter that you have received recently.
You should say :

    Who wrote it
    What the letter was about
    How you felt about the letter

and explain why it was important.

주로 과거시제로 대답하는 것에 주의

A photograph : 사진

Describe a photograph that you remember.
You should say :

    When it was taken
    Who took it
    What is in the photograph

and explain why you remember this photograph.

위의 두 문제는 주로 과거, 나머지 두 문제는 주로 현재 시제로 대답하는 것에 주의

A magazine or newspaper : 잡지나 신문

Describe a magazine or newspaper you like to read.
You should say :

    What this magazine or newspaper is
    Where you can buy it
    What it contains

and explain why you think this magazine is interesting.

An interesting advertisement : 흥미로운 광고

Describe an interesting advertisement that you have seen recently.
You should say :

    What this advertisement was about
    Where you saw it
    What it contains

and explain why you think it was an interesting advertisement.

세 번째 문제를 제외하고는 주로 과거시제로 대답하는 것에 주의

A toy : 장난감

Describe a toy that was special to you when you were a child.
You should say :

    When you got it
    Who gave it to you
    What it looked like

and explain how you used it or played with it.

주로 과거시제로 대답하는 것에 주의

A vehicle : 탈 것 (자전거, 오토바이, 자동차 등등)

Talk about a vehicle that you would like to buy.
You sould say :

    What vehicle is that
    Why you like it
    When you would buy this vehicle in the future

and explain what purpose you would use this vehicle for.

vehicle : 차량, 탈 것. / 위의 두 문제는 주로 현재, 나머지 두 문제는 주로 미래형이나 가정법 미래로 대답하는 것에 주의

4
Speaking Part 3

4-1. 어떻게 대답해야 할 것인가? (How to Answer)

   Speaking Part 3에는 이미 제시된 Part 2의 토픽과 관련한 심층 질문들이 출제된다. Part 2와 관련하여 적게는 3~4개, 많게는 7~8개의 문제가 출제된다. 응시자가 짧게 대답한다면 많은 문제가 출제될 수도 있다. 따라서 평소 대략 30초 정도 답변을 준비하면 무난하다. Part 3에는 두 개의 사물이나 시제를 비교하는 비교형 문제, 어떤 문제에 대해 해결책을 제시하는 대안 제시형 문제, 찬성과 반대 혹은 장점과 단점 등의 대립 구조형 문제 등이 주로 출제된다. Writing Task 2 에세이 주제와 비슷한 질문들이 많고 대답하는 형식도 비슷하다. 따라서 Speaking과 Writing은 비슷한 주제별로 묶어서 함께 공부하는 것이 효율적이다.

1) 구조에 맞춰서 말하기 (Speaking Part 3 Structure)

Speaking Part 3도 다음과 같은 틀에 맞춰 말하는 연습을 하면, 좀 더 논리적이고 풍부한 답변을 제시할 수 있다. 말하는 구조는 질문의 내용에 따라 다소 달라지고 일반적으로 Writing Task 2 본문 쓰기와 비슷하다고 생각하면 쉽다.

다음과 같은 구조에 맞춰 Speaking Part 3 질문에 대해 논리적으로 답하는 연습을 하자.

Direct Answer 직접적인 대답	Speaking Part 1과 마찬가지로 질문에 대한 직접적인 대답을 한다.
Reason 대답에 대한 이유	내 대답에 대한 이유를 말한다. Writing Task 2 에세이 본론 쓰기에서의 sub-sentence와 비슷하게 말한다.
Example 관련된 사례	내 대답과 관련된 예를 든다. Writing Task 2 에세이 본론 쓰기에서의 specific example과 비슷하게 말한다. ※ 좋은 예가 떠오르지 않을 경우에는 이유를 좀 더 구체적으로 설명한다.
Restatement 다시 한 번 강조해서 말하기	처음 Direct Answer에서 말한 내용을 비슷한 표현으로 바꾼 후 다시 한 번 강조하면서 답변을 마무리한다.

2) 브레인스토밍 하기 (How to Brainstorm)

특히 Speaking Part 3에는 한국말로도 대답하기 어려운 까다로운 문제들이 많다. 따라서 막상 아무런 아이디어가 떠오르지 않는다면 구글 영국 웹사이트(www.google.co.uk)에 들어가서 문제와 관련된 검색어를 입력한 후, 거기에서 좋은 아이디어를 얻어 보자. Speaking 문제에는 정답이 없고 정확한 사실을 알고자 하는 시험이 아니기 때문에 SF 영화 수준의 시나리오만 아니라면 어떤 내용이든 크게 상관없다. 만약 독해 실력이 상당히 부족한 '왕초보' 인 경우에는 국내 웹사이트에 아이디어를 얻는 것도 괜찮은 방법이다. 하지만 이 경우 다시 번역해야 하는 번거로움이 생길 뿐만 아니라 IELTS 시험에는 Reading 과목도 있기 때문에 공부의 효율성이 떨어진다. 단시간에 효과적으로 IELTS 시험을 끝내기 위해서는 하루 빨리 영문 웹사이트에서 정보를 얻는 것에 익숙해져야 한다.

4-2. 실전문제

Part 3는 어렵다.

일단은 시험관이 뭐라고 말하는지 알아듣기 어렵고 만약 알아들었다 하더라도 어떤 대답을 해야 할지 막막할 경우도 많다. 한국어로도 조리있게 8.0 이상의 대답을 하기 어렵다. 마치 Task 2를 즉석에서 구두로 시험 보는 느낌이랄까?

하지만 Part 3가 가장 높은 점수를 차지하기 때문에 6.0 이상의 점수를 받고 싶다면 무조건 잘해야 한다. 먼저 뒤에 수록한 빈출 문제와 친숙해지자. 시험관의 국적과 억양이 다양하기 때문에 어떤 시험관을 만나느냐에 따라 한국어처럼 착착 귀에 감길 수도 있고 외계어처럼 들릴 수도 있다. 따라서 평소 빈출 문제를 많이 접하면, 약간 못 알아듣는다 하더라도 무슨 질문인지 쉽게 파악할 수 있다. 또한 말하는 태도도 상당히 중요한데, 자신감이 결여된 모습이나 지나치게 겸손한 모습은 마이너스다. TV 토론에 출연한 여당 혹은 야당 대표처럼 주어진 토픽에 대해 전문가처럼 강하게 어필하자. 마지막으로 Part 1에서 언급한 것처럼 질문과 답 함께 녹음하기, '줄리정불법아이엘츠VOCA'에 수록된 단어들과 샘플 문장들 응용하기 등도 잊지 말자!

다음 Speaking Part 3 실전문제를 MP3로 반드시 먼저 듣고, 아직 준비가 덜 되었다 하더라도 일단 짧게라도 대답해 본 후에 필자의 답과 비교해 보자. 이때 질문과 답을 함께 녹음한 후, 1~2달 후 다시 들어본다면 본인이 그 동안 얼마나 열심히 공부했는지도 알 수 있을 것이다.

'Your answer' 란에 Sample Answer를 변형해서 본인 상황에 맞게 답을 작성할 때도 불법 포인트에서 언급한 표현들은 반드시 살리도록 하자.

Part 3

1) In your country, how do people treat visitors?
2) Do you think hospitality is less important than it was in the past?
3) What are the advantages of staying with a friend compared to staying in a hotel when visiting a foreign country?
4) What are the advantages of staying in a hotel instead?

※ 문제와 문제 사이는 30초 간격으로 구성했다. 실제 시험에서도 약 30초 정도 대답하는 것이 좋다.

1) In your country, how do people treat visitors?
당신의 나라에서는 사람들이 방문객을 어떻게 대합니까?

Question		In your country, how do people treat visitors?
Answer	Direction Answer	Koreans are extremely hospitable.
	Reason	I think this is partly because Koreans are proud of their country, but also most people aspire to be good hosts for cultural reasons.
	Example	Whenever they have the chance, they offer foreign visitors food and advice on things to do.

Q : In your country, how do people treat visitors?
A : Koreans are extremely hospitable. I think this is partly because Koreans are proud of their country, but also most people aspire to be good hosts for cultural reasons. Whenever they have the chance, they offer foreign visitors food and advice on things to do.

불법 포인트

hospitable : 친절한, 환대하는
be proud of : ~을 자랑스러워하다
aspire to : ~을 갈망하다
advice on : ~에 대한 조언, 셀 수 없는 명사(UCN)인 것에 주의하고 전치사 on까지 같이 외우자!
things to do : 할 것들

NB 방문객(visitors)과 관련한 주제가 나오면, hospitable(환대하는), hospitality(환대) 등의 단어를 꼭 쓰자!

우리말 해석

Q : 당신의 나라에서는 사람들이 방문객을 어떻게 대합니까?
A : 한국인들은 대단히 친절합니다. 저는 이것이 부분적으로는 한국인들이 자신들의 나라를 자랑스러워하기 때문일 뿐만 아니라 또한 대부분의 사람들은 문화적 이유로 좋은 접대자가 되고자 하기 때문이라고 생각합니다. 한국인은 기회가 생길 때마다 외국 방문객들에게 음식을 대접하고 할 것들에 대해 조언을 해줍니다.

Your Answer

Question		In your country, how do people treat visitors?
Answer	Direction Answer	
	Reason	
	Example	

2) Do you think hospitality is less important than it was in the past?
당신은 과거보다 환대가 덜 중요해졌다고 생각합니까?

Question		Do you think hospitality is less important than it was in the past?
Answer	Direction Answer	Sadly yes, there is an increasing trend away from Korea's traditional sense of hospitality.
	Reason	It's not so much that hospitality's not important, but there are just fewer opportunities to welcome strangers.
	Example	These days, especially in cities, people lead very busy lives and they don't even get to know their neighbours very well.

Q : Do you think hospitality is less important than it was in the past?
A : Sadly yes, there is an increasing trend away from Korea's traditional sense of hospitality. It's not so much that hospitality's not important, but there are just fewer opportunities to welcome strangers. These days, especially in cities, people lead very busy lives and they don't even get to know their neighbours very well.

away from : ~에서 멀어진
stranger : 낯선 사람, 여기에서는 외국인을 의미
not A but B : A가 아니라 B다
lead a very busy life : 바쁘게 살다

NB 과거와 현재를 비교한 문제가 나오면, 비교급을 사용해서 답하자. 여기에서는 fewer(더 거의 없는)를 사용했다.

우리말 해석
Q : 당신은 과거보다 환대가 덜 중요해졌다고 생각합니까?
A : 슬프게도 그렇습니다. 한국의 전통적인 환대라는 정서와 멀어지는 경향이 확대되고 있습니다. 환대가 중요하지 않아서 그러는 게 아니라 단지 외부인을 환영할 기회가 거의 없어서입니다. 요즘, 특히 도시에서는 사람들이 매우 바쁘게 생활하고 심지어는 이웃사람도 잘 알지 못하게 되었습니다.

Your Answer

Question		Do you think hospitality is less important than it was in the past?
Answer	Direction Answer	
	Reason	
	Example	

3) **What are the advantages of staying with a friend compared to staying in a hotel when visiting a foreign country?**

외국을 방문할 때, 호텔에서 머무는 것과 비교해서 친구와 함께 머무는 것의 장점들은 무엇입니까?

Question		What are the advantages of staying with a friend compared to staying in a hotel when visiting a foreign country?
Answer	Direction Answer	There are so many benefits to staying with a friend when travelling abroad.
	Reason 1	For a start, it's a lot cheaper than having to pay for a hotel.
	Reason 2	But even taking cost out of the equation, there are plenty of other advantages. The main one would be having the chance to live like a local, which provides a much greater understanding of a country.
	Reason 3	Of course it's also fun to stay with a friend if it's not easy to see them otherwise!

Q : What are the advantages of staying with a friend compared to staying in a hotel when visiting a foreign country?
A : There are so many benefits to staying with a friend when travelling abroad. For a start, it's a lot cheaper than having to pay for a hotel. But even taking cost out of the equation, there are plenty of other advantages. The main one would be having the chance to live like a local, which provides a much greater understanding of a country. Of course it's also fun to stay with a friend if it's not easy to see them otherwise!

문법 포인트

travelling abroad : 해외로 여행하는 것, 문제의 visiting a foreign country를 paraphrasing 했다.
　문제를 그대로 반복해서 말하지 말고, Writing 서론을 쓸 때처럼 동의어로 바꿔서 말하자.
a lot : 훨씬, 비교급 앞에 a lot이 있으면 비교급 강조의 뜻
taking cost out of the equation : 이러한 상황에서 비용을 제외하더라도, take A out of B,
　B에서 A를 제외하다(꺼내다)
equation : 상황, 수학에서는 방정식, 등식이라는 뜻이지만 여기서는 상황(친구 집에 머무는 상황)이라는 뜻
plenty of : 많은, many도 되고 much도 된다. 여기서는 many의 뜻
local : 현지인

NB　문제에서 장점들, advantages로 물어봤기 때문에 최소 2가지 이상 장점들을 이야기 해준다. 이 문제에서 staying with a friend는 내가 영국으로 여행 갈 때 호텔이 아닌 영국 현지에서 살고 있는 친구 집에 머무르는 상황을 말한다. 나와 친구가 영국으로 여행을 함께 가서 같은 호텔방을 쓰는 것이 아니다.

우리말 해석

Q : 새로운 곳을 방문할 때 친구와 함께 머무는 것의 장점은 무엇입니까?

A : 해외여행을 할 때, 친구 함께 머무는 것에는 수많은 장점이 있습니다. 우선 호텔비를 지불하는 것보다 매우 저렴합니다. 그러나 이 상황에서는 심지어 경비를 제외하고도 수많은 이점이 있습니다. 주된 것이 현지인처럼 생활을 해볼 기회를 얻게 되는 것인데, 이것은 한 나라에 대해 보다 큰 이해를 제공해 줍니다. 물론 이렇게 하지 않으면 만나기 쉽지 않은 친구와 함께 머문다는 것 또한 신나는 일입니다.

Your Answer

Question		What are the advantages of staying with a friend compared to staying in a hotel when visiting a foreign country?
Answer	Direction Answer	
	Reason 1	
	Reason 2	
	Reason 3	

4) What are the advantages of staying in a hotel instead?
   대신 호텔에서 머무는 것의 이점은 무엇입니까?

Question		What are the advantages of staying in a hotel instead?
Answer	Direction Answer	Comfort!
	Reason 1	It's just so much more relaxing to stay in a hotel because people don't have to worry about following any house rules. Hotels make people feel like they're on holiday.
	Reason 2	They also have staff who can offer support with any practical issues, whether it's an emergency or if basic tips are needed from a concierge.
	Reason 3	Moreover, depending on the location, hotels often offer the kind of luxurious surroundings that very few regular homes can provide.

Q : What are the advantages of staying in a hotel instead?
A : Comfort! It's just so much more relaxing to stay in a hotel because people don't have to worry about following any house rules. Hotels make people feel like they're on holiday. They also have staff who can offer support with any practical issues, whether it's an emergency or if basic tips are needed from a concierge. Moreover, depending on the location, hotels often offer the kind of luxurious surroundings that very few regular homes can provide.

불법포인트

much : 훨씬, 비교급 앞에 much가 있으면 비교급 강조의 뜻
on holiday : 휴가 중에, 전치사 on을 주의!
staff : 직원들, 단수처럼 보이지만 복수로 취급, 따라서 관사 a가 없다.
concierge : 호텔 안내원, 요즘은 우리도 컨시어지라고 한다. 호텔에 관한 정보나 호텔 밖의 나이트 클럽, 레스토랑에 관한 정보, 극장표, 여행에 필요한 교통편, 안내 등의 포괄적 서비스를 제공·처리한다.
few : 거의 ~없는, Writing에서 뿐만 아니라 Speaking에서도 활용해야 할 중요한 단어!

NB 문제에서 장점들 (advantages)로 물어봤기 때문에 최소 2가지 이상 장점들을 이야기 해준다.

우리말 해석

Q : 대신 호텔에서 머무는 것의 이점은 무엇입니까?

A : 편안함! 사람들이 누군가의 집에서 따라야 할 규칙에 대해 걱정할 필요가 없기 때문에 호텔에 머무는 것이 훨씬 편안합니다. 호텔은 사람들이 휴가 중에 있는 것 같은 기분이 들게 합니다. 호텔은 또한 응급 상황이건, 기본적인 정보들 등 실질적 문제에 도움을 받을 수 있는 직원이 있습니다. 더욱이 장소에 따라 호텔에서는 종종 거의 일반 가정집에서는 제공할 수 없는 꽤 수려한 주변경관을 제공합니다.

Your Answer

Question		What are the advantages of staying in a hotel instead?
Answer	Direction Answer	
	Reason 1	
	Reason 2	
	Reason 3	

4-3. 주제별 빈출 질문

자주 출제되는 질문들을 읽고, Speaking Part 3 구조에 맞춰 본인의 예상 답안을 약 30초 정도로 만들어 보자.

교육방송과 광고	What educational programs do you watch on television? How often do you watch them? Do you believe that people should watch those kinds of programs? What is the purpose of advertisements? What is the impact of ads on children? educational programs : 교육 방송들, purpose : 목적, ads = advertisements : 광고들
혼자 지내기	Is it necessary for a person to be alone sometimes? What do people do to be alone? Does the increasing population affect people wanting to be alone? Does the technology development somehow affect people wanting to be alone? be alone : 혼자 지내다, the increasing population : 증가하고 있는 인구 affect : 영향을 미치다 (cf) effect : 영향, the technology development : 기술의 발달
음악	Does music have an impact on people from your country? What do you think about live performances? Can you compare live performance to recorded music? Is the Internet good for the music industry? Who is your favorite singer? impact : 영향, 영향을 미치다, live performances : 라이브 공연들, recorded music : 녹음된 음악
돕기	Did you help other people? Did you help any visitor in your country? Why do you think it is important to help visitors? Why do people help each other? How can members of a family help each other? members of a family : 가족 구성원들, help each other : 서로 돕다

사진	Do you like to take pictures? How often do you do it? What is your favorite type of photography? Is it common to take photos for people in your country? Does it vary for men and women? Do you prefer to buy pictures or postcards when you visit a place or to take a few photos of it? take a picture : 사진 찍다, vary : 다르다
지도자	In your tradition, who does act as a leader in a family? Why does he / she act as a leader? In your country, does the leader co-operate with family members? When making decisions, does he/she discuss them first with family? Do family members usually support the leader? Do you think in the future leaders will take the position as decision makers?
휴가	Do you think people need a day off? Do you like to spend a day off with friends or family? Do you prefer just one long holiday or many days off? Do men and women have different ways of spending leisure time?
운동(걷기)	Why does walking make people healthier? Why do people like walking in the morning? Do you think different ages have different ways to exercise? What activities are better than walking for people who want to keep healthy? keep healthy : 건강을 유지하다
패션	Do you pay much money for clothes? How do people judge others by their clothes? What is your opinion about fashion? Why do some people like fashion? What is the negative side of fashion? judge others : 다른 사람들을 판단하다, the negative side of fashion : 패션의 부정적인 측면

인터넷	What is the role of the Internet in our society? What advantages and disadvantages of the Internet can you think of? Does the Internet have an impact on the value of newspapers and magazines? the role of the Internet : 인터넷의 역할 the value of newspapers and magazines : 신문들과 잡지들의 가치
지식	What is more important: general or specific knowledge, in your opinion? How is general knowledge important to a country? Which person is more interesting to you: somebody who has knowledge on many different subjects, or somebody who knows almost everything about certain topics? general or specific knowledge : 일반적이거나 구체적인 지식 different subjects : 다양한 주제들, certain topics : 특정한 주제들
여행	Is travelling abroad popular with young people in your country? Why is it so popular? What is your opinion about the advantages and disadvantages of tourism? Have you ever faced or heard about cultural invasion caused by tourism?
조언	Is it better to get advice from a friend or from a family member? What would you say are the characteristics of a good adviser? Should people make their own work and career decisions, or is it a good idea to ask for advice about this? advice가 셀 수 없는 명사인 것을 주의

Successful Case Study

십여 년간 줄리정을 거쳐간 수많은 학생들 중, 어느 학생의 아이엘츠 성공담을 실어야 학습자들에게 실질적인 도움이 될지를 판단하는 것은 매우 큰 고민이었다. 필자의 학생들 중에는 Listening 9.0, 만점을 받은 학생도 있었고, Overall 8.0인 학생도 있었다. 하지만 이들 대부분은 필자를 만나기 전부터도 이미 높은 수준의 영어 실력을 갖춘 수강생들이었기 때문에, 이들의 이야기가 평범한 수준의 학습자들에게는 현실로 와 닿지 않을 것 같았다.

따라서 여기에는 줄리정 아이엘츠 인터넷 강의로 6.0 이상을 단기간에 그리고 첫 시험에 달성한 '평범한' 학생 6명의 후기를 실었다. 이 학생들의 동영상 인터뷰는 줄리정 블로그와 메가잉글리시에서 확인할 수 있다.

다음 다섯 학생들의 주된 공통점은 다음과 같다.

1. 필자를 만나기 전 아이엘츠 시험을 공부한 적이 없다.
2. 첫 시험에서 목표점수가 나왔다.
3. 비교적 단기간(3일~2달)에 IELTS 6.0 이상을 달성했다.
4. 영어 공부를 위해 어학연수를 다녀온 경험이 없다.
5. 줄리정불법아이엘츠 시리즈를 열심히 공부했다.
6. 줄리정의 노하우를 그대로 시험장에서 적용했다.
7. 짧은 준비 기간이었지만, 최선을 다해 꼼꼼히 공부했다.

김 혜 지

3일 동안 줄리정 인강으로 Reading 요령 익힌 후, 첫 시험에 Reading 9.0 만점 받았어요!

경희대학교 정치외교학과에 재학 중인 김혜지입니다. 저는 학교에서 주관하는 교환학생 프로그램에 참여하기 위해 아이엘츠를 준비하게 되었습니다.

시험 2주 전, 시험 준비를 시작하면서 불법 아이엘츠 책을 구매했습니다. 책을 공부해가며 캠브리지 7과 8을 풀었어요. 처음으로 아이엘츠 리딩(Cambridge 8 Test1)을 풀었는데 32개가 나오더라고요. 줄리정 선생님 책에 의하면 6.0에 해당하는 점수였어요. 아이엘츠를 한 번도 치러보지 않은 상태였고 성적표를 제출할 수 있는 처음이자 마지막 기회였기에 불안했습니다. 이 점수로는 교환학생에 갈 수 없을지도 모른다는 불안감이 들었어요. 그래서 시험 삼 일 전, 절박한 마음에 줄리정 선생님 Cambridge 8 강의를 신청하게 되었습니다. Test 1의 Reading 1, 2, 3 강의를 듣고 나서 선생님이 말씀하시는 Reading의 요령을 알게 되었습니다. 고등학교 때부터 항상 요령 없이 영어 시험을 봐오던 저였기에 반신반의 하며 Test 3의 Reading을 풀었습니다. 채점을 끝내고 38개라는 결과에 몹시 놀랐습니다. 운일 수도 있다는 생각에 Test 4 Reading을 풀었지만 역시 37개. 그 방법으로 Cambridge 7의 Test 1, 2, 3를 마저 풀고 시험을 치렀습니다. 다른 과목은 시간이 부족해서 사실 잘 수강하지 못했어요..ㅜ.ㅜ

사실 운이 좋았어요^^; 어디에선가 읽어본 적이 있는 듯한 지문들이 나왔거든요. 그럼에도 불구하고 노하우라고 하시면 ^^;;; 시험 볼 때 객관적으로 판단하려고 노력을 많이 했던 것 같아요. 특히 저 같은 경우는 잠깐 판단을 잘못하면 T / F / NG이나 Y / N / NG의 경우 주관적인 생각이 들어가서 틀리는 경우가 종종 있었거든요. 그런 실수를 하지 않도록 최대한 노력했습니다.

저는 생각보다 첫 시험 Reading 점수가 잘 나와서 아이엘츠 자체에 대한 욕심이 생겼어요. 앞으로도 열심히 공부해 보고 싶습니다. 아이엘츠는 참 정직한 시험이라고 생각합니다. 아이엘츠 공부를 많이 해서 자신의 영어 실력이 실제로 올라야만 그 성적을 주는 것 같습니다. 모두 원하시는 점수 꼭 받으셨으면 좋겠습니다. ^^

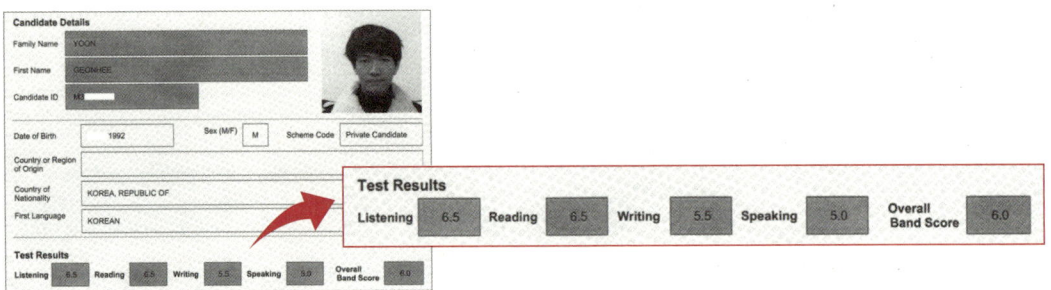

윤 건 희

주경야독으로 공부하던 바텐더, Break Time 최대한 활용했어요!

제가 목표로 하고 있던 학과가 그리피스 대학교 호텔경영학과였는데 제가 하고 싶어했던 과정이 디플로마 과정이라서 아이엘츠 점수가 최소 Overall 5.5가 필요했습니다. 그래서 아이엘츠 공부를 시작하게 되었고요. 이제 지금은 오퍼레터 받고 6월에 출국 예정이에요.

불법 아이엘츠 강의에서 선생님께서 리스닝과 리딩을 풀 때 기본 요령에 대해서 잘 설명을 해주셨어요. 캠브리지 아이엘츠 풀 때, 그 뿐만 아니라 시험 때도 도움이 정말 많이 되었어요. 그리고 캠브리지 아이엘츠를 풀면서 라이팅 쓸 때 좀 어려웠거나 잘 모르는 부분들은 불법 아이엘츠 책을 보면서 참고를 많이 했어요. 이 책에는 라이팅 유형들뿐만 아니라 라이팅 때 많이 활용할 수 있는 구문이나 단어들이 많이 수록되어있기 때문에 아이엘츠를 접한 지 얼마 안됐던 저에게 도움이 많이 되었습니다.

저는 Bar에서 일을 하고 있어요. 저녁에 하는 일이기 때문에 공부 할 수 있는 시간이 다른 사람들 보다 많지는 않았어요. 할 수 있던 시간이 6시간 정도였기 때문에 틈을 많이 내서 공부를 했던 것 같아요. 일하는 가게에서는 불법 VOCA책을 틈이 조금이라도 나면 많이 활용을 했는데 손님들 빠지고 Break Time때, 틈틈이 시간 날 때 VOCA책을 보고 그랬어요. 그리고 나머지 영역들은 시험 시작 시간과 비슷하게 맞춰서 문제 풀고 선생님 강의 듣고 강의 내용 꾸준히 복습하고 이런 식으로 했습니다.

저는 불법 아이엘츠 책을 읽다가 선생님 말씀 중에서 '영어공부는 다이어트다' 라는 말에 매우 공감했어요. 처음에는 의욕에 앞서서 열심히 하다가 갈수록 힘들어져서 가끔 정체기가 찾아오고 그럴 때가 저한테도 있었고요. 그럴 때마다 저는 '내가 만약 아이엘츠 6.0이상을 받아서 내가 원하는 목표를 달성하면 얼마나 뿌듯하고 기쁠까?' 이런 긍정적인 생각을 하면서 극복했습니다.

제가 현재 듣고있는 캠브리지 아이엘츠 9 Part 2 다 듣고 나면 줄리정 선생님 강의 중에서 캠브리지 8 실전강의를 들을 생각이에요. 3월경에 아이엘츠 시험에 도전할 생각이고요. 그때는 목표를 Overall 6.5로 잡고 앞으로도 아이엘츠 공부 앞으로도 계속 열심히 할 생각입니다.

아이엘츠 공부는 근성이랑 자신의 의지가 제일 중요하다고 생각해요. 아이엘츠 공부하시다가 힘드시거나 정체기가 찾아왔을 때는 불법 아이엘츠 책 42쪽을 보시라고 꼭 말씀드리고 싶어요. Never Stop이라는 주제로 글을 써 놓으셨는데 그 부분 읽으시고 다시 독하게 마음먹고 공부하시면 될 거예요. 그리고 항상 자신의 목표나 꿈을 생각하면서 긍정적인 마인드로 아이엘츠를 공부하시면 꼭 원하는 점수 받을 수 있으니까 힘내세요!!

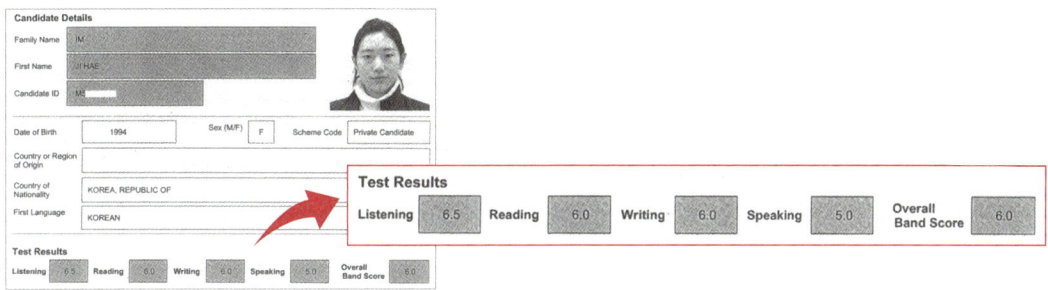

임 지 혜

얼마나 빨리 좋은 성적을 받느냐는 얼마나 줄리정 인강을 열심히 공부하느냐에 달려있어요!

해외에 있는 학교로 입학하기 위해서 영어 조건이 필요했습니다. 거의 모든 학교가 아이엘츠를 요구하더라고요.

먼저 말씀 드리자면, 아이엘츠를 공부하기 전엔 어떤 시험인지도 몰랐어요. 주위에서 아이엘츠 본 사람도 없고, 공부하고 있는 사람도 없다 보니 원하는 학교에 입학하기 위해선 정말 줄리정 선생님의 강의를 믿는 것밖엔 없었어요. 일단 '불변의 법칙' 인터넷 강의에서 줄리정 선생님이 아이엘츠가 어떤 시험인지, 어떤 구성으로 되어있는지 설명해 주었어요. 게다가 Listening, Reading, Writing, Speaking 각 파트 별로 수업이 들어갈 때 어떻게 풀어나가는 것인지에 대한 스킬을 가르쳐 주시더라고요. 정말 아이엘츠 시험의 기본서라고 해도 될만큼 표본 중에 표본, 수학의 정석처럼이요 (저는 학교 다닐 때도 언어를 잘 못해서 글을 조리 있게 못 썼거든요. 그래서 당연히 영어로 에세이 쓰는 법도 몰랐고요. 근데 줄리정 선생님은 어떻게 글을 써야하는지 정말 잘 집어서 설명을 해줍니다. 제가 글 쓰는 법을 영어로 배운 거나 마찬가지죠. 이 부분에 굉장히 도움 많이 받았어요 정말!). 또 집에서 가끔 혼자 모의고사를 치기 전엔 항상 줄리정 선생님의 책을 한번 훑고 시험을 봤어요. 심지어 전 시험장 가서 다른 분들은 캠브리지 8, 9나 학원에서 받은 거 들고 가시던데 저는 선생님 그 분홍색 책, 불변의 법칙만 들고 갔어요 ^^.

사실 제가 고등학교 때 학교 영어 수업이 엄청 많아서 하루에 단어 백 개씩 외우다 보니 줄리정 선생님 책의 단어들은 제가 다 한 번씩 본 단어들이었어요. 근데 계속 공부하다 보니 그냥 단어 책이 아니더라고요. 단어 책에 보면 주제별로 Writing Task 2에 자주 나올 수 있는 문제들도 수록해 놓으셨더라고요. 일일이 Writing Task 2를 쓰지 않고 수록하신 문제를 하나씩 보기만해도 뒤에 있는 문제랑 연관된 단어들을 공부하면 되니깐 정말 많은 도움이 되더라고요. 같이 붙어있으니깐 기억하기도 굉장히 쉬웠어요. 게다가 단어에 있는 예문을 볼 때마다 '아, 이거 Writing Task 2에 쓰면 되겠다!' 라고 생각했고, 기억하기도 응용하기도 쉬웠어요!

사실 저는 영어를 좋아하지만, 성실하게 하는 편이 아니에요. 선생님 강의 듣는 시간 빼고는 공부한 적이 많이 없는 것 같아요. 해도 한 시간도 안 되는 복습 정도. 근데 저는 선생님 강의 들을 때 항상 꽤 오래 들었어요. 선생님 하나의 강의 시간이 25~30분정도 되잖아요. 저는 한 강의 들을 때 한 시간씩 걸렸어요. 일단 모든 책을 다 펴놔요. 보카책, 불법책, 캠브리지책, 선생님이 한 마디 하시면 일시 정지 누르고 나서는 선생님께서 하신 말씀을 어떻게 응용할까 하고 모든 책을 뒤져보지요. 거기서 바로 바로 응용하는 식으로 공부를 했어요. 예를 들어 선생님이 writing을 쓸 때 먼저 문제를 다시 한 번 집고 자기 의견 쓰라고 말하시면 바로 일시 정지 누르고 선생님이 수록한 문제에 어떻게 되어 있나 보고 제가 스스로 써보고 마지막으로 캠브리지책엔 또 어떤 방법으로 쓰여 있나를 공부했죠. 그러다 보니 하루에 선생님 강의 세 개만 봐도 진이 빠져서 따로 공부를 잘 못했어요 ㅠㅠ. 그리고 공부하기 싫은 날은 선생님이 보라고 추천해주신 The IT Crowd 드라마를 시청했죠. 학교 다니는 내내 미국발음에 익숙해진 저는 그 드라마를 통해 영국발음에 익숙해졌던지 가장 취약한 과목 Listening에서 제일 좋은 성적을 받는 톡 도움 받은 것 같아요.

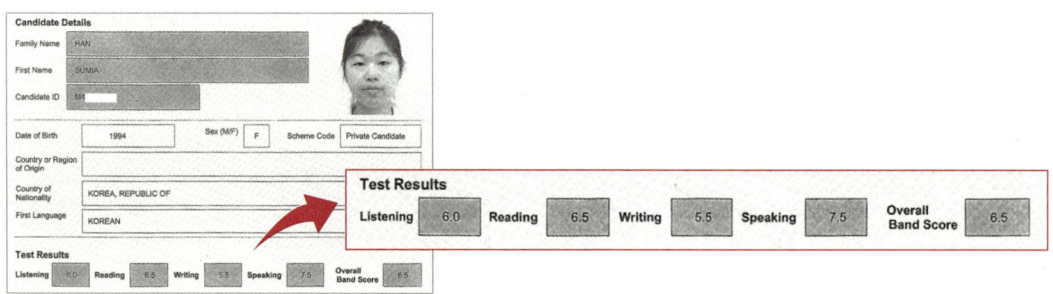

한 수 민

금산 소녀, 줄리쌤이 하라는대로만 했더니 Speaking 7.5 받았어요!

어렸을 때부터 유학은 저의 lifelong ambition이었어요. 특히 전 영어권 국가에서 간호학을 전공하고 싶었는데, 사촌언니들이 호주에서 공부하고 있어서 호주에 가기로 마음먹었습니다. 호주에 가기 위해선 아이엘츠 점수가 필요하더라고요. 그래서 3달 전부터 시작하게 되었습니다.

처음 기본으로 불법 아이엘츠 강의와 VOCA 강의를 듣고 시험 보는 날까지 VOCA책에 있는 모든 단어를 외우려고 노력했어요. 어디를 가든 항상 단어장과 mp3파일을 손에서 놓지 않았어요. 불법책은 항상 Writing쓸 때마다 참고했는데 이 두 책은 Speaking과 Writing에는 정말 도움이 많이 돼요. 그리고 Cambridge 강의는 Reading Listening을 어떻게 하면 빨리 효과적으로 풀 수 있는지 잘 설명해주고 있습니다. 마지막에 수강한 강의는 문법 강의인데, Writing에서 자주하는 실수들 혹은 항상 Writing 쓸 때마다 헷갈리는 부분들을 콕콕 잘 짚어 주셔서 실수를 줄일 수 있었던 것 같아요.

일단 Listening과 Reading은 줄리쌤이 푸는 방식을 잘 적용하는 것이 중요한 것 같아요. 그래서 강의시간에 쌤이 푸는 방식대로 혼자 여러 번 적용시켜서 풀어 봤고요. 시험 3주 전부터는 Cambridge 문제들을 실전처럼 많이 풀어 봤어요. 그리고 Speaking의 경우에는 줄리쌤이 항상 강조하시는 것처럼 시끄럽게 말하면서 하는 게 효과적이에요. 전 항상 가족과 함께 했어요. 기출문제 질문을 뽑아 놓고 랜덤 형식으로 질문하면 대답하는 방식으로요. 특히 순발력을 향상시키는 데 중요해요. 그리고 불법책에 나와있는 내용은 혼자서 VOCA책에 나와있는 단어들을 최대한 활용하여 Sample Answer를 작성해 외웠어요. 특히 VOCA책에 나와있는 불법포인트를 자연스럽게 시험 시간에 적용시키기 위해 많은 연습을 했어요. 그리고 Writing의 경우 VOCA책 각 단원마다 앞 페이지에 나와있는 주제들을 brainstorming 해보고 항상 불법책에서 강조하시는 자주 실수하는 부분들을 체크하려고 노력했으며 Task1의경우 불법책에 나와있는 표현들을 많이 외웠어요. 저에게 가장 취약하고 어려웠던 부분은 Writing이였어요. 특히 덤벙대는 습관이 있어서 항상 문법 실수를 자주했는데, 선생님의 문법 강의를 통해서 실수를 줄일 수 있었답니다. 특히 정말 쉬운 내용이지만 학생들이 많이 하는 실수들을 콕콕 집어서 잘 알 수 있었어요.

전 일단 11월달 호주로 가기 전까지 계속 Writing과 Speaking 강의를 수강할 예정입니다. 그리고 VOCA책을 마스터할 생각입니다. 저와 같이 줄리쌤 강의를 수강한 언니가 아이엘츠는 굉장히 실용적인 시험이라 일상생활에서도 시험에서 공부했던 표현들이 많이 쓰인다고 하더라고요 특히 VOCA책이요. 그리고 호주에서 대학을 다니면 과제로 에세이를 많이 쓸텐데 지금부터 Writing 공부를 한다면, 그 때 가서도 어려움 없이 잘 적응할 수 있을 것 같아요.

전 충남 금산에 살고 있습니다. 그래서 다른 학생들에 비해서 영어를 접할 기회도 없었고 더군다나 해외 어학연수를 갔다 온 경험도 없어요. 제가 가지고 있는 장점은 영어를 좋아한다는 것밖에 없었습니다. 이런 제가 3개월 만에 Speaking에서 7.5를 맞을 수 있었던 것은 아마 많은 연습과 그리고 아이엘츠 분야에서 최고이신 줄리쌤의 특별한 study skills 때문이었던 것 같아요. 여러분도 많은 연습과 그리고 줄리쌤이 하라는대로만 하신다면 아마 저보다 더 좋은 점수 받으실 수 있을 거예요.

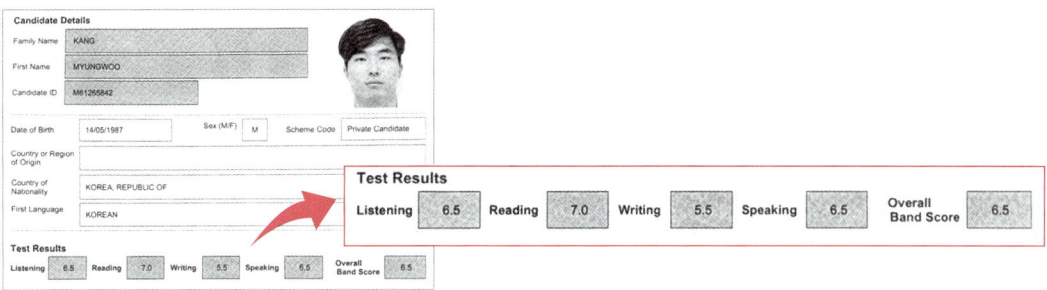

강 명 우

수능영어 5등급 물리학도, 아이엘츠 6.5로 유럽 대학원 장학금 지원해요!

유럽 대학원 지원 시 필요해서 아이엘츠를 준비했습니다. 구체적으로 말하자면, 많은 장학금을 주는 유럽 Erasmus Mundus 프로그램 중 하나인 Space Physics 분야를 지원하려 합니다. 지원가능 영어자격이 IELTS Overall 6.5에 Minimum band not lower than 5.5입니다.(제 점수가 overall 6.5에 minimum이 5.5입니다. 정확히 자격과 일치 합니다.)

수원에 있는 학교에서 강남까지 통학하기에는 시간이 너무 소요돼서 인강을 선택했습니다. 학습 방법으로는 줄리정VOCA + 불법아이엘츠를 먼저 수강했고 불법아이엘츠가 끝나는데로 캠브릿지9를 수강했습니다. 꾸준히 단어를 끝까지 한번 다 봤고 불법아이엘츠로 IELTS 시험의 스타일을 파악했습니다. 마지막에 모의고사 3회를 캠브릿지9으로 연습하고 시험장에 들어갔습니다.

저만의 학습 노트를 만들었습니다. 다이어리 식으로 매일 학습 내용을 짧게 컴퓨터로 정리했고 시험 일주일 전에 이렇게 모은 자료를 출력해서 책으로 만들어서 여러 번 반복적으로 익혔습니다. 매일 다이어리에 적은 VOCA 단어를 핸드폰으로 오전에 수영장에 가고 오는 동안 외웠습니다. 한 달이라는 짧은 시간이었지만 대학원 지원이 12월까지이기에 점수가 안 나오면 10월에 한 번 더 볼 생각으로 여유롭게 준비했습니다. 오히려 초조해 하면 공부하는 데 있어서 스트레스만 받을 것 같아서 최대한 긍정적으로 생각하려 노력했습니다. 사실 한번에 점수가 나오리란 생각은 하지 않았었는데 뜻밖의 결과가 나왔습니다.

중간에 병원에 입원을 3일 간 했고 대학원에 합격하리란 보장이 없기에 취업준비를 위해 카이스트에서 썸머스쿨을 참여하기도 했습니다. 준비 기간이 충분하지 않다는 생각이 든 순간부터 스트레스가 찾아왔지만 여유를 가지려고 계속 노력했습니다. 약 30일 동안 공부를 하면서 '대학원 지원 시기가 조금 남았으니 10월에 다시 쳐도 괜찮다.' '점수가 안 나와도 전반적인 영어 실력 진단이 될 것이다.' 하면서 계속 자기암시를 했습니다. 덕분에 큰 부담 없이 시험에 임할 수 있었고 큰 실수 또한 발생하지 않았습니다.

11월에 대학원에 지원할 예정이고 지금은 하반기 공채에 집중하고 있습니다. 대학원에 합격을 해도 2015년 9월에 학기가 시작이라 1월부터 8월까지 시간적 여유가 있습니다. 좋은 기업에 우선 취직을 한 후 대학원 결과를 보고 결정할 생각입니다.

수능영어 정말 열심히 풀었는데 5등급 받았었습니다. 외국인에게 영어를 하면 못 알아 들어서 말도 잘 못했습니다. 하지만 취미처럼 계속 영어를 해왔고 이번에 시험을 한 달 정도 준비하니 목표하는 점수를 얻을 수 있었습니다. 저도 했으니 모든 분들이 하실 수 있을 거라 생각합니다. 점수가 목적이 되면 항상 큰 스트레스를 받고 불안하고 초조해집니다. 점수보다 영어공부의 목적을 두시고 여유 있게 접근하시는 게 부담을 줄이고 보다 효율적으로 공부할 수 있게 해준다고 생각합니다.

줄리정 선생님 강의와 함께 본인만이 강이노트를 함께 만드시길 추천 드립니다. 끝으로 노력 없이 얻을 수 있는 것은 아무것도 없다고 생각합니다. 점수를 걱정하기 보단 충분히 노력하고 있는지 먼저 생각하시고 이 글을 보시는 모든 분들에게 좋은 결과가 있기를 진심으로 바랍니다.

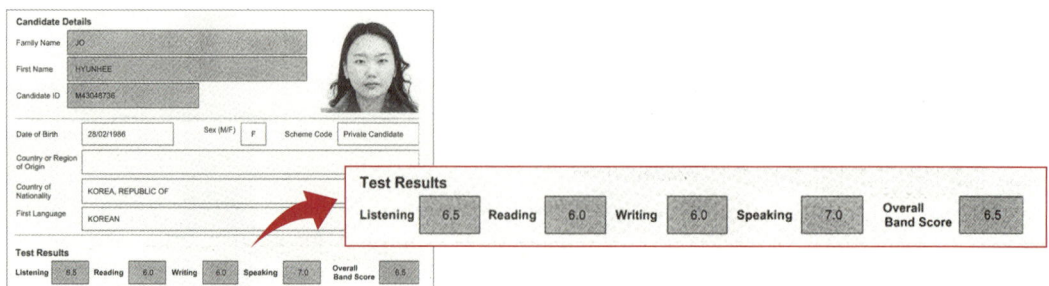

조현희

주경야독으로 공부한 30대 간호사, 미국 간호사 취업을 위한 아이엘츠 점수 1번에 달성!

미국의 간호사 취업이민을 위한 비자인터뷰를 위해 overall 6.5, speaking 7이 필요했습니다.

아이엘츠를 처음 시작하면서 서점에 가서 가장 잘 팔린다는 줄리정 불법 VOCA와 불법책을 구입했습니다. 그것이 제게 큰 행운이었죠. 덕분에 아이엘츠라는 시험에 대해 알고, 시험에 맞는 학습법을 배울 수 있었습니다. 초반에는 불법 책과 VOCA책을 통해서 기본기를 다졌고, 이후에는 줄리정의 캠브리지 강의를 통해서 실제 시험에 대비하여 심도 있게 공부할 수 있었습니다.

출퇴근 길에 불법 VOCA mp3 file을 들었습니다. 듣고 따라 하다 보니 주제에 맞는 다양한 어휘를 배우고 발음까지 교정 할 수 있어서 스피킹은 물론 라이팅에도 큰 도움이 되었습니다. 또한 스피킹은 아이디어 노트를 만들어서 들고 다니면서 말하는 연습을 했습니다. 라이팅은 선생님이 알려 주신 기본 틀을 외워서 최대한 적용하려고 하였고 좋은 문장들은 외워서 다음에 활용 할 수 있도록 했고, 최대한 많이 쓰도록 연습했습니다.

일과 공부를 병행해야 하다 보니 학생들에 비해 절대적으로 시간이 부족했습니다. 제가 선택한 방법은 결국 선택과 집중이었는데요, 출/퇴근 시간 등 자투리 시간을 최대한 활용하도록 노력했고, 많은 문제를 공부할 시간이 없어 기출 문제를 중심으로 공부했습니다. 최근 출제되었던 문제가 다시 출제되는 빈도수가 높았고, 제가 받았던 스피킹 문제도 2주전에 나온 문제 그대로였더라고요.

앞으로는 회화를 집중적으로 연습할 계획입니다. 미국에 가서 일상생활을 위한 생활회화요!

무엇보다 공부와 일을 병행하시는 분께 드리고 싶은 말씀은 아이엘츠도 결국은 시험입니다. 그 말은 시험에 맞게 공부 해야 한다는 것인데요. 영어를 공부하는 방법으로 하면 긴 싸움이 됩니다. 시험이 원하는 방식으로 생각하고, 문제 푸는 방법을 훈련 받은 것이 제가 길지 않은 시간 안에 목표 점수를 이룰 수 있었던 열쇠였던 것 같습니다! 일하면서 공부 할 수 있습니다! 힘내세요!

Go more places
with IELTS™

주한영국문화원 IELTS Ch 영국문화원IELTS ⊕

Telephone. 02 3702 0601

Website. https://reg.britishcouncil.kr

E-mail. exams@britishcouncil.or.kr

Address. 서울특별시 중구 서소문로 11길 19
(정동 34-5 배재정동빌딩B동) 2층
주한영국문화원 (우)04516

British Council is a proud co-owner of IELTS.

Job | **Internship** | **RPL** | **Training**

Job
Recruitment Services
Skill Training

RPL
Certificate & Diploma

Migration
& Visa

Internship
Hotel & Resort & Office

www.ozcareer.com.au/ko

KOREA OFFICE

Suite 706, Level 7, Seocho Town Trapalace, 23,
Seocho-daero 74-gil, Seocho-gu, Seoul
Tel : 02 3472 0331
info@ozcareer.com.au

SYDNEY | **BRISBANE** | **MELBOURNE** | **KOREA** | **CHINA** | **JAPAN** | **MONGOLIA**

줄리정의 불법IELTS

초·단·기·고·득·점·달·성·을·위·해
'줄리정 군단'이 뭉쳤다

IELTS 공식 시험센터
BRITISH COUNCIL IELTS 영국문화원 선정
매일 공부하던 UKCA IELTS에서 실제 IELTS 시험까지

- 국내최고의 IELTS 시설과 접근성
- 스터디룸 컴퓨터룸 사물함 제공
- 매달 1회 모의고사 당일 점수제공

001. 현장강의 오픈소개

〈아이엘츠 스타강사 줄리정의 불법 비법 전수〉
BBC출신 뉴스앵커 알렉스 & 셰익스피어 연극배우 출신 제이슨 특강

〈줄리정 선생님의 저서〉

〈줄리정과 1:1 Tutorial〉
UKCA 주관 IELTS 모의고사 실시
당일 줄리정의 정확한 아이엘츠 점수 제공
모의고사 후 원어민 강사 스피킹 특강 진행

〈최고의 시설 UKCA IELTS 교육센터〉

■ 매봉역 4번출구
파리바게트
UKCA Creative Arts Centre

※ IELTS 강좌 등록시 선착순 50명 스터디 3종세트 무료증정 ※

002. 현장강의 스케줄

왕기초반	기초반	W&S 집중반	주말반	스파르타반
오전 10:00-13:00	오전 10:00-13:00	오전 19:00-21:00	오전 10:00-14:00	오전 10:00-13:00
주 3일 월, 수, 금	주 3일 화, 수, 목	주 5일 월, 화, 수, 목, 금	주 2일 토, 일	주 5일 월, 화, 목, 금
과정 / 아카데믹 제너럴 공통	과정 / 아카데믹 제너럴 공통	과정 / 아카데믹 제너럴 공통	과정 / 아카데믹 제너럴 공통	과정 / 아카데믹 제너럴 공통

COUPON
본 전단지를 지참하고 방문시
현장강의 3만원을 할인해드립니다

4월1일 개강

줄리정의 불법IELTS
UKCA

'줄리정' 최고의 강좌를 현장에서 직접 만나자!!

문의: 02-575-1999 / ukcacentre.com / 강남구 남부순환로 2728 유일빌딩 2층, 지하철 3호선 매봉역 3번출구 도보 3분

시원스쿨LAB × 줄리정 인강 OPEN

IELTS 불변의 법칙
줄리정 프리패스

베스트셀러 1위 저자 줄리정
시원스쿨 전/격/합/류

아이엘츠 대표
스타강사 줄리정 전 강의 포함

아이엘츠 불변의 법칙
베스트셀러 1위 저자 직강

캠브릿지 공식 교재 포함
수강에 필요한 교재 3권 포함

전 모듈 대비
기초~실전까지 한 번에

기적의 비법노트
줄리정 VOCA 비법노트 무료

6.5 미달성 시
수강기간 무한연장

지금 시원스쿨LAB 사이트(lab.siwonschool.com)에서 유료로 수강 가능합니다.

* [1위] 줄리정's IELTS 불변의 법칙 | 2017.01.14 YES24 > IELTS 주간 베스트셀러 1위

시원스쿨 LAB